臺灣歷史與文化 研究輯刊

五 編

第 16 冊

日治時期新詩之語言、
形式與現代性訴求研究

陳沛淇 著

花木蘭文化出版社

國家圖書館出版品預行編目資料

日治時期新詩之語言、形式與現代性訴求研究／陳沛淇 著 —
初版 — 新北市：花木蘭文化出版社，2014〔民 103〕
目 2+174 面：19x26 公分
（臺灣歷史與文化研究輯刊 五編：第 16 冊）
ISBN：978-986-322-648-2（精裝）
1. 臺灣詩 2. 新詩 3. 詩評
733.08   103001769

ISBN-978-986-322-648-2

9 789863 226482

臺灣歷史與文化研究輯刊
五 編 第十六冊   ISBN：978-986-322-648-2

日治時期新詩之語言、形式與現代性訴求研究

作　　者　陳沛淇
總 編 輯　杜潔祥
副總編輯　楊嘉樂
編　　輯　許郁翎
出　　版　花木蘭文化出版社
社　　長　高小娟
聯絡地址　235 新北市中和區中安街七二號十三樓
　　　　　電話：02-2923-1455／傳眞：02-2923-1452
網　　址　http://www.huamulan.tw 信箱 hml810518@gmail.com
印　　刷　普羅文化出版廣告事業
初　　版　2014 年 3 月
定　　價　五編 24 冊（精裝）新台幣 48,000 元

日治時期新詩之語言、形式與現代性訴求研究

陳沛淇　著

作者簡介

陳沛淇，臺灣省台中市人，私立南華大學文學研究所碩士畢業，及國立東華大學中國語文學系研究所博士畢業。研究領域為臺灣文學、漢代楚辭學、李賀詩與文學批評。著有《漢代詩騷情志批評研究》。

提　　要

　　在「日治時期新詩之語言、形式與現代性訴求研究」的論題下，筆者提出幾個研究問題：日治時期新詩的「新」，是否為集體現代性追求的一種展現？其中，新詩蘊含的現代性意義，又該從哪幾個方面去探尋？為了能有效掌握文本與現代性的關係，探索集體與個體呈顯出來的共相與殊相，筆者援用羅蘭·巴特的寫作理論概念，現代性之於作者身體、語言結構的轉變和寫作形式對文本生成的影響。

　　〈第一章·緒論〉為本文之問題意識、依據理論與研究方法的總敘述。〈第二章·日治時期文學的語言與現代性訴求之關係〉，本章著重在從社會對作者身體的規約，及語言本身的現代性轉變，探討日治時期新詩中「現實主義」形式思考的生成因素，與「現代主義」表達方式如何藉由語言更迭和文學觀念的演變，逐漸普遍地融入日治時期新詩之中。〈第三章·漢語新詩的形式探討〉和〈第四章·日本語新詩的形式探討〉，始進入集體／個體寫作形式生成與文本實踐的討論。筆者分為漢語、日本語兩章，而漢語新詩寫作下又區分中國白話文、台灣話文二類進行討論。其理論依據在於巴特提出的語言結構異同將影響形式生成的主張。〈第五章·結論〉總結關於日治時期新詩的風格、語言、形式之現代性現象的討論。在被殖民的時空下，「殖民現代性」的影響是深遠的，此種「殖民現代性」亦是種遭外來者專權統治後，被迫產生的覺醒，故帶有矛盾與衝突的特徵。日治時期新詩中的現代性作為符號，它既彰顯了一時代的文學觀念，也透露出渴望超越殖民／被殖民而追求知性與新知識的理想。

目

次

第一章 緒 論

第一節 問題意識之提出

一、「新詩」何新之有？

日治時期新詩在臺灣新文學史中，是個「不穩定」的區塊，它正值摸索、自我塑型的階段。其與戰後日益蓬勃的現代詩相較，它亦彰顯出強烈的嘗試勇氣，這使得日治時期新詩的多變形式耐人尋味。它在語言選擇上的擺盪，在立場上的自覺與省思，在形式與內容上的創新與嘗試等，這些都是造成日治時期新詩予人一種不明確的的原因。

日治時期新詩何「新」之有？從新詩的立場來看，相對於古典漢詩的「舊」，它有幾點不得不「新」的理由：一，新詩在詩語言及形式上與古典漢詩徹底決裂；二，在新文學運動意義脈絡下，新詩亦反映了極欲脫離或重建傳統的反動渴望；三，新詩所能承載的時代感與歷史危機感，遠超過古典漢詩；它的形式具有「現代性」，故能以「新」命名。但新詩的「新」是很可議的。「新詩」是二元對立概念的名詞，有「新詩」必有「舊詩」；然而，當昨日之「新」成為今日之「舊」時，「日治時期新詩」此一名稱不免顯得尷尬而再次讓人感到其模糊之處。這對立的概念名稱甚至有誤導人進入進化論史觀的可能——新文學的興起與傳統文體之衰頹不應存在有必然的因果關係，文體與文類的興衰，順應時代、語言的變化而有所更迭，而這種文學史變化和以「新」取代「舊」的思維是二回事。

但是，「新詩」此一名稱有它的權便之處。從文類的角度來看，「新詩」

的命名是模糊的，但是日治時期新詩的名稱有它不得不「籠統」的理由。如果不從賴和的〈祝南社十五週年〉〔註1〕起算，而從追風1923年5月22日發表於《臺灣》的〈詩的模仿〉算起，直到日本殖民統治結束爲止，此時期新詩的發展僅有二十餘年。期間遭逢以臺灣話文或白話文書寫的語言選擇與疑惑，繼又面臨殖民政府的檢查制度、思想箝制與禁用漢語的命令，語言的紛雜與不穩定，對於要求語言與思維皆高密度表現的詩文體來說，不啻是致命的因素。語言是詩賴以表達的媒介，剝離了語言，詩就只能長存在詩人心靈之中。臺灣日治時期書寫語言的動盪導致詩寫作變數頻頻，這使得這時期的新詩只能用「新」來概括它面臨的創作情境、及其展現出的多樣形式——它是因不斷被擾動、無法積累傳統，而被迫「日新月異」的存在。今日我們回顧那段被殖民的歷史，日治時期新詩的「新」天生就具有變革與矛盾的張力。彷彿老照片中一座時髦的居宅，它組合著那個時空下所能掌握的最跟得上新時代的元素：巴洛克風格的外觀、日式塌塌米、留聲機旁散著幾張上海的唱片；卻同時又擺設著祖先牌位的神龕。新文學運動下的新詩，並非不顧一切只追求革新、向「外」看齊的膚淺文類，它一面打擊舊詩，一面又想重振某種「臺灣精神」的本質。

以「新詩」指稱新文學運動中的集體詩作，有利有弊；然基於上述理由，本文仍傾向使用「新詩」一詞。

二、「分期」觀念再釐清

另一個與論文題目相關的意義界定是：爲什麼是「日治時期」？這延伸出二個思考，即文學史分期的問題和截取此一範圍來研究的合理性。

關於臺灣新文學史的分期問題，諸多學者對此一議題皆有精闢的看法。日治時期已經是公認的一個研究領域，然而在沿用「日治時期」作爲研究的歷史斷代之前，筆者欲再次討論其合理性。

任何一種斷代的截取都有其武斷性，這當中必然有某些意圖或權衡。自長達四百餘年的臺灣詩文學發展之不可切割的時間連續性中，截取「日治時期」一段的原因，首先這是一本碩士論文能力所及的考量；此外，日治時期是新詩發端之始，研究新詩在臺灣這塊土地誕生之初的種種形式和因素，也

〔註1〕 此首爲賴和未發表的白話文詩作，據林瑞明先生的整理，應爲1921年前後的作品，比追風早了二年。參考自林瑞明：《臺灣文學與時代精神——賴和研究論集》（臺北市：允晨文化），1993年，頁42。

是本文的主要目的。值得注意的是，新詩的確是發端於日治時期，但並未隨著日治結束而銷聲匿跡。

　　日本殖民政權離開臺灣本土的那一年（西元 1945 年），新詩並未停止活動，它仍然活躍於某些詩社、副刊專欄、文學雜誌和詩人的筆記本中。「日治時期」的斷代對 1945 年前後的詩寫作有點欠缺考量，在這裡可以清楚看到歷史編年和政權轉移的時間劃分觀念，介入了文學史的分期。文學產生自社會，然而文學自身的脈動和其他的社會性因素，應該是各自獨立而互相註解的系統。「日治時期」對臺灣新文學運動下的「新詩」，不僅只是載滿意識型態和歷史傷痕的強烈記號，更應具有專屬於文學紀年的意義。

　　文化地震學（Cultural Seismology）或許能提供我們另一個思索斷代的方式。文化地震學將藝術史、文學史和哲學史上經常發生的變革分為三種級度〔註 2〕。第一種級度是屬於「時尚」的震動，它們隨著當代潮流起伏、轉移，大約以十年為一週期。第二種是較大幅度的變化，並且形成一代的風格和情感，它大約以一世紀為週期。第三級度指的是文化上遭遇到毀滅性的變動，它顛覆舊有信念、思想和價值，使過去的文明遭到徹底懷疑和破壞，同時也使人們陷入重建的狂想曲中，它的影響週期難以估計，彷彿像場始料未及的災難。借用這個概念來觀察日治時期新詩的發展，對於「分期」這個問題具有拓展視野層次的意義。如前所述，日治時期新詩中的「日治時期」，標誌著一段被殖民的時空，這個標誌帶有濃厚的歷史編年和政權輪替的意味。因此，若換個視角，從文學的或文化的震動去觀察，「日治時期」的斷代，也許就能比較符合文學史的客觀要求。

　　在日治時期，臺灣文學曾出現空前「大地震」，這個「震央」來自政權轉移。日本依馬關條約的割地條文，於 1895 年將臺灣納為第一個殖民地，並在臺實施日本語教育與壓制傳統漢文教育的政策。但日本統治之初，對臺灣的文人採懷柔政策，以提倡獎勵舊詩、唱和應酬作為籠絡文士的手段，一時臺灣舊詩社紛紛成立，頗有漢文學小中興的氣象。隨著統治日久，日本政府阻斷臺灣漢文教育的企圖漸漸浮現；又，傳統漢文與現代日語相較之下，前者在表意上顯得繁文縟節且不適應於新時代的變化；於是，傳統漢文在政治上、

〔註 2〕見馬·布雷德伯里，詹·麥克法蘭編：《現代主義》（上海：上海外語教育），1992 年 6 月，頁 3。（Modernism: 1890-1930. edited by Malcolm Bradbury and James McFarlane. Hassocks, Sussex: Harvester Press; Atlantic Highlands, N.J.: Humanities Press, 1978.）

在文化上，漸漸成爲備受檢討的對象。

　　1920 年，一批臺灣留日青年在東京成立了提倡「現代新漢文」的《臺灣青年》，以此爲指標，臺灣新文學運動正式起跑〔註3〕。因此就文學史來看，起始自 1920 年的新文學運動，可以看做是一次語言與思維的顛覆性運動。在提倡「新漢文」的架構下，它反對不合理的傳統與舊價值，推翻封建思維與迷信的風俗；它也反對傳統漢文，提倡「平易漢文」〔註4〕在形式和內容上都與「舊」文學南轅北轍。由此可見，日治時期新文學具有「三級震度」的文學革命的意味。「日治時期」在術語沿用上有其便利性，它能輪廓出此時期文學的被殖民情境與反殖民的重大震盪。

　　當我們暫時排除「日治時期」的斷代理由中過多的政治和意識形態後，仍必須繼續對「日治時期新詩」此一名詞質詢幾個問題：是哪些詩人，在哪些時候，寫出哪些作品，使得「日治時期」的斷代具有「合理性」？從作家風格、寫作形式與使用的語言來看，「日治時期新詩」若是得以成爲合理的名詞，那必然是它是那個時代氛圍下才能產生的特殊寫作，然而它斷代的界線必須向前後開放，成爲融通流動的界域，採取這樣的思考也是爲了此種信念：文學史中永遠有暫時不爲人知的因素在隱晦處發揮著作用，流動的視域（而非固定的分期視域）能讓我們更清晰的看見它們。

　　另一個要討論的分期問題，是日治時期新詩本身的分期。陳千武在〈臺灣新詩的演變〉〔註5〕中，將 1923 年至 1945 年間發生的臺灣新詩，視爲「二十年的沈潛」；又分爲「開創期」和「現代精神萌芽期」。其中，銀鈴會歸爲「過渡期」，並認爲新文學運動產生的新詩，由碩果僅存的銀鈴會繼承，而在日後的現代詩社、笠詩社中繼續發揚光大，成爲臺灣現代詩兩個球根中的一個。〔註6〕許俊雅在〈日治時期臺灣白話詩的起步〉中，以 1927 年和 1932

〔註3〕　臺灣新文學史上第一篇作品當推追風的〈她往何處去〉，發表於 1922 年《臺灣》雜誌三年四～七號；而首篇正式發表的白話文學作品是無知〈神秘的自治島〉，發表於 1923 年《臺灣》雜誌四年三號。何以臺灣新文學運動不從 1922 年或 1923 年起算，而要從《臺灣青年》創立刊行的 1920 年開始，這裡值得再商榷。

〔註4〕　臺灣人當時對平易漢文的概念，其實包含臺灣話文和中國白話文，和其他民族的傳統話文。詳見本論文第二章第二節。

〔註5〕　陳千武：〈臺灣新詩的演變〉，收錄於陳千武：《臺灣新詩論集》（高雄市：春暉出版社），1997 年 4 月，頁 8-20。

〔註6〕　陳千武的「詩的兩個球根」論，見其〈臺灣的現代詩〉一文，收錄於陳千武：

年作爲分界指標年，認爲 1927 年以前傾向於以中國白話文書寫反封建、控訴殖民者的不公義與愛情的主題；1927 年之後，作品語言則漸雜有臺灣話文，內容以控訴帝國主義、資本主義的壓迫、同情普羅大眾爲主。1932 年後，左翼遭日本政府全面肅清，社會運動連帶受到影響，因此反抗的、批判的文學受到干預和檢查；此時以楊熾昌引進的「超現實主義詩」爲代表，詩的寫法漸漸走向隱晦含蓄和具藝術性〔註7〕。而羊子喬在〈光復前臺灣新詩論〉中，則將 1920 年至 1945 年的新詩，分爲奠基期（1920 至 1932 年）、成熟期（1932 至 1937 年）和決戰期（1937 至 1945 年）。

　　上述三種分期，是最常見的分期法，它們或依新詩發展的程度和規模做年代的劃分，或者依新詩主流發展的基調做年代上的劃分，如寫實時期、左傾時期、走向藝術風格的時期等。當一首詩完成時，就在文學史中座落了它的位置，這個位置和形塑它的社會、文化之過去與未來都是不可分割的。以作品的任一層面做爲分類基準，或以集團性特徵（社團、地域、文學主張）做爲分類基準，都會使文學作品的「原始座標」產生移位或片面遮蔽的情況。因此，完美而客觀的文學史分期是很困難的，每一種分期法都有它特殊的意圖，其中當然也帶有研究者個人的文學史觀和立場。

　　本文在此欲提出來的，不是再確立另一種新詩分期、流派分類的可能，而是想說明本文中採取的新詩作品分類討論的方法。就羅蘭‧巴特在《寫作的零度》中的論述來看，詩寫作與三大要素直接發生關連，即「語言」、「形式」和「風格」〔註8〕。作家在寫作當下通過語言結構，做出詩形式的選擇，最後形諸文字成爲可見的作品；其自身與所屬的社會結構互動產生的獨特風格，則在寫作的過程中成爲一道伏流，甚至在作品中形成一種「隱喻」。依循「語言」、「形式」和「風格」這三個項目來討論日治時期新詩，從中發現文學史脈絡的新意，或者讓以往被過度標籤爲某陣營、某流派的作家或作品，重新回到它自身原初的歷史座標，獲得意義再詮釋的可能，這是筆者撰寫此論文最大的期望。因此，本文不以傳統的分期進行新詩討論，而嘗試以作品「語言」將新詩分爲白話文、臺灣話文和日本語三個區塊，再透過「形式」觀察，討論「現實主義」、「現代主義」的形成因素與其侷限；並試圖以「立

　　　　《臺灣新詩論集》（高雄市：春暉出版社），1997 年 4 月，頁 41。
〔註7〕 許俊雅：〈日治時期臺灣白話詩的起步〉，收錄於《臺灣現代詩史論》（臺北：文訊雜誌出版），1996 年，頁 35-59。
〔註8〕 詳細說明請參見本章第二節。

場」的多元，來鬆動這壁壘分明的二分法。最後，我們加入「風格」分析，使文學作品的討論與環境、作者自身能互為結構、互為參考。

三、前人研究成果

臺灣學界對日治時期新詩的研究，與其他的文學議題相比起來，算是較不受重視區塊。目前日治時期新詩的研究者中，以陳千武、羊子喬、葉笛、呂興昌最具代表性，在評論之餘，他們多次參與日治時期新詩的整理編纂與翻譯工作，其用心與花費其中的精神令人敬佩。在相關的學術論文方面，至今尚未有專門論述日治時期新詩的學位論文，多是以研究專人並連帶提及該作家詩作的方式出現。在新詩研究的單篇論文方面，質和量上都較為豐富，但具有綜論日治時期新詩觀察的文章亦不多，泰半集中在對單一作家、集團特性的研究。在專書方面，目前仍未有專門論述日治時期新詩的著作問世，多是以單篇論文形式的被集結在評論性的專書中。由此可見，日治時期新詩仍是有待開發議題的園地。

目前對日治時期新詩的評論可分幾類：一、討論新詩的文學社會性，以其抵抗和寫實精神做為論述的主脈；二、以討論新詩的語言問題為主，把梳中國白話文、臺灣話文和日文在新詩中呈現的語言置換與意識形態的問題；三、引進西方文學理論對新詩進行批評分析，如：後殖民主義觀點、女性主義精神分析觀點等等。這些出發立場不同，援引的方法論和策略也互異的研究，幾乎都有一個共同的預設：「現實主義」被視為主流，而少數的現代主義之聲被視為「異質」的存在；因此現實主義／現代主義往往被對立起來，成為一種二分的思考，並進一步影響及文學史的價值評判。這裡反映出一個有趣的問題：如果說所有的論述都具有論述者本身選擇的立場，而這立場在日治時期新詩的批評傳統中，具現為習慣從「現實主義」與「現代主義」這二個大分類進行思索，那麼我們有必要質疑，是論述者的立場去選擇文學史，還是文學史料有自成「文學史立場」的內在規律？這個複雜的問題，可以藉由幾個時期的新詩論述的評估裡，略見其中的問題癥結。以下試分述之。

從張我軍對「舊文學」的發難，及其開新詩評論之風的〈詩體的解放〉〔註9〕一文來看，可以瞭解張我軍對新詩的訴求有幾方面：在形式上要求解放

〔註9〕 刊載於《臺灣民報》第三卷第七、八、九號，1925 年 3 月 1 日、11 日、21日。

舊詩的格律、用典、修辭的功夫，代之以新詩白話文的自由活潑的音樂性；在內容上則要求不再酬唱應和、賣弄風雅，要寫時代的脈動，寫當代的詩。張我軍的幾篇文學評論多是從這兩方面做出批評。到了陳逢源於 1932 年發表〈對臺灣舊詩壇投下一巨大的炸彈〉〔註 10〕時，文中在形式與內容上欲與擊缽吟等玩文字遊戲的傳統詩劃分界線的立場依舊，但與張我軍的主張已有所差異。陳逢源並不欲與傳統詩徹底決裂，他反對的僅是無意義的文字遊戲，因此他特別強調「要創作最平易且最率真的平民詩」、「描寫具有時代性與社會性」、「要作會鼓舞民氣的詩」〔註 11〕。

　　1933 年風車詩社成立，楊熾昌以超現實主義作為迴避日人壓迫的手法，以及領導新詩邁向藝術殿堂為目的，對臺灣詩壇發出一系列的詩論。「現實主義」與「現代主義」的陣營在此時變得壁壘分明。為「人生而文學」，還是為「文學而文學」的論爭〔註 12〕，從檯面下的手吵躍上《臺灣新聞》、《臺南新報》等大報的文藝欄。寫詩的目的是為人生還是為文學，這樣的爭論顯示出，當時的新詩雖為新文學運動中較弱的一支，但在思考上也承接了批判與抵抗的精神。有意思的是，檢閱日治時期新詩作品時，所謂「現實主義」的詩雖為數最多，但抒情小詩、帶著「現代主義」技巧的詩，其實亦不在少數；但前者的「發言正當性」卻顯然遠遠超越後者。

　　臺灣新詩的發展，在戰後由於中文語言的障礙再加上政治因素，使得原來走過日治時期的一批日本語詩人紛紛封筆。而原本能以中文寫詩的作家，也因一連串的政治恐怖事件，大幅減少詩作的發表數量。從戰後到 1964 年笠詩社成立這段期間，日治時期新詩彷彿是一塊消失的「亞特蘭提斯大陸」，不但乏人問津，亦幾乎無評論提及這塊失土。此時期嚴格說來並無專門的新詩評論，新詩評論多附屬在對新文學的回顧與探討的章節之中。以黃得時〈臺灣新文學運動概觀〉〔註 13〕為例，長達五、六十頁的新文學運動史，新詩僅佔二頁餘，且其中有二分之一的篇幅在探討歌謠采集的成就。然而，黃得時

〔註 10〕陳逢源：〈對臺灣舊詩壇投下一巨大的炸彈〉，《南音》第一卷第二、三號，1932 年 1 月 17 日、2 月 1 日。
〔註 11〕同上註。
〔註 12〕參見本論文第二章第三節之三「楊熾昌『為文學而文學』論」。
〔註 13〕黃得時：〈臺灣新文學運動概觀〉，原刊載於《臺北文物》第三卷第二、三期、第四卷第二期，1954 年 8 月 20 日、12 月 10 日、1955 年 8 月 20 日，後收錄於《日據下臺灣新文學——文獻資料選集》（臺北市：明潭出版），1979 年 3 月 15 日。

也提出新詩居弱勢的主因：一來，新詩的作者多為主力放在小說的創作者；二來，新詩「沒有專門的詩人出現」〔註14〕。這裡有點矛盾的是，於1933年出現的風車詩社，其同仁楊熾昌、李張瑞、林修二等等，皆為主力放在新詩創作上的作家，並且創作的質與量都不可小覷。進入皇民奉公會時期，在西川滿主持的臺灣詩人協會之機關誌《華麗島》，以及當時日文報紙的新詩欄，其中亦不乏有臺籍詩人的持續投稿，因此，「沒有專門的詩人出現」此即反映出黃得時新文學史立場——他欲突顯的是1937年皇民時期之前，具抗日與寫實精神的文學，而忽略另一批以日本語寫作、追求文學藝術性的詩人。巧合的是〈臺灣新文學運動概觀〉未曾刊完，缺漏了「抗戰時期的新文學運動」這一部份〔註15〕，這似乎也隱約透露著日本語文學之於五〇年代的臺灣，仍是個太過敏感的地帶。

　　1964年笠詩社成立，標誌著臺灣現代詩的一個重要里程碑，依據陳千武「兩個球根論」〔註16〕的說法，「繼承臺灣日據時期培植下來的現代詩的球根，具現代潛力的『跨語言的一代』的詩人們」，在笠詩社成立後「背負著具臺灣特色的使命重新出發」〔註17〕。陳千武這篇〈臺灣的現代詩〉發表於鄉土文學論戰方告停歇之後，文中強調，臺灣現代詩的球根之一來自日治時期，並點名了施文杞、楊雲萍、陳虛谷、賴和、黃得時、王白淵、巫永福等多位作家的詩作，做為日治時期的「傳統」；在戰後則由吳瀛濤、林亨泰、錦連（銀鈴會同仁）等，在跨越語言障礙後與紀弦從中國大陸帶來的「現代派」球根融合，形成了臺灣詩壇現代詩的主流。

　　陳千武以林亨泰為繼承日治時期新詩傳統、進入「現代派」前衛核心的關鍵，並據此斷言林亨泰帶著日治時期新詩「培植下來的現代詩的球根」與紀弦從中國大陸帶來的現代派火種相融合，並衍生出臺灣目前現代詩的主

〔註14〕 同上註，頁293。

〔註15〕 同註13，頁324。

〔註16〕 陳千武第一次提到球根論是在1969年時編輯的日譯《華麗島詩集》後記中：「戰後臺灣的新詩，在僅僅二十年的時間中，能從萌芽而趨向於具體的發展，這是絕非偶然的成果吧，探其本源，便可發現在這些詩以前，已經有其醞釀生機的詩的球根存在了。」見陳千武：〈臺灣的現代詩〉，原刊載於《自立晚報》，1980年9月2日，後收錄於陳千武：《臺灣新詩論集》（高雄市：春暉出版），1997年，頁42。

〔註17〕 陳千武：〈臺灣的現代詩〉，原刊載於《自立晚報》，1980年9月2日，後收錄於陳千武：《臺灣新詩論集》（高雄市：春暉出版），1997年，頁50。

流。這其中有二點待商榷之處：其一，陳千武將水蔭萍、林修二、李張瑞等人的超現實主義詩作，視爲「前衛性」、「現代性」的作品；但因爲「藝術要求形象化」上的差異，使得風車詩社這批詩人有別於郭水潭、林芳年、王登山等，追求「社會性的客觀表現」、「批判的眞實性」的寫作手法。因此，「前衛性的」與「社會寫實批判的」這兩支流派在文學成就的層次上雖截然不同，但都同屬日治時期新詩的遺產。林亨泰進入現代詩社時，所主張的詩論與創作的詩作，是「現代主義」下主知的「超現實主義」詩論與手法，其詩與詩論之於日治時期新詩的「總遺產」，顯然是有所承繼亦有所選擇。但承繼的是什麼，選擇的又是什麼？林亨泰所代表的「球根」似乎是曖昧的。

其二，陳千武在文中強調，日治時期臺灣新詩與同時期的中國大陸詩作有明顯的不同。臺灣作家因飽受日本殖民統治之苦，在寫作時自然會極力追求「自由的心境」、「表達的個性」，藉以擺脫被統治者矮化的形象，況且，「詩是人格的產物」，詩人有必要「先完成自己的人格」，並且「重視人性」。基於這樣的前提，日治時期詩人傾向爲民喉舌的、具現實主義精神的寫作，這是一種崇高的立場，也是吸收自世界思潮中的「詩想」。陳千武爲日治時期新詩的現實主義加進了一種「崇高的視野」，說明此時期詩作不欲追求藝術性，反而向民眾、向人性、向存在現實挖掘的原因；但另一方面，卻也落入現實／前衛的對立思考之中。傾向「現實主義」寫作的詩人固然是擁有「崇高的立場」，但以水蔭萍爲首的風車詩社，同在那個受壓迫統治的時空，他們也做出了「超脫世俗」、「使立場崇高」的努力——以超現實透視現實社會，以隱喻的手法寫作殖民地文學。〔註18〕由此可見，日治時期詩人在面對強大的被殖民壓迫下，他們欲另尋出口、使立場崇高以追求心靈和創作上的自由的訴求與自覺是一致的，只是不同類型的作家做出的選擇、呈現的形式亦不盡相同。

在詩的兩個球根論中，林亨泰所代表的球根意義是該被肯定的。之於日

〔註18〕楊熾昌曾在〈回溯〉一文中回憶道：「以文字來正面表達抗日情緒，雖是民族意識的發揚，可是在日帝強大的魔力下，這樣的作法只會出現反效果，使得臺灣的新文學受到更強力的壓制；文學技巧的表現方法很多，與日人硬碰硬的對抗，只有引發日人殘酷的摧殘而已，不如以隱蔽意識的側面烘托，推敲文學的表現技巧，以其他角度的描寫方法，來透視現實社會，剖析其病態，分析人生，將殖民文學以一種「隱喻」方式寫出，才能開花結果，在中國文學史上據一席之地。」見楊熾昌：〈回溯〉，《水蔭萍作品集》（臺南：臺南縣立文化中心，1995年4月），頁224。

治時期新詩傳統，林亨泰繼承的是什麼，以及笠詩社重新出發時，背負的「具臺灣特色的使命」又是什麼，這正是肯定球根論的關鍵。臺灣三〇年代中期以後，新詩的寫作漸趨成熟，作品也不再只是稚嫩的抒情和未經修飾的批判抵抗。不論是所謂的「現實主義」詩人，還是「現代主義」詩人，在他們所認同的文學形式中都有著審美層次的長足進展，因此藝術性的追求與否，並不足以構成新詩陣營的分水嶺。另者，風車詩社在臺灣三〇年代的時空中，固然是個前衛的異數，但其超現實的主張也非空穴來風。當時臺灣新詩一方面接受了日本新文學，另一方面也透過日文吸收了世界「詩想」；因此對於文學技巧、思想等等的掌握，亦是逐日提升。風車詩社只是搶先向臺灣新詩壇「打出了超現實主義」，在風車詩社解散後，前衛的寫作手法並未隨之煙消雲散。由於日治時期的超現實主義承接自日本文學，因此在風車詩社之後，超現實主義仍然透過日本的現代文學，直接影響有志於寫詩、吸收「詩想」的文學青年。由此可見，文藝思潮及文學技巧這方面的影響，不應該和現實主義／現代主義這樣的老問題混為一談。

誠如陳千武在文中提到的詩人的「崇高立場」和「超脫世俗」的努力，從被壓迫中尋求發聲的自由、發聲可能，這樣的訴求幾乎是日治時期臺灣新文學共同的基調，而臺灣新詩傳統正是以同樣的基調對走過那個時代、並對後繼者產生「本質」上的影響。這樣的影響不必全然從文學流派去判準，它是內化於詩人內部的藝術規律，並成為構形詩作「形式」的決定性因素之一。換言之，來自日治時期新詩傳統的球根，是集體作家之經驗、風格與互相對話的累積，是一種在語言更迭遞換中所激盪出的獨特文學「形式」。這個形式是一種寫作的價值觀，它與臺灣作家自覺地伸張與書寫的「臺灣主體」（臺灣精神）息息相關。

陳千武的「詩的兩個球根說」使得日治時期的「現代詩」火種得以驗明正身，並以「臺灣特色」作為此一詩球根主體建構的風格與形式，對於臺灣現代詩史具有重大意義，也豎立了談論臺灣現代詩源流的一種基本立場——回到民族自身的存在，建立現代詩的本土性格。研究學者如葉笛、羊子喬、呂興昌、陳明臺、許俊雅等等，都可視為在臺灣現代詩本土化建設論的領域中，對日治時期新詩研究持續不殆的一群。進入九〇年代後，學界對日治時期新詩史料的出土與整理漸趨完備，研究專論的質與量也有豐盛的成就。但在前人的研究成果之上，有無提出另一種思考日治時期新詩與臺灣現代詩史

的可能，這亦是筆者撰寫論文的動機之一。

　　臺灣現代詩在走過日治時期，走過兩個球根對立又融合的時期，又走上現代詩本土化的軌道之後，目前似乎再一次面臨的「橫的移植」的危機或者是轉機。究竟是「危機」還是「轉機」？這端看觀察者的視角而定。本文傾向於認同後者。隨著新世代詩人的出現，臺灣現代詩的本土性格亦隨著每個世代詩人的表現而衍生了更多的風貌。然而這個現象，不見得是文學傳統的分裂或勢微，毋寧說，是在臺灣這塊土地上所誕生的「新文學」的固有特徵——文學一直在追求「當代感」，新的寫作源源不斷的產生。在每一個時代的轉折點，文學人總是以其感性和知性，率先做出種種新的嘗試。因而逆推的來說，從多元角度去思索現代詩的球根問題，以及拓展「現代詩」與其「現代性」的根源定義的需要也相對而生。臺灣現代詩本土性格建設論，並非僅是以某種主流立場去收編其他立場，而應開放地容納多種立場的對話；如此，所謂的「本土性格」才能在眾聲喧嘩中持續誕生，保持著貼合「現代」的特性。

第二節　從寫作理論看「形式批評」的可能與立場

一、寫作理論概述

　　巴特（Roland Barthes, 1915-1980）在《寫作的零度》〔註19〕中試圖將被

〔註19〕 《寫作的零度》的成書背景，是一個典型的現代文學研究者所困惑也是最感興趣的背景——介於傳統的消逝與現代快速更迭的光怪陸離中的（法國）文學轉變與危機。在十九世紀後半，福樓拜與馬拉梅先後在小說與詩的領域中，提出了對文學語言的質疑與省思；前者以現實主義的方式將語言「割離」文學，後者則透過對「語言——客體」的終極謀殺（空白效果）達到解放文學的目的。在二十世紀初，達達派藝術家與超現實主義者打出了「反藝術」的旗幟，雖然為時不長，他們的運動造成的破壞性卻已撼動了文學領域。隨著現代主義運動的推波助瀾，寫作的形式擴增到無以復加的地步，但「文學」卻愈來愈蒼白、難辨面目。沙特（Jean Paul Sartr, 1905-1980）在一個文學危機的時刻提出〈文學是什麼〉的質問，他以「介入文學」此一概念，暴露文學中眾多繁雜的參與行為。在〈文學是什麼〉問世之後六年出版的《寫作的零度》，就企圖將文學中一塊「聖潔之地」自過多的介入中重新離析出來這一點上，巴特顯然受了沙特的影響，他將風格與語言結構自文學中區分開來，並且將「介入」納入寫作形式與意圖中去探討，重新定義了文學的斷代版圖與文學記號的歷史。巴特的寫作理論最初見於《寫作的零度》，其後歷經《符號學》、《神話學》的發展擴充，漸成完整的體系。

意識型態複雜化的文學問題，回歸到「寫作」狀態的討論，他將寫作視爲語言的問題，當一個民族的「語言」出現大幅度的變動時，巴特意義下的「寫作」才會產生：

> 寫作只出現於這樣的時候，即當在全國範圍內形成的語言變成一種否定的東西時，一種地平線的時候，這個地平線把被禁止和被允許的東西分開，而不再詢問根據或這種禁忌的理由。在形成了語言的一種非時間性的根據時……而且這種被純化的語言變成了一種寫作，即一種語言的價值，它在各種歷史情境中直接表現出了普遍性。〔註20〕

從這裡可以看出「寫作」出現的幾個條件：首先是語言必須開始具有「否定性」，這個否定性與階級意識型態「同謀」（如巴特說的古典時期語言），企圖賦予語言一種價值，而這種價值藉由階級意識型態或者權力中心及其組織，在某一個時期表現出一種具強制力的普遍性。也就是說，當語言不再是「自然」，且對作家形成價值的限定時，「形式」就應運而生；將這個形式具體化就是巴特所謂的「寫作」（writing）。「寫作」是一種狀態，是創作流程的總稱。在歷史中，「寫作」發生於階級與語言出現變革之時，在作家們尚未意識到語言與他所屬階層的種種尖銳、不協調的衝突前，都不能算是進入「寫作」的紀元，或者該作家的創作行爲不能稱之爲「寫作」。

　　巴特以階級變動作爲寫作產生的促因，而「語言」是最具關鍵性的問題。語言之於作家的微妙處在於，語言一方面是屬於社會結構的，另一方面又是作家的內化結構。以巴特的觀察，歐洲的歷史上出現過兩次「寫作」的契機與轉變：第一次是在 1650 年，資本主義初步萌興，歐洲歷史進入古典時期之時，當時文學的創作，爲迎合宮廷及上流階層的喜好，不約而同趨向「明晰性（clarity）」〔註21〕，使得明晰性從原本的修辭學屬性，漸漸變質爲代表一種特定的意圖、一種本質主義的寫作，使得那個時代的文學主流不惜拋棄一切來維護這個特質。第二次關於寫作的重大轉變發生在 1850 年前後。工業革命帶動了新資產階級的出現；同時期馬克斯發表《資本論》，歐洲各地都可見工人運動的狂潮。因此三個對立的階級——舊資產階級、新資產階級以及勞

〔註20〕 羅蘭・巴特著，李幼蒸譯：《寫作的零度》（臺北市：桂冠），1991 年，頁 45。
〔註21〕 見羅蘭・巴特著，李幼蒸譯：《寫作的零度》（臺北市：桂冠），1991 年，頁 46-47。

工階級——形成了；原本統一在舊資產階級的思想與語言便產生分裂，語言的分裂使得作家的「寫作」走向莫衷一是的不歸路，繼而在現代主義運動中達到寫作形式分歧的最高峰。

　　另一方面，語言也是作家要面對的既內化又從外束約的結構：

> 對他（作家）來說，語言結構相當於一條界線，越過了這條界線或許就進入了語言的一個超自然領域。語言結構是一種行為的場所……它不是一種社會性承諾的場所，而只是一種無選擇餘地的反射，是人類的而非作家的共同性質。……沒有任何作家可以自自然然地將其自由插入語言結構的濃厚介質之中去，因為穿過語言結構的乃是整個歷史，其完整性和統一性猶如自然本身。〔註 22〕

作家將文學意圖付諸寫作時，他必然會「通過」語言結構。語言是社會歷史的產物，凡是通過語言的都會與社會歷史聯繫上關係，因此，文學和社會在這個層面上是血脈相連的；而當作家在使用語言時，他同時也介入了他所屬的時代的那個語言結構中的歷史和社會，語言迫使作家在他的文學意圖與寫作實踐之間做出選擇和妥協——包括他使用的是哪個階級、那個立場的話語，在理想與實現的必然誤差中，他又是如何取捨以求最大限度的完全表達等等，作家這些選擇與妥協的姿態便是寫作的「形式」。「形式」正是巴特的文學批評的焦點所在，他將文學從意識形態的過度批評與解讀中解套，從寫作的「形而上」場所中把握「形式」，並以此作為讓批評與解讀回到文學本身的依據。

　　另一個影響寫作形式的因素，便是作家的「風格」。巴特將風格看作是「文學」以外的問題，他稱風格為作家本人的「私密神話學」，但風格對寫作狀態的影響是一種潛伏的存在〔註 23〕。巴特認為風格是一種「生物學上的衝動性」而非「意圖性」，風格是「無目標的形式」，它是作家的個人事件和孤獨封閉的自我。因此，風格的質地是由作家的身體經歷和感官累積而成。在《符號學原理》中，巴特將風格比喻為「個性語言」，雖然它也是來自於某個傳統或者某個集團的特性，但是風格更多的組成成分是作家個人內部的「秘密」。其次，風格與社會是隱喻的關係，它的功效是「暗示性」的，且非與社會直接相關。風格是作家的文學意圖和作家身體之間種「時延的積累」，它的

〔註 22〕 羅蘭・巴特著，李幼蒸譯：《寫作的零度》（臺北市：桂冠），1991 年，頁 20。
〔註 23〕 這和巴特提出的「作者已死」的觀念有關。

生成過程有社會的參與和作用，因此從風格中可以觀察出當時社會的投影。「語言」與「風格」是文學系統之外的兩個系統，它們存在於文學發生之前，這二者為作家構築出一種「天性」——語言作為一種工具、一種社會性的限制，它的「否定性」迫使作家通過它並做出選擇；風格則代表一種「必然性」，它使作家的文學意圖與屬於身體的經歷、記憶和語言結合了起來。作家在語言與風格構築出的氛圍之間，嘗試開始介入文學，此一介入的動作就是「形式性現實——寫作」〔註24〕。

因此，「寫作」成為一種文學意圖、立場的醞釀與表明的行為，而作品的「形式」則成為解讀讀者必須面對的「文本」。「形式」包含了作家在寫作之時所有選擇的立場和態度，而「形式」也是讀者、評論者在閱讀作品時，所能掌握之物。〔註25〕形式之於寫作，它是寫作進行時一個「形而上」〔註26〕的存在，作品問世之後，形式又是作者賴以將他的意圖（也包含了非意圖）公諸於世的一個「面具」。巴特在《戀人絮語》中，對於「形式」有一個生動描寫：

> Larvatus prodeo——我一面指認著自己的面具，一面前行。我使自己的熱情戴上了面具。但是，我又用謹慎（而狡猾）的手指認著眼前的面具。〔註27〕

「形式」有如面具，它是作品產生之前不得不成形的步驟，但是「形式」是通過「語言結構」的產物；它亦雜揉了作者從「風格」中帶來的一些決定性

〔註24〕 「形式性現實」英譯為「formal reality」，依巴特的上下文脈絡，這個詞可以理解為形式的實體化，即執行實踐這個動作，也就是寫作。

〔註25〕 在這裡，我們暫且不討論作者與讀者之間，訊息傳遞與解讀之間必然發生的誤差問題。

〔註26〕 有人將巴特的寫作理論是為一種文學的「形而上學」，因為巴特掌握的是文學之所以存在的那個基源，寫作之所以可能呈現的「形式」問題。在《寫作的零度》中，巴特就有這麼一段帶著「形上學」意味的描寫：「語言結構和風格是先於一切語言問題的現象，語言結構和風格是時代和生物性個人的自然產物，但是作家秉賦的形式同一性，只有在語法規範和風格穩恆因素的確立之外才能真正形成，在那裡寫作的連續流被聚集起來，並首先在非常純粹的語言學性質中被封閉起來，然後進而變成一套完整的記號，一種人的行為的選擇，以及對某種善的肯定，由此而使作家介入一種幸福或不幸的交流之中，並使其言語的既正常又特殊的形式和他者廣泛歷史連結起來。」見羅蘭‧巴特著，李幼蒸譯：《寫作的零度》（臺北市：桂冠），1991年，頁23。

〔註27〕 「Larvatus prodeo」此語出自笛卡兒，意為戴著面具前進。見羅蘭‧巴特：《戀人絮語》（臺北市：桂冠），1991年，頁39。

因素，這些都使得原本純粹的創作意圖，彷彿戴上層層面具，但這面具卻又是寫作過程中必經的一環。

回到臺灣日治時期新詩的討論中，巴特的寫作理論提供了一個批評與解讀時相對客觀的層次──即由詩的「形式」去判讀，並重新座標這些新詩在臺灣文學史中的文學位置。日治時期臺灣新文學運動中的新詩活動，同樣面臨了語言的困境，這困境是由新舊漢文和當時的國語（日文）互相拉鉅而衍生出來的；其中新舊漢文的變革，更是與改革封建的自覺、反貴族、資產階級的意識緊緊相扣。1895 年日治時期開始時，臺灣詩壇尚處於傳統詩歌鼎盛的狀況，此時用的是典雅的漢文（文言文），其文學傳統直溯中國文學的經史子集。繼之，以 1920 年在東京成立的《臺灣青年》〔註 28〕為開端，「平易漢文」的主張逐漸躍上檯面。最先發難並造成風潮的是以張我軍作為指標的中國白話文運動，在 1930 年後則以郭秋生和黃石輝為代表，掀起臺灣話文討論與建設的風潮。而當臺灣知識份子竭力提倡「平易漢文」，並以此維繫臺灣民族文學的命脈時，日本語作品的勢力與影響也正逐步席捲臺灣新文學界。可以看見的是在臺灣文學百花盛開的三〇年代，臺籍作家使用日本語創作的人數愈來愈多，日本語文學的比例也逐年提升，直到 1937 年 4 月日本政府下令全面禁用漢文，漢文寫作的作品遂告消失於新文學的舞臺上，留下日本語作家在少數的刊物中繼續活動。這其中語言的轉折更迭，不但是「階級的」或「立場的」語言問題，它更是跨越民族與國族的語言問題。

1920 年之前臺灣詩壇使用的傳統漢文，它具有典雅綺麗的特質，非文人無法自由運用這種文體，它是屬於知識階級的語言。中國白話文運動在臺灣傳開後，由於它標榜的就是平易、普遍，因此它立意在於打破知識為少數知識階層的專利，要讓新知新聞透過平易的白話文，普及每一個略懂漢字的臺灣民眾。所以，以白話文寫就的詩，必然在思想上與結構上和傳統詩歌有所決裂，成為一種相形之下顯得「自由」的文體。而 1930 年後掀起的臺灣話文運動，與伴隨而生的臺灣話文詩，在「階級思想」的突破上較中國白話文上一層樓。臺灣話為臺灣地區多數人使用的語言，以臺灣話就文，自然在情感的表達上能更貼近於臺灣人，它所開展的鄉土風景與臺灣視野，是臺灣作家

〔註 28〕 《臺灣青年》半月刊於 1920 年在東京創刊，1922 年改組並更刊名為發行《臺灣》（旬刊），1923 年再改組為《臺灣民報》（週刊），1927 年時獲准遷返臺灣發行，成為新文化運動的最初根據地。後又歷經更名為《臺灣新民報》、《興南新聞》，為日治時期臺灣人民的喉舌，是臺灣作家發表的重要園地。

取用不盡的創作根源。但臺灣話文是一種尚在實驗中的語言，缺乏深厚的文學傳統作爲後盾，因此在遣詞用字和語法結構上，作家經常遇到「以話入文」的困難，這亦是臺灣話文詩的成就不如同時期的白話文詩和日本語詩的主要原因。

政策常常在文學發展史之中投下決定性的變因，日本語文學在臺灣的發展便是一例。日本在領臺之初便對新附島的國語教育作了影響重大的規劃——即島內學校全面實施國語教育，並逐步禁斷漢文教學。這項政策在推行三十年後，便在新一代受日本教育成長的臺灣青年身上收到成效。這些讀日本書講日本話長大的青年人，在文化觀念上的銜接往往出現「雙鄉」的現象——一個是血脈相連的臺灣故鄉，另一個則是從語言、書本所習得的日本故鄉。因此，當一位臺籍作家以日本語創作新詩時，他選擇這個語言的立場，以及他通過日本語語言結構時，他所面臨的侷限或得到的助益，都是他在寫作過程中影響形式生成的因素。而當他規模出一種形式並將它具體化成爲一首日本語新詩後，日後我們再回到這首日語詩，並對對它做出文學史或文學價值的判讀時，所根據的也正就是它的形式。而這形式與作者當時受到的日本教育、當時社會文化的內地化趨向，即使不是直接也是間接相關的。

同樣的模式亦可以應用在對白話文詩或臺灣話文詩的解讀上。作家在選擇語言與通過該語言結構時，所做出的微妙權衡與取捨，形成他寫作狀態中的形式，針對新詩作品中形式做研究，可使研究關注的目光回到文學自身。在一首新詩的閱讀中，讀者首先會遇到作品的言語和結構，在通過文字的閱讀時，一種不屬於新詩外在可見的「某物」，召喚讀者的身體與之共鳴，它就是這首詩的形式；詩形式引領讀者向某種喜怒哀樂去探索，無論探索的結果如何，都不必然與此形式相關，這個結果是屬於讀者的閱讀經驗。然而，在另一種屬於批評的閱讀，評論者試圖在新詩的言語和隱伏其中情感激流中，藉由對形式的感知與捕捉，去研究形式生成的問題。這問題涉及作家（或者我們所想像的作家）在抉擇與規模出這形式時，他所根據的「立場」乃與作家生長的環境背景，以及社會、國家政策，或者教育程度及其所認同的位置（包括文化的歷史的政治的）等相關。

這些繁雜的因素，具有的共同特點是：它們不是以單個「事件」的方式，機械性地對作家發生影響，而是與作家的「身體」，與他的感官和經驗產生化

學作用後，以複數積累的方式產生震盪作用，這種「時延的積累」與社會條件相關但又不全然對應，它是作家內部結構中的「私密神話學」。巴特在《寫作的零度》中將它們歸諸於「風格」，而在其後的著作中，「風格」發展成與「身體」密切相連的區塊，它既指涉作家的記憶與成長經驗，也聯繫了作家和整個社會環境的互動關係。

二、「風格」概念與巴特的身體觀

> 形象、敘述方式、辭彙都是從作家的身體和經歷中產生的，並逐漸成為其藝術規律的組成部分。於是在風格的名義下形成了一種自足性的語言，它只侵入作者個人的和隱私的神話學中……在這裡形成著語言與事物最初的對偶關係。〔註29〕

巴特將風格置於寫作之前，並視其為外於文學的，進入寫作之前的一個神話系統，此一神話系統屬於作家的隱私與神秘的部分，與作家的身體、經歷密切相關。巴特在多處的論述與隨筆中不斷提及「身體」（body），顯然「身體」在巴特的思考中是一個有脈絡可循的概念。巴特的「身體」概念並非一開始就成熟，在《寫作的零度》中它是寄居於風格之下的一個「晦澀的生物性衝動」，到了《戀人絮語》、《文本的愉悅》〔註30〕乃至《羅蘭巴特論羅蘭巴特──鏡像自述》中，「身體」的意義不再只是作家成長的生理或感官上曖昧不明的經驗，這個巴特式的身體審美以「愉悅」（pleasure）和「性歡愉感」（erotic）作為入門之鑰，意在於以一種身體式的，更為自然的貼合，去經驗寫作與進行文本解讀〔註31〕。而他感興趣的另一種身體：神話學的身體、被社會建構的身體，則是一以貫之承繼《寫作的零度》以來，他不斷意圖

〔註29〕 羅蘭・巴特著，李幼蒸譯：《寫作的零度》（臺北市：桂冠），1991年，頁21。

〔註30〕 原書名「Le plaisir du texte」，英文翻為「The Pleasure of the Text」，目前臺灣尚未有中譯本。

〔註31〕 巴特這個觀念是承自尼采的啟迪，在《羅蘭巴特論羅蘭巴特》中，巴特將他當時最近的兩本著作《文本的愉悅》與《羅蘭巴特論羅蘭巴特》的類型歸為「道德性」，並在說明中解釋：「道德性甚至可以看成是道德的相反（這是語言狀況下身體的思考。）」，他將這兩本書看做是與尼采的「文本之間」的互動。這樣的「文本之間」頗有引人入勝之處。「身體」在西方19世紀以來的哲學史中它是個反叛性的關鍵字，這個反叛性在尼采的思想中得到最初的完整詮釋，尼采以「身體理性」去抗衡西方傳統心／身二元論的價值觀並試圖超越傳統的理性中心主義。因此巴特的「身體」概念，可視為以尼采身體理性與圖像思考（picture thinking）在文學領域或文化批評領域的闡發。

去層層剝離的意識型態與文化迷思的想法。巴特將風格生成置於身體層次，「歡愉的身體」與「神話的被建構的身體」是理解巴特「風格」意義的兩個基點〔註32〕。

在《文本的愉悅》中巴特說道：「哪一個身體？我們有好幾個身體。」他後來又另外說明，這些身體有的是生理的身體，有的是情感的身體，有的是社會化的身體、神話的身體、公眾化的身體等等〔註33〕，巴特的身體是「多樣化」的，在不同的領域中各有其意指的意義，但有一個共同可循的特徵是：巴特強調的身體有初始自然的象徵義，它有著原始的欲力，無待誇飾的純樸，甚至在某些地方，身體與烏托邦的想像相連接，成為進入理想之境的中介或場域。巴特在談論身體時，首先可分為兩大類：「人」的身體、文化概念的身體。這兩類各自可區分出與「個體的」或者「公眾化的」產生作用的兩個層次。個體的部分，它涉及個人的神話學、情感和生理的感覺，公眾化的部分是一種集體的想像生成，它與種種傳媒和文本的互際性息息相關。由於巴特本身是符號學神話學者，他泰半的著作都集中於批評文化現象和神話機制，因此他的身體觀點主要是針對被建構的、被社會化的、被神話的人或文本的身體而發，他關注的層次是「身體生成」、「文本生成」之後的觀察與批評。不過，在《文本的愉悅》中，巴特對身體的討論延伸到了他之前存而不論的「風格」部分，屬於非生理衝動的身體知覺及其隱藏的內部規律的領域，他將文學和文本「肉身化」，將作家、讀者與文本、文學的交流層面內化至一種純粹的身體歡愉感。

那麼，這種歡愉感的性質是什麼？它從何而來？在《文本的愉悅》的一開頭，巴特便略帶嘲謔的引用培根的話，暗指文本的愉悅是「我的靈魂的對立面」〔註34〕，並且這種愉悅感是無須解釋的存在。在培根的時代，靈魂與

〔註32〕巴特對「神話的被建構的身體」此一層次有清晰且系統的神話學理論做為詮釋依據，然而「歡愉的身體」這個層次，它是作家脈絡可尋的意圖，但沒有一個系統性的集中論述，在巴特的思考與著作中，「歡愉的身體」儼然有神秘經驗的傾向，彷彿像一個隱喻，與其說巴特沒有集中的系統的論述，不如說他根本沒有將之系統化的打算。巴特的隨筆風格在《文本的愉悅》中展現了相當具個人特色的論述方式，在詼諧與隱喻的雙層辯證中，頗有尼采式的警語的味道。

〔註33〕見羅蘭・巴特：《羅蘭巴特論羅蘭巴特》（臺北市：桂冠），2001年，頁73。

〔註34〕「這種文本的愉悅：就像培根的模仿論，它可以這樣說：永遠不去辯護，永遠不去解釋，它從不否認任何東西：『我應該遠遠的觀看，今後它將成為我的

身體的概念是二元對立的結構，如果說靈魂與理性和真理之光相通，身體則是靈魂的容器，並且與種種慾望和衝動雜染而隨時有脫韁之勢。因此，既是靈魂的對立面，文本的愉悅便與意識主體無緣，它是屬於身體感知的層次。在一段重要文字中，巴特說明了「文本身體」與「我的身體」的關係：

> 顯然地阿拉伯學者，當談論及文本時，使用了這樣令人讚賞的表達：這種身體。什麼身體？我們有好幾種身體。……但是我們也有一種極樂感受（bliss）的身體，它單獨地由歡愉的（erotic）關係所構成，它全然地與第一種身體不同：它是另一種形貌，另一種候選；例如像這樣的文本：它是激情的語言的開放式排列。……這樣的文本是否具有人類的形體，它是一種形態，一種拼音或拼字遊戲的身體嗎？是的，但是它的身體在我們的歡愉的身體之中。文本的愉悅不能歸類為生理上的需求。

> 文本的愉悅即是當我的身體去實踐它自體的理念的那一刻——因為「我的身體」並不會與「我」有相同的理念。〔註35〕

巴特將文本視為一種「身體」，這種文本身體的生成始於與「主體我」身體的歡愉感相聯繫，而他又進一步界定，產生愉悅感的「主體我」是「自體」而非意識的「自我」。所以，文本「身體」既是一種在閱讀過程中被「自體我」想像、建構出來的存在，它也是由作者創造出來的，蟄居在文本（形式）中的存在。這裡要再次說明的是巴特在此指的「身體」是何種脈絡意義下的「身體」。如前所提到的，巴特的「身體」具有多樣性，不同的人事物有不同的身體，即使是同一人事物也可能有好幾種身體。從巴特這樣一個神話學者的角度來看，身體是被建構與社會化的，身體是被種種建制與意識型態所束縛的；為了對抗這個意識的神話，巴特採取了符號學神話學的批評策略。因此「自然／文化」的對立概念不免相對而生，巴特強調的「身體」是他論述脈絡中極欲還原的自然、真實與烏托邦。卡勒在《羅蘭巴特》一書中提出〔註36〕，巴特之所以強調身體，是為了抗衡以笛卡兒為宗的法國傳統思想。笛卡兒的

靈魂的對立面。』」Roland Barthes. The Pleasure of The Text. Trans. Richard Miller. Oxford :Blackwell, 1975. p3.

〔註35〕「The pleasure of the text is that moment when my body pursues its own ideas—for my body does not have the same ideas I do.」from Roland Barthes. The Pleasure of the Text. Trans. Richard Miller. Oxford :Blackwell, 1975. pp16-17.

〔註36〕卡勒爾著，方謙譯：《羅蘭巴特》（臺北市：桂冠出版），1994年。

「我思，故我在」以意識我爲能思的主體，而巴特認爲意識主體乃是社會與文化的人爲建構，「意識我」是公眾化的社會性的，唯有回歸身體才能洞察人爲建構的束縛，以官能感覺取得個體性的自主與多元化的意義。

因此，在《文本的愉悅》中所強調的「愉悅」與「極樂」，便是一種以具個體特性的身體感官去經驗文本的特殊感受。這種感受源生的基礎是身體，讀者在閱讀文本時，文本的形式召喚閱讀者身體的歡愉感，而讀者的歡愉感意指回文本時，它所欲交歡的對象不是文本的形式，而是「文本身體」。孫小玉在〈解鈴？繫鈴？──羅蘭巴特〉一文中說明：

> 爲了將這種特別屬於「個人的」快感經驗突顯出來，巴特特別強調以身體（Body）的感官，或依讀者特有的神經官能性質，來詮釋作品的意義。例如，憂鬱症者自會尋找深度的意義或秘密，拜物者則尋找零碎片段，歇斯底里者則是狂熱的投入作品中，巴特否定了人的主體，在以身體來閱讀，在此過程中，讀者經驗到的不是他的「主體性」而是「個體性」。〔註37〕

讓閱讀從意識我解放而代之以身體感官，這意味著一種統一詮釋的分歧，多元性和可能性就從這分歧中誕生。

> 現在，這個反英雄者（anti-hero）是存在的：他就是文本的讀者，他在閱讀的瞬間掌握了愉悅感受。因此聖經的神話被顛覆了，語言的混亂不再是一種懲罰，一種主體獲得了進入極樂（bliss）的權力，它藉由的是多種語言的同時操作：文本的愉悅是被認可的巴比倫塔。〔註38〕

反英雄者，意味著和古老的邏輯對抗的人，在過去這樣的角色是「有教養的」社會的一個笑柄，而如今語言自「邏各斯中心」解放，自階級的專擅中解放，從單一變成多元雜音，於是語言不再被視爲「自然」而被當成一種問題來看待，「寫作」也正是從這個契機中誕生。這裡的「多種語言」承繼的是《寫作的零度》中資產階級斷裂與轉變之後，產生的語言混亂與形式多樣化現象。我們可觀察出，巴特在《文本的愉悅》中對語言混亂與形式多元的現象較《寫作的零度》時爲樂觀，他以交歡感去看待這些「亂象」，視其爲身體解放的徵候。文本的愉悅的產生，首先以語言與形式的多樣化爲先決條件，

〔註37〕 孫小玉：〈解鈴？繫鈴？──羅蘭巴特〉，《文學的後設思考》，頁98。
〔註38〕 Roland Barthes. The Pleasure of the Text. Trans. Richard Miller. Oxford: Blackwell, 1975. p3-4.

讀者〔註39〕在這「被認可的巴比倫塔」(即分裂的語言與日益繁多的形式)中，以身體重新獲得愉悅的感受。由此可見，現代寫作自語言的分裂中誕生，而具愉悅感的閱讀也正因為語言的分歧，而獲得多種詮釋的可能。

　　讀者藉由閱讀文本得到愉悅感，而作家與文本的交歡則產生在他寫作的過程之中〔註40〕。巴特提到，如果一個句子或一個故事能帶來愉悅感，那是因為它們正是在愉悅的情狀中被創造，而寫作之時的愉悅情狀並不與作家亟欲書寫的苦悶或憂鬱情感相抵觸，因為寫作的愉悅感發生的「場所」是在作家挾持著激情與想像進入語言結構(而語言此時是雜亂多樣的)之際，且在他做出形式選擇之前，那段充滿焦迫與興奮的強大張力的時空之中〔註41〕。作家並非以他的「整體」，或者以他的意識進入這禍福難料的場所之中，在這個形式發生之前的階段，作家的「風格」和他欲通過的「語言結構」在此發生汰選或再創造的激戰，此時「作家」並不存在，存在的只是「書寫身體」。巴特「書寫身體」的概念，延伸自他對風格和愉悅感的探討，如果說風格是作家成長時的身體經驗所生成的內在藝術規律，那愉悅感的討論，便是集中在內在藝術規律與語言結構激盪的那段時空中，因此，此時並不存在「完整」的作家，通過這個場所的是作家的「書寫身體」。在《羅蘭巴特論羅蘭巴特——鏡像自述》的最後，巴特附上了一張奇異的插圖，那是一張除去人的外型、骨骼、器官，只剩下脈絡相連的血管人形圖，他還在下面附上一行字：

　　書寫身體，沒有皮膚，沒有肌肉，沒有骨頭，沒有神經，但剩下血
　　管：像個毛茸茸的，鬆垮垮的小丑。〔註42〕

〔註39〕　這個讀者不是一般泛泛的讀者，他是能夠從文本的言多元與性多樣中掌握愉悅感的讀者，他是巴特具書寫性之文本(Writerly Text)意義下的「文本之讀者」(a reader of text)。

〔註40〕　不過，愉悅的寫作不能保證讀者也從其產生的文本中得到同等質量的愉悅感。寫作與閱讀之間的聯繫只有文本，而文本並不是橋樑，它比較像是個空無一物的舞臺，作家以愉悅感創造文本，文本完成之後，它便脫離作家而獨立，因為「讀者的誕生需以作者之死做為代價」，唯有讓作家退居幕後，讀者才能從文本中誕生，在被閱讀的文本中，言語就是作家的身體，就是作家。from "The Death of the Author", in "IMAGE. MUSIC. TEXT", pp.148.

〔註41〕　巴特曾進一步形容這個特殊的寫作時空：「它是這樣的場所：一種慾望的辯證的可能性，一種結果不可預料的極樂感：在賭金未下注之前，這裡仍然有著一場遊戲」Roland Barthes. The Pleasure of The Text. Trans. Richard Miller. Oxford :Blackwell, 1975. p.4.

〔註42〕　羅蘭・巴特：《羅蘭巴特論羅蘭巴特——鏡像自述》(臺北市：桂冠)，2002年5月，頁232。

沒有「身體」的身體，書寫身體不具結構性，沒有任何思考停駐其中，它是一種隨時可調整位置的網絡，四方八達地連結著寫作時需要的各種「來源」。這樣的書寫身體承繼了巴特將文學回歸到一個「純淨之所」的企圖，他將對文本的解讀從關注文本形式到關注「文本身體」，從關注作家的寫作形式到「書寫身體」，可以觀察出巴特意圖將過多的意識形態和社會文化建構的層面，暫時置於括弧之中，代之以身體、感官，和時間累積而成的身體記憶、經驗，去談寫作和文本的問題。

　　從「文本身體」和「書寫身體」的概念來看巴特的身體觀點，可歸納出他的基本概念是：（一）身體能抗衡意識主體（心／身二元論）的神話；（二）欲解放主體性、力求意義統一的詮釋，代之以個體性身體的多元化和雜音；（三）身體是做為自然、回歸與烏托邦的象徵。這樣的身體觀點應用在文學的領域中，巴特注意到的是從現代主義以來，文學語言和形式的趨向多元化的「巴比倫塔現象」。照巴特的解釋，與資產階級意識型態斷裂後，經濟層面以外的心理和意識產生的變化相關：「區別巴爾札克『思想』和福樓拜『思想』的是同一流派內的差異性，而使他們的寫作彼此對立的則是一種基本的分裂，它正好發生於兩種經濟結構相互連接從而引起心理和意識產生決定性變化之時。」〔註43〕由此可見巴特受馬克斯主義影響之處，但這也指出重要的一點：社會經濟與階層結構形成一種對作家身體的規約，這種規約的影響不只停留在身體與社會互動的層面，它亦透過身體感覺的經驗與記憶影響作家的寫作形式，造成「心理和意識的決定性變化」。

三、形式批評的立場

　　綜上所述，一個初步的假設便有了成立的基礎——藉由一種身體的認識角度，我們得以解讀作家的身體與其置身的情境空間產生了何種的對話關係，這樣的對話關係在落實為文本之時產生了何種程度的轉折、扭曲或權變。身體先於任何一種意識而存在，這使得身體論述的立場得以將被過度建構的一切暫時至入括弧，並回到一個最初的、事件仍朦朧未「具體」的點：即「身體－主體」與世界產生對話之初，而概念未介入之前，這亦是巴特寫作「形式」未成形前，那段屬於身體與語言結構交互作用的狀態。這樣的立場可以

〔註43〕 羅蘭·巴特著，李幼蒸譯：《寫作的零度》（臺北市：時報出版），1991 年，頁25。

幫助論述著在進行批評之時，能多一點回到作家身體、書寫身體和文本身體的觀察，減少一點挾帶意識形態進入批評的情狀。

任何身體－主體位置並非恆固不變，其與他者的主／客位置，亦會隨著被觀看的視野不同而相對產生位移。書寫身體作進行時處於主體的位置，但進入論評論者的視野時，書寫身體就成了他者；文本身體作為一個座落於文學史上的獨立記號時，它具有自己的主體性，但當它被評論、閱讀時，文本身體亦成了與評論主體對話的他者。因此，評論者的「身體－主體」亦不能置身於這個對話之外，企圖使自己「透明化」，所有的批評論述都是評論者「身體－主體」與他者對話的成果，這說明身體論述的批評具有使文學作品回到空間情境、寫作情境的客觀立場，但也需承擔起主觀論述建構的責任。這是針對評論在與他者對話之後，概念由抽象中具形的部分的責任要求。

大體來說，寫作理論主要在提出對作家寫作形式的觀察，同時也衍生出批評者的真實性與立場的問題。這個問題在《寫作的零度》中，並未得到充分的處理，但在《神話學》之後，巴特注意到了批評者的立場問題。在神話學中，巴特提出的疑問是：神話學家如何能一方面生活在這充滿符號與神話的世界，同時又要與之保持距離，客觀地剖析時尚、政治或文化的神話面具。同樣的質疑，我們也可以應用在寫作理論之上：一個文學批評者，要如何在主觀的閱讀與客觀的批評之間，取得恰如其份的批評立場與批評的有效性。

進一步分析這個質疑，可知它是根由主／客二者的「形式」與「身體」的命題而來。這可以從兩個方面來說明：首先，寫作理論是針對作家的寫作過程的觀察而來，它模擬並分析不同作家的寫作形式，並根據自傳、訪談等等資料，對作家風格作進一步的掌握。最後配合時代環境的經濟、政治因素，觀察風格、語言、形式三者之於不同時代、或不同作家的變化，並由此變化推敲集體／個體的形式問題。但從另一個角度來看，客觀的寫作形式觀察幾乎是不可能的。所有的批評都需要通過閱讀，而閱讀是主體與客體文本之間的一次「寫作過程」。主體本身的身體風格、形式思維與語言習慣，將會左右對客體文本的掌握，而主體在文本中發掘到的「形式」，與其說是作者的形式灌注文本之中，而藉由閱讀再度被召喚，無寧說是主體的思維形式在閱讀中，藉由和文本身體之間的神秘互動被召喚出來，並且通過文本本身的視野，對主體被召喚出來的形式，注入新的質素，而產生一種嶄新的「形式」。這形式既是客體文本的，也是主體所固有的思維形式。「作者已死」可以解釋

這種將作者擺一邊，而主要由主體與客體文本的「交歡」，得出批評或閱讀心得。因此，寫作理論提供的是一個批評的參考架構，它是十分理想化的，在實際實踐之時，批評者有必要後設地檢查自己的批評：我所觀察到的「寫作形式」，於實際的可能相差多遠？而批評者也需要有一種立場的承擔，因為所有的批評都是由批評者主觀而發的言論，它與「真實」之間永遠不可能密合的差距，是批評者得以不斷回頭檢視自己的一個動力。所有的評論都不會是最後的定論。

　　另外，寫作理論雖提出風格、語言、形式三個寫作要素，但巴特的著重點還是在於形式問題，並且欲以此形式的討論，將社會文化等等非「純文學」的問題，將它們獨立出來檢視，使得「形式批評」與「文本批評」得以分別開來，分別指涉文學領域中不同層面的命題。寫作理論由於未涉及深入的身體討論，因此，它可以視為是一種形式批評的方法論，它借由時代背景、作者教育及成長背景，以及他所使用的語言為參考座標，解析作者的意識形態與社會行為之於他的寫作形式有何影響、特色，並將之置於同時代或不同時代的寫作脈絡下，去觀看他的集體性與體性特徵。而巴特後期的身體與閱讀理論的發展，使得形式批評有了另一個面相：即文本批評。文本批評重視的是批評者／閱讀者，以其自體的感官與文本身體互動，產生一種經由閱讀得來的「形式」，此種形式將引領批評者／閱讀者，依循文本的文字秩序或無秩序，前往理想中的文學的「應許之地」。之於純粹的閱讀，讀者只需天馬行空的根據文本再創造閱讀文本（即巴特的可寫性文本的意義）。之於有企圖的閱讀者，他就必須往返於「模擬的」作者寫作形式，與自己閱讀得來的形式之中，並取得權衡的批評。

第三節　研究方法與步驟

一、研究方法說明

　　在延用巴特的寫作理論研究日治時期新詩之時，仍然有幾個課題需要仔細思索。巴特的寫作理論立意於將「語言結構」與「文學身體」分離，並集中火力在語言的神話剝離與文本的形式探討。除了基於一種神話學家的批評職責外，巴特更大的動機也許是在將「文學」自過多的「介入」中重新抽離出來。換句話說，在《寫作的零度》中，巴特欲確立的主要是寫作形式的

探討以及文本的形式批評。「回到文學自身凝視文學」，此亦是筆者原初的撰文動機。日治時期文學身處於一段傷痕的時空，復又遭到戰後政府政策的不公義壓抑，因此日治時期文學成爲載滿記號與意識型態的文學。借用巴特寫作理論的概念，將有助於在初步進行文學與立場的判分時，保有相對客觀的視野。

再者，巴特的寫作理論的立場是屬於神話學的，他跟隨著作家的創作過程亦步亦趨，在清晰的架構下，亦以細緻的言語和敏感的觀察力，思索寫作過程可能遭遇的各種抽象的情緒與思慮。但寫作理論是後設的，它的有效探討顯然只能針對當作家進入寫作系統之時，而寫作形式產生之前的作家風格與文學意向通過語言結構時的選擇是作家本身的「私密神話學」，這是無從客觀探討的部分。另外，作家寫作之時所進入的「形而上」情狀研究者亦無緣探討，那也是作家本人秘密神話學的一部份，我們只能藉由訪談或作家自傳、日記略窺一二。因此，了解研究者自身的有限性是必要的。

在確立這樣的立場後，我們便可以把暫時置於括弧中的種種糾葛（文學、歷史文化、社會、心理、階級、意識型態等等）放進來，並鎖定批評的切入點。作家身體與生活世界的對話，在其開放性與流動性的意義下，它亦是一種「時延的沈積」，在這裡可以觀察出身體被規訓與建構的軌跡，這是屬於需借鏡身體社會學與哲學人類學的範疇。當作家身體以「風格」進入寫作的狀態時，這裡能觀察出的是語言與書寫身體，形式與文本的作用關係。語言問題涉及的層面廣闊，即使以文學勉強框限其範疇，它仍然涉及歷史、社會與修辭學多層面的問題。這是龐大而繁複的學術工作，筆者在此欲確立的是寫作理論的視野，並進一步談論日治時期被殖民情境下新詩寫作的所引發的語言、形式和現代性追求的問題。

二、章節說明

第一章爲本文之問題意識、理論依據與與研究方法的總述。本文的問題意識集中在「日治時期新詩」此一名詞與所涉及之文學史問題之釐清，與「形式批評」應用在此一領域之新詩的可能性。由於曾經被日本殖民的特殊時空，與戰後政權對日治時期文學的刻意遺忘，「日治時期新詩」在七、八〇年代再度被重視、討論時，它一開始就背負了嚴肅的臺灣主體伸張意識，並企圖與戰後「橫的移植」的現代主義詩劃分界域，並欲藉由日治時期新詩的「現

實主義」與「現代詩特質」，重新驗明正身，成為臺灣現代詩的兩個球根之
一。然而，總觀日治時期新詩的樣貌，除了部分較於激進、激烈的抗議詩，
「現實主義」並非全然明確地彰顯在詩文本中；而「現代詩特質」也不僅只
是現代「語言」的使用和能書寫「一時代之精神」。日治時期新詩，尤其在日
本語詩的部分，已普遍有「現代主義」的徵兆。因此，在詩的兩個球根論
中，其「現實主義」與「現代主義」之間，顯然有些模糊未清的批評層次有
待分析。

　　第二章著重在從社會對作者身體的規約，及語言本身的現代性轉變，去
探討日治時期新詩中，現實主義形式思考的生成因素，以及現代主義表達方
式如何藉由語言的更迭和文學觀念的演變，逐漸普遍地融入日治時期的新詩
文本中。筆者藉由「同化政策下的國語教育及其影響」、「他者缺席的空間」、
「時間標準化」等三個取樣的說明，討論外在環境的現代性因素，以殖民者
強勢的姿態對作家身體形成影響（而這個身體上的影響則主要反映在詩的形
式思考之中）。「殖民現代性」其進步又企圖邊緣化被殖民者主體的特質，使
得臺籍作家一方面受惠於現代性，另一方面又因殖民者強加的現代性而遭邊
緣化。因此，屬於臺灣被殖民時空下的「現實主義」形式思考便由此而生。
在這意義上，作家身體與風格挾帶了被殖民情境的特徵，成為寫作形式生成
的主要變因。

　　從中國白話文到臺灣話文的主張與運用，可以看出「殖民地現代性」仍
然是一個隱隱作用的因素，平易漢文的主張，其目的正是在於將現代知識、
文學素養等等，普及於知識水平較低的中下階層，同也是為了更便捷將外來
的新知迅速介紹給一般民眾。因此，中國白話文、臺灣話文在普及與平易
的意義上，它們都背負了現代性的欲求與使命感。然而，在作家的現實主義
形式思考的不斷作用與演化下，中國／臺灣立場迥異的民族情感認同逐漸仳
離，因此也造成中國白話文／臺灣話文之間的具政治、民族爭議性的論戰。
是中國主體意識還是臺灣主體意識，這樣的對立使得作家在使用語言時產生
重大區別。另一方面殖民者在臺灣積極推行的日本語，在受日本語教育長大
的年輕一代中，逐漸成為思考與表達的主要媒介與工具。日本語的使用亦與
知識份子的現代性追求息息相關，除了他們接受教育之初是透過日本語之
外，日本語也是知識份子吸收世界思潮的主要工具。因此，在殖民地現代性
的作用下，日本語作家有不得不使用日本語的正當因素，但其中也隱藏有衝

突和糾葛。

　　語言與形式的巨變與文學觀念的演變，是同步進行的。從張我軍高呼新文學革命，到臺灣作家開始思索新文學與臺灣主體的關連性；從爲現實而寫文學，到將「現實批判」內化於形式思考中，讓文學回歸本格；這其中的演進脈絡可以看出，雖然有語言上的差異問題，但日治時期新詩的發展有一條在寫作形式上回歸「臺灣本位」，在文學表達手法上回歸「文學本格」的清晰脈絡。至此，可以暫時歸結出日治時期新詩在殖民地現代性的作用下，它在寫作主體意識上漸趨臺灣本位，在文本表達方式上漸趨現代語言，甚至是「現代主義」的發展。

　　第三章和第四章進入到集體與個體寫作形式生成、文本實踐的討論。此處分爲漢語和日本語兩章，而漢語新詩寫作下又區分中國白話文、臺灣話文二類，其理論依據在於巴特提出的語言結構之異同將影響形式生成的主張。基本上，習於以漢語寫作和以日本語寫作的作家有世代上差異。例如於 1895 年出生的賴和，與於 1916 年出生的王昶雄，就有語言使用上的差異；前者習於使用中文，而後者則是屬於慣用日本語的作家。這裡再度呈顯了政策對於作家語言使用的強制性與箝制力；另一方面，語言習慣也與作家的成長世代、身體經驗、記憶密切相關，語言使用的差異不僅是表達媒介的不同，在思考上也有其出入。這些差異需藉由個體作家的分析才能較具體的掌握，集體性的語言使用差異只能顯示出大方向的世代、形式思考、教育背景等等的不同；基於篇幅與關注點的考量，本文只就後者進行說明。此外，通過這兩章的分析，不同語言的形式思考異同也能粗略的浮現出這一點：漢語新詩著重於從現實出發，做具體的思考與批判；日本語新詩雖亦從現實出發，但有趨於重視思辯與美學意識發掘的傾向。這一點從賴和與王白淵的形式思考方式比較中，能清楚的看見這種現實與思辯的差異關係。

　　第五章總結正文中關於日治時期新詩的形式探討，得知在被殖民的時空下，殖民現代性的影響是深遠的，它是遭強權統治後產生的自覺並隱含某些壓抑和扭曲。日治時期新詩中的現代性作爲一種符號，它既是一時代的文學語言與觀念，一種特殊的集體寫作形式，也是種欲超越殖民／被殖民的渴望。

第二章　日治時期文學的語言與現代性訴求之關係

第一節　同化政策下的「殖民現代性」

　　翻讀日治時期新詩可以發現，與「現代」相關的意象或意涵無所不在。這個現象與新詩自身的語言和形式相關，亦與整個日治時代的殖民現代性氛圍（教育、建設、政令）相關。本節擬討論日治時期臺籍作家，如何通過其選擇的語言以及外在環境的型塑，進而認識並渴求現代性；又現代性爲何與日本想像結合，成爲日治時期作家既欲追求又在民族情感上欲與其劃定界限的神話。

一、國語教育及其影響

　　福澤諭吉在領臺之初曾發表〈臺灣的處理方法〉〔註1〕，其中強烈表示，殖民地有兩種統御法，一是掌握實質統御權，而放任其他一切；另一是不但要掌握統御權，而且要施行日本內地的法律，使改變舊有的風俗習慣，令其徹底日本化。他認爲日本在中國遼東半島大可採行放任統治，唯獨臺灣「應該下定干涉的方針，以早晚使其日本化爲目的而施行一切措施爲要」〔註2〕。

〔註1〕　見陳逸雄譯解：〈福澤諭吉台灣論説〉，《台灣風物》第41卷第1期，1991年3月，頁87-103。原題〈台灣の處分法〉，發表於1895年5月22日《時事新報》。

〔註2〕　見陳逸雄譯解：〈福澤諭吉台灣論説〉，《台灣風物》第41卷第1期，1991年3月，頁87-103。令其徹底日本化。原題〈台灣の處分法〉，發表於1895年5月22日《時事新報》。

其所持之理由乃爲臺灣物產豐富可做日本物資的強大後盾，固有必要強行改制與建設，使之發展爲日本化的殖民地。

日本化也就是將臺灣與日本同化，但是要同化到什麼程度？又要如何同化？日治時期的「同化」在當時一直是頗受爭議的問題。首先，「同化政策」或「同化主義」並非一成不變，它的解釋隨著主政者、學者界說或殖民地統治的利害關係等等而有所不同，也就是說日本的同化政策是「流動的」，在這流動的修正中，有一樣基本不變的同化政策便是國語的教育與普及。洪惟仁指出：「臺灣人教育即同化主義即國（日）語教育的殖民地教育方針，從一八九六年創設的『國語學校』這個名詞就可見一斑。」〔註3〕隨後又引國府種武的話：「說本島人的教育盡在教授國語誠非過言。」由此可見，日本的國語政策在其「同化主義」中佔據中心地位，而這項積極的語言同化政策使得日本的殖民統治有別於歐美的殖民統治政策，也導生了臺灣同化問題的特殊性。

臺灣總督府第一任學務長伊澤修二在黑旗軍平定後，爲了臺灣的教育問題訪問了在臺南辦學十二年的巴克禮牧師。在會晤中伊澤表示擬用日本語教育臺灣人，然而巴克禮牧師立即否定了伊澤的想法：「照我的經驗，我以爲不可行。一定要用臺灣話來教育。你們既然說要教育人民，那就應該用臺灣話，不能用日本語。」〔註4〕類似的質疑也發生在1900年巴黎萬國博覽會所召開的殖民地社會學會議中，由於同化教育被視爲成本過於高昂，且過度扭曲殖民地的在地文化則容易導致叛亂，因此在會議中列強達成共識，同化政策逐漸被放棄，代之以農務勞作或手工業生產爲主的實務教育〔註5〕。而日本不顧世界潮流，依然維持一貫的國語同化教育，並持續在臺灣的國語教育上投下大量的金錢〔註6〕，這在當時世界的殖民政策中是非常獨特的一點。究其原

〔註3〕 洪惟仁：〈日據時代的台語教育〉，《台灣風物》第42卷第3期，1992年9月，頁57。

〔註4〕 轉引自洪惟仁：〈日據時代的台語教育〉，《台灣風物》第42卷第3期，1992年9月。原出自吉野秀公編：《台灣教育史》（台北市：南天），頁41-56。

〔註5〕 參考自陳培豐：〈重新解析殖民地台灣的國語「同化」教育政策〉，《台灣史研究》第7卷第2期，2000年12月，頁9。

〔註6〕 日本領台之初由於產業結構與稅收制度尚未健全，所有建設的經費都需仰賴國庫，因此在國會中，領有台灣這個行動曾被批判爲浪費，甚至有將台灣賣給法國或賣回滿清政府的主張。在此經費拮据之際，國語教育的創辦人伊澤修二不但實施了「無償式」的入學制，爲了獎勵台灣人學日語，甚至還發給

因，乃在於國語教育與日本「國體」有密切的關連。

　　陳培豐在〈重新解析殖民地臺灣的國語「同化」教育政策——以日本近代思想史為座標〉中，精闢地分析此一國語同化政策的發端與過程。他首先將日本的建國原理「國體論」〔註7〕和上田萬年的國語主張作了連結。日本的現代化始於明治維新，其目的在於文明開化和富國強兵。但過度強調西方文明的效用，使得日本國內保守知識份子起而反彈，極端的西方化於是逐漸平緩，傳統文化和大和民族精神再度受到重視，日本因而走向「民族國家」之途。在明治二十三年（1890年）「教育敕語」〔註8〕誕生後，把民族視為是「擁有共同血緣、語言、文化和精神的集團」的觀念愈加穩固，於是國體論的思想隨之抬頭。

　　在一段上田萬年〈國語と國家と〉的重要引言中，國語的神聖和日本國體被結合了起來：

> 語言對於使用的人民而言，就如同血液之於其同胞，如肉體上所示的精神上的同胞。以日本的國語來比喻這個道理，日本語應該就是日本人精神的血液。日本的國體，主要是以此精神的血液來維持……言語不單只是國體的標識，同時也是一個教育者，是所謂情深無比的母親。〔註9〕

<hr />

　　　津貼。從1898至1920年間，公學校從76所逐年增至495所，受教育的學生數從6,636人增至151,153人，自然教育經費亦是有增無減。昭和11年蔡培火曾於〈臺灣に於ける國字問題〉中提到：甲午戰後四十年間，臺灣總督府耗費三億元的教育費用，其目的僅是為了培養二、三十萬的日語使用者，由此可見日本不計成本實施國語教育之決心與耐力。統計資料參見《台灣教育沿革制》，頁408-409、984-986。

〔註7〕陳培豐將日本國體定義為：「以天皇制國家原理為中心，具有擬宗教式性質的近代日本政治文化。」其內容包括：「君民同祖」、「萬世一系」、「忠君愛國」、「一視同仁」、「萬古不易」等等之概念，隨著教育敕語和明治憲法的出現而開始普及化。

〔註8〕「教育敕語」全名為「教育に關する勅語」，於1890年發布，與明治憲法並稱日本國體之二大聖典。其內容強調「忠君愛國」、「忠孝一致」為教育之基本，為日本國民之基本，因此日本天皇不僅是政治上的主權者，也是國民道德、思想的中心。教育敕語除了被納入學校「國語」、「修身」教科書中，也透過學校廣設「奉安殿」，平時與天皇、皇后「御真影」安置於殿內，學校朝會儀典時，則由校長捧讀，將日本的天皇制與國體觀念廣植於國民身心。到目前為止，尚有受過日本教育的老人家能流利背出「教育敕語」，可見其影響之深遠。

〔註9〕中譯轉引自陳培豐：〈重新解析殖民地台灣的國語「同化」教育政策——以日

上田萬年這篇演說為殖民擴張時期的日本國體提供了辯護與同化異民族的最佳手段。即既然日本語為「日本人之精神血液」，則使日本統御內的人民全都說日語、體認日本之國體，則民族之「純血化」在理論上便可達成，而不至於因為殖民地的統轄而動搖「君民同祖」、「萬世一系」的國體。明治三十六年（1903 年）民政長官後藤新平在學務諮詢會議上說，臺灣公學校的設立在於普及國語，且：「雖然要以普及國語，同化性情相異的民族誠非易事，但像臺灣這樣的地方，將來要加以同化，成為我國民，這是任何人都沒有異議的。」〔註 10〕要同化臺灣人使其成為日本人，推行國語是絕對必要的，且國語的推行在當時是全日本國都沒有異議的，因為「會說日本語就是日本人」這樣的認知隨著國體論深植於人心，這便可以說明，日本如此「非經濟性」的在臺灣推廣國語教育的主因。

　　雖然理論上認為「會說日本語就是日本人」；但是日本在臺灣的實際統治情狀並沒有真正達成這個「一視同仁」的「理想」。駒込武在《植民地帝国日本の文化統合》〔註 11〕一書中，將同化政策放在「國民統合」的架構中討論，並分為法政制度方面的「國家統合」和文教思想方面的「文化統合」兩個面相。他將殖民地臺灣的國語政策放在「文化統合」的層面，把參政權等放在「國家統合」的層面，歸結出日本在臺灣的同化政策的兩義性和矛盾性。

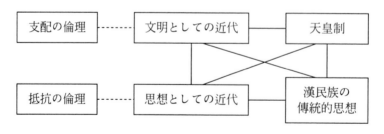

　　本近代思想史為座標〉：「語言對於使用的人民而言，就如同血液之於其同胞，如肉體上所示的精神上的同胞。以日本的國語來比喻這個道理，日本語應該就是日本人精神的血液。日本的國體，主要是以此精神的血液來維持……言語不單只是國體的標識，同時也是一個教育者，是所謂情深無比的母親。」原文見上田萬年：〈國語と國家と〉，《明治文學全集 44》（東京：筑摩書房），昭和四十三年，頁 108-113。陳培豐：〈重新解析殖民地台灣的國語「同化」教育政策——以日本近代思想史為座標〉，《台灣史研究》第 7 卷第 2 期，2000年 12 月，頁 26。

〔註10〕 吉野秀公編：《台灣教育史》（台北市：南天），頁 125。

〔註11〕 參考駒込武：《植民地帝国日本の文化統合》（東京：岩波書店），1996 年。

在駒込武的這個圖表中〔註12〕，清楚的將支配者的意圖與抵抗者的欲求之間的矛盾關係表現出來。「抵抗者」欲在維持漢民族傳統的前提下，吸收思想上的現代化，而「支配者」利用抵抗者追求現代性的心理，以其現代化的文明爲理由及手段，進行名義上的文化的統合，並在這中間過渡天皇制的國家統合政策，企圖消滅抵抗者的漢民族傳統與思想。因此，日本在臺灣的同化政策是「在『國家統合』的層次上排除臺灣人，而在『文化統合』的層次上卻又標榜容納臺灣人的矛盾架構。」〔註13〕

陳培豐在論文中進一步分析日本同化政策具有兩義性的原因，他指出在日本國語漫長的摸索與形成的過程中，具有「德」與「智」兩種對立消長的特性，「德」是大和民族傳統精神，忠君愛國、萬世一系的思想；「智」是對外來西方文明的渴慕和學習。他將日本語中德與智的性質，和國語同化政策參照來看，得出了「同化於民族」和「同化於文明」兩個同化性質，並由國語、修身課程的教科書中去比對這兩種同化的流動性〔註14〕。藉由比對之後發現，國語課程中「德」類課程明顯增多、「智」類課程逐漸減少，「德」、「智」二類課程的消長，亦反應出了日本的同化政策在「同化於民族」和「同化於文明」之間的搖擺：

> 在國體的束縛之下，日本政府爲了要賦予自己一個「一視同仁」的統治型態上之印象，在某一個程度下是有必要實施包含西洋文明要素在內的國語同化教育。因爲在日本的近代史中，國語是吸取西洋文明的工具，具有「同化於文明」之意識型態。如果要建立一個把

〔註12〕　見駒込武：《植民地帝国日本の文化統合》（東京：岩波書店），1996年，頁187。

〔註13〕　何義麟：〈駒込武：《植民地帝国日本の文化統合》〉，《新史學》第11卷第4期，2000年12月，頁131-137。

〔註14〕　明治二十四年到大正二年（1901-1913）間，談近代文明經濟地理化學博物等等「智」類的課程約爲談日本精神的「德」類課程的十倍。但大正二年至大正十二年（1913-1925）間，隨著修身課程的建立，原本依附於國語讀本中的德育課程，不減反增9課，而談近代生活的課程則明顯減少了64課。在進入全面皇民化時期時，國語讀本233課中談「皇國思想」、「軍國主義」和「日本文化」的共佔89課，幾乎是全部課程的三分之一，顯示了皇民化時期日本宣導同化的強烈訴求參見陳培豐：〈重新解析殖民地台灣的國語「同化」教育政策──以日本近代思想史爲座標〉，《台灣史研究》第7卷第2期，2000年12月，頁30。詳細數據資料參考自何義麟：〈皇民化期間之學校教育〉，《臺灣風物》第36卷第4期，1986年12月，頁47-88。

「無知蒙昧的民族引導向文明的境界」，也就是走向「文明之中」之
形象，以醸造統治者即將「準備在臺灣實施一視同仁」的政治氣氛
時，在可以容忍的範圍內，設置並且維持一定程度的公學校教育對
於任何一個時期的主政者都是必要的統治措施。〔註15〕

因此，國語政策的大力推行既是欲臺灣殖民地同化於其民族與文明，同時
也具有意識型態與工具性，「一視同仁」的神話便在這同化的兩義性中不斷
被辯解、延遲。日本殖民下的臺灣同化政策，之所以和歐美殖民者不同，
乃是受制於其國體論所致，其主要的功能之一就是維持天皇制國家體制的
平衡。

然而，日本國語中同化於文明的部分，對臺灣人而言是吸收知識與現代
化的契機，也提供了方便的途徑。臺灣在日治之前，一般人民的識字率並不
高，「漢文」便是當時通行的語文。「漢文」不單是中國的文言文，一般通行
的「漢文」其實也雜含了臺灣當地居民的方言，如閩南語、客家語等等的語
彙在裡頭。唯當時的舊式書房或私塾教的漢文是傳統國粹學的文言文，學的
亦是經史子集，故臺灣學子要接觸現代化的知識和世界潮流，在「漢文」通
行的時期有實踐上與認識上的困難。《臺灣民報》一篇談〈公學校的漢文教授
和舊式的臺灣書房〉中便評論道：

臺灣人因爲公學校不能滿足地教授漢文，所以不得不給子弟往舊式
的臺灣書房讀書，舊式書房的教授法，唯有形式的講解和強制的背
誦兩個法子而已，教材多是從四書、五經、諸子、古文中間選取的，
若是中國的新式教科書，形式內容都是現代的，舊式書房的教師有
些難懂，而當局也禁止不給教的。〔註16〕

日本人在領臺之後如火如荼展開的國語教育與抑制漢文政策，一方面激起了
臺灣人的民族意識，但另一方面也爲臺灣知識份子鋪下了一條邁向現代化的
捷徑。如前所提到，日本語在形成的過程中，有過「德」與「智」的長期消
長與適應，在明治維新全力西化之時，日本國內曾引發一場傳統日本語的爭
辯，原因在傳統日語漢字太多，含意模糊而繁瑣，妨礙西學的學習速度。最
後在大眾性、便利性與民族意識的考量下，日本人大量減少漢字，增加表音

〔註15〕 陳培豐：〈重新解析殖民地台灣的國語「同化」教育政策——以日本近代思想
史爲座標〉，《台灣史研究》第 7 卷第 2 期，2000 年 12 月，頁 42。

〔註16〕 臺灣民報社論社論：〈公學校的漢文教授和舊式的臺灣書房〉，《臺灣民報》
147 號，1927 年。

的假名，而成爲現代的日本語〔註 17〕，因此日本語具有學習西學的優越性。
透過日本語學習世界知識對當時的臺灣人而言，在各方面都最爲便捷。然
而，日本的國語政策雖欲臺灣人「同化於文明」，但僅止於實務和技能教育
〔註 18〕，其最終目的仍在於欲臺灣人同化於日本民族，效忠天皇制的國體。
在漢文不適於吸收新知，日語的學習管道又爲日本人所控制，除非到外地留
學，島內要自由接觸世界思潮的機會十分微渺的情形下，臺灣知識份子急於
追求另一種與現代文明接軌的語言的迫切心情可想而知。白話文正是在這樣
熱切的需求中，開始被呼籲被提倡。只是，民間的力量終究不敵官方的統治
力量，漢文課程在國語教科書中，從逐年減少到 1937 年的完全廢止〔註 19〕，
報紙、雜誌亦由中日文並刊發展到中文禁刊，在日治的五十年間，日本語幾
乎是知識份子與現代新知接觸、追求現代性的主要途徑。

　　也因此，在這個意義上，日治時期作家對於日本與臺灣的認同產生了目
前已被廣泛討論的「雙鄉意識」。葉盛吉在《雙鄉記》中談到臺灣故鄉和日本
故鄉在他心裡並存的情況：

> 在我心中，有一個故鄉。幼時會社的宿舍區度過了童年，在中學經
> 歷了學寮生活的我，從教科書中瞭解到內地的風俗習慣，在我的心
> 中栽種了一個故鄉日本。而孩提時代，那灰暗陳舊的房子，親戚家
> 的婚喪嫁娶，接觸這些生活，接觸這些習俗……在我心裡又塑造出
> 另一個故鄉。〔註 20〕

「日本故鄉」是從生活中逐漸構成的想像，「臺灣故鄉」則是來自血緣與傳統

〔註 17〕　陳培豐：「在這個過程中日本的國語除有『言文一致』及統一溝通國內各地方
　　　　言的功能外，還播賦予了強烈的意識型態，那就是國語具有攝取西洋文明的
　　　　功能，是『同化於文明』的手段與利器。」見陳培豐：〈重新解析殖民地台灣
　　　　的國語「同化」教育政策——以日本近代思想史爲座標〉，《台灣史研究》第 7
　　　　卷第 2 期，2000 年 12 月，頁 25。
〔註 18〕　王詩琅亦指出：「日人深知被統治者的水準越高，對他們的統治越不利，因
　　　　此，在台灣祇普遍推行普通教育，以供其驅使。這形成臺灣新文學的先天不
　　　　足，日文作家也不易產生。」，又「世界知識滔滔，日人緊閉的知識洞門雖明
　　　　知已被撞開，可是他們仍用盡方法明阻暗撓。以致臺人接觸世界新文化的機
　　　　會少，文化進度自然緩慢。」見王詩琅：〈代序：日據下臺灣新文學的生成及
　　　　發展〉，《日據下臺灣新文學——文獻資料選集》（台北市：明潭），1979 年 3
　　　　月，頁 11。
〔註 19〕　參考王順隆：〈日治時期臺灣「漢文教育」的時代意義〉，《臺灣風物》第 49
　　　　卷第 4 期，頁 116-117。
〔註 20〕　楊威理著，陳映眞譯：《雙鄉記》（台北市：人間初版社），1995 年，頁 17。

不可分割的聯繫。值得注意的是，葉盛吉談到「日本故鄉」的構成與教科書和學校教育中耳濡目染的「日本印象」有關，日本內地的種種透過日本語在學童的心中築起想像的國度。這種「臺灣故鄉」與「日本故鄉」的雙重想像，在巫永福〈首與體〉中成爲「司芬克司之謎」，在翁鬧〈殘雪〉中被賦予「遙遠的距離」，在陳火泉的〈道〉中發展成身心在認同上的極度扭曲與痛苦。諸多談論認同問題的研究，已從殖民或民族情感的角度充分地討論過雙鄉意識的問題。在這裡欲提出的是，從日本同化政策的兩義性和搖擺，以及知識份子藉由日語追求現代性這兩個層面，來觀察日治時期文學中透顯出來的雙鄉糾葛與幢幢魅影。

在明治二十九年（1898 年）不平等法「六三法」頒訂之初，臺灣當時在任總督後藤新平便以「臺灣人民度落後」來駁斥臺人的抗議，認爲臺灣文明落後無法施行與內地平起平坐之法律，意在於強調臺灣民智未開。在推行國語教育十年後，臺灣「民度」明顯提升，反對不平等的聲浪愈來愈高，以坂垣退助爲首組成的臺灣「同化會」（大正三年）亦在此時向總督府陳情，言「上蒼不在人之上造人，人種之上造人種」〔註 21〕，呼籲以一視同仁之平等精神對待新附島民。而總督府給予的回應是，除了在智識和生活形態上與內地人相仿外，還需具有「和日本人完全一樣的國民精神」、「風俗習慣」和「大和之心」〔註 22〕。這種「權變」的同化政策，在《殖民地帝國の文化統合》中被認爲是「壓榨殖民地人民的誘餌與煙霧彈」〔註 23〕。因此，在同化政策的「法制」與「文化」的拉扯中，日治時期作家面臨的另一個難題，便是日本語與現代性追求的問題。語言之於作家不只是工具性質，或者說它的「工具性」就認識論來說，語言是「概念」所依賴成形的途徑；就寫作層面來說，「語言」除了具有它自身的歷史性與社會規約外，它亦代表作家所屬的那個階層或集團所使用的語言，以及作家本身選擇的「語言」──它蘊含著作者身體想像形成的內在藝術規律。

〔註21〕 見坂垣退助之〈關於臺灣同化會的首倡〉，參考自王施琅譯註：《臺灣社會運動史》（台北縣：稻鄉出版），1988 年 5 月，頁 26-27。

〔註22〕 隈本繁吉：〈本島人の同化に就て〉，《臺灣教育》154 期，1915 年。

〔註23〕 「實際上，對殖民地統治者而言，『同化』是一種模稜兩可的用語，有增加歧視與促進平等的雙向拉力，尤其是『法制上』的平等同化往往是要以『文化上』的屈服同化爲代價，因此所謂同化一詞根本就是壓榨殖民地人民的誘餌與煙霧彈。」見何義麟：〈駒込武：《植民地帝國の文化統合》〉，《新史學》第 11 卷第 4 期，2000 年 12 月，頁 131-137。

　　日治時期作家遇到的最大困境，便是無法以民族的語言形塑自己的聲音，民族情感使得他們自覺該努力不懈地用漢文寫作，而在傳統漢文不適於現代知識的傳遞與大陸五四運動的餘波助瀾下，日治時期作家轉而尋求白話文或臺灣話文的書寫語言。這些新文學作家幾乎都出生於 1895 年之後，換言之，他們雖然是在日本國語教育下長成的一代，口頭上的母語還可藉由長輩談話中耳濡目染的學習；但是學習正式漢文〔註 24〕的條件與環境隨著日治愈久而愈形困難。賴和算是日治時期作家中最有語言的自覺與抵抗精神的一個，他終其一生沒有半篇日文作品〔註 25〕，賴和的白話文也是同期作家中造詣較高的，然而他的白話文並非「自然而然」，他的寫作過程辛苦備至：

　　　　他是一個極為認真的作家。每寫一篇作品總是先用文言文寫好，然後按照文言稿改寫為白話文，再改成接近臺灣話的文章。據說也有時反其道而行的。然而也因之他的作品顯得十分工整。〔註 26〕

先以文言文或臺灣話打稿，再「轉譯」為白話文，日治時期作家以漢文寫作之困難可見一斑。民族情感促使日治時期作家有意識地以漢文寫作，但是跨越兩種語言的矛盾與拉扯——包括雙鄉的想像、同化政策的兩義性造成的扭曲和抵抗，以及知識份子對日本所形象的現代性的渴求，而日語中「同化於文明」與「同化於民族」的雙重面相，加重了讀日本書、講日本語長大的知識份子心中的拉距張力。三〇年代出現的一批以留日知識份子為主角的新小說〔註 27〕，便是這種矛盾與拉扯的產物。在作家無法以「他的」語言去型塑他的想法、去賦予它「一種特殊的聲音」時，語言的流離感會影響及作品的形式，甚至形成一種集團性的「流離形式」，這亦是後文會提及的日治時期文

〔註 24〕按王順隆的詮釋，日治時期臺灣人認同的漢文是廣義的「漢文」，其中包括文言文、白話文與臺灣話文等等，屬於「民族」的語文。

〔註 25〕林瑞明：《賴和與新文學運動》（台北：允晨），1994 年 12 月，頁 12。

〔註 26〕王詩琅：〈賴懶雲論〉，《賴和全集六》（台北：前衛），頁 33。

〔註 27〕即巫永福、翁鬧及其同時期留學於東京的作家的小說，如巫永福〈首與體〉、〈山茶花〉，翁鬧〈殘雪〉、〈天亮前的戀愛故事〉，吳天賞〈蕾〉、〈龍〉，張文環〈早凋的蓓蕾〉等等。施淑先生對這批小說有一段精要的評論：「大都留學日本或從日本歸來，對日本懷有濃厚的鄉愁，不能適應台灣農村及市鎮生活，厭惡傳統也厭惡資產階級的功利氣味，在自己心理築起愛情的、藝術的、知識的堡壘。在這類為數不多，完全以日文寫作的知識份子小說裡，貫串其中的主題絕大部分是戀愛和婚姻，意識上則充滿歐洲浪漫主義時期的流亡文學的味道。」見施淑：〈日據時代台灣小說中頹廢意識的起源〉，《兩岸文學論集》（台北市：新地），1997 年 6 月，頁 116。

學中「封閉性結構」形成的主因。

二、「他者」缺席的現代化空間

　　施淑曾指出，探究殖民地文化的認同問題，不應只是從語言文字層面加以解釋，「構成這文學現象的時間和空間觀念的變化，以及由之而形成的世界圖景和運作規律，都應列入考慮」〔註28〕。在日治五十年間，臺灣的空間與時間概念明顯的與傳統大相逕庭，其根本的原因在於日人領臺後，在各方面都引入「現代」的機制，諸如資本主義、城市建設、交通郵務建設與現代時間觀念等等，這些現代機制並不是單純的引進，它的背後都有著以日本帝國主義資本主義經濟利益為前提的殖民地建設計畫，也因此臺灣的現代化是屬於「殖民地的現代化」，其彰顯的現代性亦是「殖民地的現代性」（colonial modernity）。

　　國家在抉擇地理安排時，必然是根據國家意識去規劃藍圖，而當政權轉移時，新一輪的政權將改寫前朝的地理風水，使新的地理文本合乎於新權力的布置。夏鑄九在〈殖民地的現代性營造——重寫日本殖民時期臺灣建築與城市的歷史〉一文中，便曾論及殖民者改寫殖民地空間的目的和手法：

> 在臺北，日治殖民城市是徹底地「刮去重寫」（palimpsest），改變空間是為了抹除記憶。臺北城由一個座北朝南的古帝國邊陲的行政中心，被硬生生的扭轉為朝向日出之東。除了道路的取向切線被重新調整外，媽祖廟被民政長官紀念館置換，巡撫衙門則被支解為兩個部分，分別移置他處……作鎮在片瓦不存的城市中心是威嚴而肅殺的臺灣總督府，它的前後則佈滿了殖民者的軍事機關，其左右則是金融與司法機構。〔註29〕

在朱點人的〈秋信〉中，可以看見這種空間改寫對傳統知識份子產生的震驚。從臺北驛的人潮到在街心交織的自動車、充斥著日語的博覽會空間，斗文先生的「不適應」在得知撫臺衙原址被改建成「公會堂」（即今臺北中山堂），而原撫臺衙竟然被移置於植物園時達到頂點，「王侯茅宅皆新立，文武衣冠異昔時」已不足以盡訴他心中的興廢之感。在小說的最後他兩眼盯著信箋上「蓬

〔註28〕 施淑：〈日據時代台灣小說中頹廢意識的起源〉，《兩岸文學論集》（台北市：新地），1997 年 6 月，頁 104。

〔註29〕 夏鑄九：〈殖民地的現代性營造——重寫日本殖民時期臺灣建築與城市的歷史〉，《臺灣社會研究季刊》第四十期，2000 年 12 月，頁 60。

萊面影」的印刷字樣，一幅被殖民的他者的自我凝視的景象被生動的呈現出來——置身在「他者」無緣參與的被改寫空間中，即使是鄉土，也蒙上了一種詭譎的異國感。

　　福澤諭吉在其一系列的臺灣論說中，反覆的提到臺灣物產豐富風光明媚，唯島民文化、衛生狀況落後，故需以日本的力量將之重新建設並施予教化。矢內原忠雄亦說：「使臺灣脫離中國而與日本結合」，在《日本帝國主下之臺灣》一書中詳細的論述建設臺灣與發展帝國資本之間的密切關係。由此可知，日本在臺灣的現代化建設，目的不外乎：提高經濟性、適宜內地人移民與旅遊、與歐美帝國主義國家互別苗頭等三大訴求。吳文星在一份研究報告中指出，西方人對日治時期臺灣的現代化稱譽有加，他們認為日本政府拿出了最大的毅力與能力，將臺灣在短時間內建設成極具生產與投資潛力的地方〔註 30〕。基於同樣是帝國主義者的立場，這樣的評估有其刻意掩蓋殖民的不公義之處。所有殖民地的建設都是為了配合殖民母國帝國主義資本主義經濟利益的建設，殖民政府會強調其現代化建設的正當性與便民性，但是一種強加施予的權力色彩與目的論，使得被殖民者的主體在其彰顯的現代性中缺席，並且被列為次等的使用者，或者甚至完全排除其參與使用的可能。

　　夏鑄九稱這種現象為「主體缺席的殖民現代性」，他以臺北公會堂為例，這座落成於 1936 年的「公共空間」，它的旁邊竟是緊鄰著警察總局，因此可以想像的是在這裡進行一切的活動都將遭到檢查，甚至是不允許市民發表言論或喧嘩的地方〔註 31〕。

　　　也因此，這個工業化、現代化、都市化的過程是殖民的歷史過程，
　　　也是殖民城市最主要的都市經驗，竟是不能建立主體之苦悶。它糾
　　　結了認同上的壓抑與委屈，糾纏了自卑與自尊。〔註 32〕

在夏鑄九注意到的殖民現代性建築案例中，有一個特殊的現象是「二次轉手

〔註 30〕在報告中有一段戴衛遜對臺灣的評估：「日本佔領臺灣已為臺人開啟更多的新機會，交通郵電等現代設施將使生活更為便利，它將因應臺人的需要設立現代醫療設施，對臺人實施現代教育，臺人將發現日人正致力於鼓勵開發島上的資源、採用機械及其他更好的製造方法。我深信臺灣將有個光明的未來。」引自吳文星：〈日據初期西人的臺灣觀〉，《臺灣風物》第四十卷第一期，1980年 3 月，頁 157-174。

〔註 31〕夏鑄九：〈殖民地的現代性營造——重寫日本殖民時期臺灣建築與城市的歷史〉，《臺灣社會研究季刊》第四十期，2000 年 12 月，頁 60。

〔註 32〕同上註，頁 60。

的現代性」，日本在公共建設中有計畫的引進了西歐十九世紀的古典建築，這類歐風設計在車站、學校、議事堂等等的建築上都看得到。日本在明治維新之時雖傾力西化，但是歷經民族主義的意識抬頭，它在西化之後，以天皇制度迅速的凝結了團結與向心力，所有向西方文明學習的，皆內化為與日本國體接續的智識。因此，日本政府在臺灣建設仿哥德或巴洛克式建築，不能單純視為歐洲文明的「直譯主義」，作為一種權力話語，這種建設行為隱喻著殖民者的驕傲與勢力：

> 我們經由歷史的眼光，其實反而可以看到這種風格（式樣）的直譯主義者所對應著的「既定的」支配性價值觀，或者說，意象化了的意識型態（imaged ideology）吧，這不正是看不見的權力關係嗎？……十九世紀的古典建築語彙直接關係著當時西歐十八世紀起民（國）族精神的打造，譬如說，最有名的德國柯隆大教堂的紀念性，就與日耳曼民（國）族神話的建構有直接關係。〔註33〕

換言之，日本在公共領域建設這些富有西歐國族象徵意味的建築，它一方面是在向臺灣人展示「文明就是要像這樣」，一方面亦是以此富麗堂皇的建築結構誇飾日本帝國的優越與強大。試想，像火車站這樣與民眾接觸頻繁的公共設施，它的歐洲風格與雄偉，轟立在人車往來的市中心，它帶給人民的震攝和異樣感，正像其他殖民者帶來的建設其本身具有的現代性一樣帶有權力話語，並且，被凝視的他者在這現代性聲稱的一切正當性中缺席。

因此，我們可以在他者缺席這個意義上談殖民地的城市被注入殖民者的現代性神話。日本在定點城市的現代化建設、城市功能資本主義化，與廣大的農村地區進行的產業建設相對比較之下，傳統的城鄉觀念大大地扭轉。城市不僅只是新奇熱鬧的地方，它彷彿成了「應許之地」，成了被極度想像與渴望的地方，這樣的城鄉差距與城市想像在日治時期第一次出現在臺灣的土地上。

> 到城市去吧！城市有高偉的洋樓，有燦爛的水銀燈，有滑油油的大馬路，這是多麼的美麗呀！
>
> 到城市去吧！住在城市的人，有汽車坐，有大菜吃，還有跳舞廳跑！這是多麼的幸福啊！〔註34〕

〔註33〕同註32，頁71。
〔註34〕林越峰：〈到城市去〉，《光復前臺灣文學全集・薄命》（台北市：遠景），1981

這是林越峰的〈到城市去〉，對鄉下人來說城市裡遍地黃金，似乎只要擠身城市人之列，生活上的幸福也會隨之而至。城市在日治時期文學中是個被廣爲書寫的背景舞臺，它是臺灣與現代文明接軌的表徵，但它也攬了一身的罪惡與虛僞。在現代摩登的光明面之下，它包藏了更多賣兒鬻女、流離失所的人倫悲劇與貪婪縱慾的黑暗面。〈到城市去〉便是敘述了一個對城市抱有幻想的農民，到了城市後不但找不到工作，還淪落到行竊的地步。

城市對不同階層的人散發著難以抵抗的吸引力，而「內地」的首都東京更是成爲小說中知識份子魂牽夢縈的光明之都。追風的一篇〈她往何處去〉即爲往後的「出走」小說開了先端——「往東京去」。日本國在學校教育的國語讀本中，是一再被神聖話與美麗化的地景，在與臺灣島內思想與文化箝制和嚴格檢查相形之下，內地相對的就是文化開放與知識自由吸納的寶地。在這雙重神話的影響下，只要有能力，臺灣人都會將子弟送往內地求學，從日本留學回來的身價自然也水漲船高（見陳虛谷〈榮歸〉）。另一方面，年輕學子對東京的依戀，在張文環的〈早凋的蓓蕾〉形象化爲兩個年輕人的苦悶對話：

> 我不僅想跳瀨戶內海，就當我看到基隆港入口的小島時，我心胸又再次激盪，險些又想跳下去，幸好及時清醒過來，但背脊已嚇得發涼。啊，那時候眞是危險哪，那苦悶、鬱積的塊壘，就跟一個小島塞住港灣入口的感覺沒有兩樣……〔註35〕

同樣的苦悶感也出現在巫永福〈首與體〉、〈山茶花〉，翁鬧〈殘雪〉、吳天賞〈蕾〉、〈龍〉等小說人物身上，「東京」所代表的現代性呼應了知識份子的渴望，它亦是「應許之地」。但是，知識份子到了東京之後，等待他們的並不完全是想像中「幸福」的開展，他們承擔了另一種面相的苦悶與困頓：內地人對本島人一定程度的成見和歧視，以及東京物質世界形成的徬徨誘惑與冷漠感，他們離開臺灣的生活空間投入另一種步調急速的現代性空間，思索得更多但也更顯得「游離失所」。瀨戶內海與基隆港，東京與臺灣，就在殖民者的支配性現代性之下，成了光明／黑暗、文明／野蠻的鮮明對比，被殖民他著的主體在被排除之後，既無法在鄉土上尋回，亦難以在殖民者的城邦中落地生根。

年 9 月，頁 233。

〔註35〕張文環：〈早凋的蓓蕾〉，《張文環集》（台北市：前衛），1994 年 4 月，頁 13。

三、時間標準化與被規訓的身體

> 「時間慢了,怕赴不著車。」我心中這樣想,腳步也自然加緊速度,
> 走進停車場,還有五分鐘,室裡塞滿了一堆人,好容易擠到了賣車
> 票處。車票買到了,改札口都還未開放,一大堆搭車的人,被一個
> 驛夫挽來推去,在排整隊伍,等到鉸單,我自負是個有教育的人,
> 不願意受到這特別親切的款待,只立在旁邊等待著,因爲爭不到座
> 位,在我是不成問題。〔註36〕

這是賴和〈赴會〉起頭一段描寫的情景,裡頭提到了幾個令人注意的線索:
一,主角擔心趕不上火車,而以「還有五分鐘」看來,火車到站的準確度是
以分爲計算單位的;二,站務員(驛夫)會維持車站的排隊秩序;三,主角
因爲受過教育,故不屑與人爭搶座位。這三點透露出了「時間」與「秩序」
在當時〔註37〕已漸漸普及在生活空間之中。

　　1895 年 12 月 17 日總督府以敕令 67 號公布了「中央標準時間」,與臺
灣、澎湖適用的「西部標準時間」,〔註38〕並於翌年元月 1 日開始實施,這
是臺灣有精確的鐘點時間的開始。日後又因爲臺灣與日本交通日漸頻繁,且
兩地開始有同步的廣播,時差經常引起不便,因此 1937 年 10 月 1 日便廢除
「西部標準時間」,所有殖民地時間皆與「中央標準時」同步。日本在領臺
之初,一開始施政就引入標準時間,可見「時間」之於種種政令推行的重要
性〔註39〕。

〔註36〕 賴和:〈赴會〉,《賴和集》(台北市:前衛),1999 年 7 月,頁 229。

〔註37〕 這篇〈赴會〉的寫作年月不詳,但以小說中提及「文化協會」來判斷,小說
中的時空應當是在二〇年中期。

〔註38〕 以帝國標準時(東經 135 度)爲中央標準時間,東經 120 度之臺灣、澎湖群
島、八重山及宮古群島之標準時爲西部標準時間。參考呂紹理:〈附錄一:東
京帝國大學提出之「新領土標準時間設定方案」〉,《水螺響起——日治時期臺
灣的生活作息》(台北市:遠流),1998 年 3 月。

〔註39〕 西方在十八世紀之時,時鐘逐漸走向「微小化」的趨勢,所謂「微小化」包
括:出現秒針,使時間刻度更爲精密;時鐘誤差微小化,以及時鐘體積微小
化,即懷錶逐漸普及。在這微小化的趨勢下,人們慢慢的不再依賴「眞太陽
時」,而以鐘錶告知的時間作爲生活作息的依據。工業革命之時,鐘錶時間更
是計算勞動力報償的工具,在資本主義社會的運作下,時間等於金錢,時間
成有希有的有限的資源,應該珍惜與善加利用的現代概念於是成形。參考自
呂紹理:《水螺響起——日治時期臺灣的生活作息》(台北市:遠流),1998
年 3 月,頁 23。

在日治之前，臺灣也有計時的方式，但凌亂而不統一，且誤差甚大，只是這樣的誤差對於當時的社會步調沒有任何不妥。除了少數上流階級擁有機械鐘之外，大部分的人仍然是靠著日月星辰的自然變化來認知時間。日人來臺之後，除了政令推行需要精確的標準時間之外，與國外的通商貿易、金融業務，國內的鐵路郵務電報等系統的運作，乃至各級學校教育、官僚體系，亦都需要人民有精準的時間概念才能配合實施。因此日人除了一掌政就推行標準時間制之外，為了將鐘錶的認識、計算方式普及於從未接觸過機械時間的民眾，著實大費周章。從最初的鳴午砲、在田裡響田螺，在學校教育中以上下課鈴響和課文教導等方式，到推行全國性的「時的紀念日」〔註40〕，機械時間觀念遂逐漸掌握了臺灣人生活的步調與秩序。賴和〈赴會〉中的趕火車是一例，蔡秋桐的〈四兩仔土〉亦是一例，小說中的土哥因為沒有時間概念，搞不清楚官吏休息和辦公的時間，結果三番兩次跑役場（公所）領補助都遭閉門羹，又因為沒有排隊的秩序概念，即使最早到也無法順利領到補助。

這些說明了在日治時期，時間與隨之而來的秩序與紀律觀念已經普及到一般生活之中，不懂時間和沒有秩序概念的人，隨時都有錯過辦正事的時間和被糾正的可能。鐘錶在社會的普及和機械時間內化為個人的作息規律和生活秩序時，時間就成了計算勞力付出和休息比例的具支配性形式，成為規訓身體的現代性因素之一。呂紹理在研究中指出，進入二次大戰的期間，日本人充分利用了時間的急迫感逼使臺灣全民動員，日以繼夜的進行戰備措施，並且在動員的過程中，時間感再一次加強了全體的「組織化與標準化」：

> 戰爭動員打亂了原來閒散無組織的生活，使的每一個被動員的人都經歷了組織化與標準化的生活，在這種生活中，餘暇時間很少，工作時間很長……在這樣的互動體制下，人們早已不知不覺深受其秩序的影響，而呈顯出不一樣的內在規律要求。〔註41〕

這種身體內的標準化與組織化的內在規律，便是在日人殖民統治的政令強制

〔註40〕1927年7月4日東京御茶水教育博物館舉行「時鐘展覽會」，會中決定為了廣為推行守時與惜時的重要性，決定在往後每年的6月10日為「時的紀念日」，當天全國同步都有關於時間宣導的遊行與活動。呂紹理：《水螺響起——日治時期臺灣的生活作息》（台北市：遠流），1998年3月，頁109。

〔註41〕呂紹理：《水螺響起——日治時期臺灣的生活作息》（台北市：遠流），1998年3月，頁89。

下與時間觀念推行的雙效成果。黃金麟用了一個名詞來稱呼這種身體被規訓的現象——「身體鐘點化」〔註 42〕，它是集體的身體規訓的效用，人們在不知覺漸漸以這種秩序為慣常，脫離了這種秩序的人，便是與「社會」脫節的人。

華特・班雅明（Walter Benjamin）在《發達資本主義時代的抒情詩人》中曾提及一個有趣的概念。在資本主義的時代，作家往往以他所擁有的閒暇來與其他勞動階級區分開來，他的身價與他的閒暇成正比（偶爾也有不成正比的例子），這些「閒蕩者」因為他們自身的「無所事事」而有別於庸碌汲營的大眾。臺灣日治之時的帝國主義資本主義不能算是真正的資本主義，如夏鑄九所說的，臺灣的現代性是被殖民他者缺席的現代性，這種他者缺席反映在殖民情境中的鐘點化身體中，便是農工階級的勞力剝削和知識份子階層在官僚系統中的案牘勞形。在龍瑛宗〈植有木瓜樹的小鎮〉和陳火泉的〈道〉都可以看到知識份子以腦力付出的形式在時間和成就上遭日人控制與利用。然而，有一類人很類似班雅明提出的「閒蕩者」，他們擁有閒蕩的閒暇，置身於殖民體制下的時間剝削之外，他們是到外地留學的年輕學子。這類知識份子在東京或其他地方，感受著不同於島內的「殖民時間機制」，他們面對的是另一種現代性的時間秩序與壓迫，這使得他們留學幾年之後，身體規律明顯的與島內產生「時差」，這種時差感一方面來自於對殖民體制的認識，一方面亦來自對不同於島內殖民現代性的現代性感知。

在翁鬧的〈殘雪〉中，主角林遠離臺灣在日本展開他夢想的戲劇學習和表演，看他在喫茶店流連，在東京區內或搭車或散步的遊蕩，其生活步驟已然同化於東京人，所以在小說的最後，在面對抉擇臺灣情人玉枝或在北海道的喜美子時，林才會有那個「奇妙的念頭」：

> 他忽然想起一個奇妙的念頭：北海道和臺灣，究竟哪個地方遠？他
> 記得在地圖上北海道比較近，但他發覺在內心這兩個地方都同樣

〔註 42〕 「一個現代性的身體如何在時間形式的變化、引導與穿透中，漸次浮現於中國。雖然現代性身體的養成和訓練，它所需要的激素與養料遠超過時間這個要素，因為它的發展還涉及到諸如思想、制度、生產、和各種身體技藝的介入問題，但是這些面相的成形與發揮，若沒有一個強烈的時間感應和計算在其中，很容易落入事倍功半的境地。」見黃金麟：〈鐘點時間與身體〉，《歷史、身體、國家——近代中國的身體形成 1895-1937》（台北市：聯經），2000年，頁 229。

　　遠。住在那裡的玉枝和喜美子似乎跟自己遙遙相隔。〔註43〕

北海道雖然也是內地，但相較於東京，它仍然是「鄉下地方」。翁鬧對日本美感的狂熱追求乃繫於日本所表徵的現代性之中，在這種現代性的訴求之下，臺灣和北海道自然都是一樣遠的地方，這個距離感從某個角度來看，是「身體感的時空差」所造成的。同樣的邏輯亦可以解釋施淑先生形容的那批置身「感覺世界」〔註44〕的新小說。這些新式知識分子在日本感受到的空間和時間，皆與島內的殖民地時空成強烈的對比，在意識到自己是「被殖民的他者」，在意識到「他者缺席」的自覺中，頹廢感亦油然而生，這也使得這批新小說的寫作形式迥異於其他同期的作品。在語言、空間、時間的多方面的被殖民因素的交錯下，其現代性意義一如殖民者的同化政策具有搖擺的兩義，在斯土的一切現代性皆是被殖民他者缺席的現代性，被殖民體制鞭策到邊緣甚至缺席的「游離感」，日治時期作家以知識份子的敏銳首當其衝，留駐在文學中的便是一頁又一頁他者的「流離史」。

四、殖民者的現代性神話

　　在通過國語政策和空間、時間三個面向的初步瞭解後，日治時期殖民體制的現代性其神話性質已呼之欲出。日本對臺人以提升其智識水準、「同化於文明」為由，推行國語政策，而在國語政策代表的現代性意涵中，引渡了日本國體與「同化於民族」的企圖，目的在透過推行國語與學校教育中，抹除臺人的「祖國」記憶與傳統。在另一方面，日本亦有意打壓臺灣人的原有文化，貶抑其為次等文化，並以日本的國勢作為彰顯現代性正面意義的後盾，在這積極推行與消極打壓的雙面政策下，臺灣人透過日本語所感受到的現代性成為一種殖民者的神話，在這語言的現代性神話中，臺灣人是神話所試圖宣傳與洗腦的對象。

　　同樣的，日人所改寫的現代性空間，亦充滿神話機制在裡頭。以當時的臺中州為例，它是全臺灣最早經過都市計畫建設起來的城市，臺中的藍本就是京都，街道採棋盤式格局，綠川、柳川流貫其間，被日人稱譽為仿若京都的白川、鴨川。這樣的規化，欲以臺中州齊整美觀的街容再現京都的美感，表面上看起來是另一種「內地延長」、「一視同仁」的形式，但洗刷臺

〔註43〕翁鬧：〈殘雪〉，《翁鬧　巫永福　王昶雄合集》（台北市：前衛），頁75。
〔註44〕施淑：〈日據時代台灣小說中頹廢意識的起源〉，《兩岸文學論集》（台北市：新地），1997年6月。

中舊有的地理記憶，與誇耀日本文化的意圖昭之若然。在帝國之眼的凝視下，臺灣的空間景色喪失了它原有的獨特與個性，彷彿白紙可供殖民者任意塗寫。

> 登上阿里山八千尺高的山頂，面對深淵，面向曉霧已散的新高山，我不禁為此雄壯的景觀所感動，然而不知道為什麼我總是有些不滿足的感覺。仔細推敲，原來是少了神秘感。若是在日本，爬上信州一代的高山，除了雄壯的氣勢迫人之外還會感受到一種恐怖感，此恐怖感主要便來自神秘感。……缺乏神秘感時，大自然有如一覽無遺，而臺灣的自然多半是一眼望盡，餘韻不足……一切皆瞭若指掌。或者說的更清楚些，就是相當單純。〔註45〕

石川欽一郎〔註46〕因此主張鑑賞臺灣風景一定要參照觀看日本風景的角度與心境，藉此賦予鑑賞臺灣風景之時多一層美感的觀照。石川欽一郎是臺灣西洋美術的導師，對臺人子弟之美術教育熱心而不遺餘力，這樣的人物尚且帶著帝國之眼觀看臺灣風景，日人普遍對臺灣空間的原始印象可見一斑。

在帝國之眼的凝視下，現代性成了日人深植其同化目的與獲取殖民地利益的神話，在這神話機制中，被殖民者的現代性身體逐漸塑形，然而這塑形的過程，被殖民身體是被規訓與被凝視的他者，除了感知與接受外，它往往被剝奪了參與行動的自由與權力。從這個角度來看，殖民地身體所累積的苦悶與受苦經驗，正是肇因於日人以現代性引渡的矛盾的同化政策。之後產生的種種認同問題與人格扭曲，亦是殖民者的神話所造的禍端。龍瑛宗〈午前的懸崖〉和陳火泉的〈道〉，裡頭的主角在歷經人事丕變之後，一個從皇軍視死如歸的陣容恍悟不該執著於無聊的兒女情愛，一個則毅然決然選擇了從軍，似乎種種的苦悶與糾葛都可以在日本皇軍單一而強烈的意願——「效忠天皇，共榮大東亞」中得到昇華和淨化。這樣的扭曲與拉扯，如今讀來仍然躍然紙上。

〔註45〕 石川欽一郎：〈臺灣地區的風景鑑賞〉，收錄在顏娟英編譯：《風景心境：臺灣近代美術文獻導讀》（台北市：時報），頁 110。

〔註46〕 石川欽一郎（1871-1945）是台灣的西洋繪畫啓蒙者。曾受志保田校長邀請來台任台北師範學校美術教官，開啓了台灣眞正的美術活動，諸如陳澄波、廖繼春、陳植棋、張萬傳等前輩畫家皆曾受教於他，在台 16 中奠定其在台灣美術史「導師」的地位。參考自顏娟英編譯：《風景心境：臺灣近代美術文獻導讀》（台北市：時報），頁 108。

第二節　文學語言與現代性的關係

　　葉石濤在《臺灣文學史綱》中將新文學運動的起點界定在 1920 年，理由是《臺灣青年》在這一年的七月於東京正式發行，而《臺灣青年》以及它往後幾番更名的《臺灣》、《臺灣民報》、《臺灣新民報》、《興南新聞》等，是新文化運動推展宣導、及臺灣作家發表作品的重要園地。此外，《臺灣青年》也是「平易漢文」（雖然刊行之初版面大多仍是日文）出現在傳媒的第一個正式標竿。葉石濤以《臺灣青年》的發刊年作為新文學運動的起點，它所代表的意義，即反映出日治時期臺灣新文學研究的一個「共識」：日治時期臺灣新文學在語言上是中、日文夾雜、交互影響的，並且它的抵抗與戰鬥性格、批判現實與積極「智識現代化」的本質，幾乎佔居其文學表現的大部份內涵與意義。《臺灣青年》在 1920 年問世時，便是扮演這樣一種啟蒙現代性與和平抗日的角色，這亦是第一階段的臺灣新文學發展的重點與特色。因此，新文學運動的本質可以說是「現代性」的，隸屬於殖民地的現代性覺醒與訴求，它從選擇書寫文字、寫作語言到寫作的目的，都是臺灣作家帶有殖民地現代性符號的系列的行動。

　　在中國大陸白話文運動開展之初，胡適曾說他的建設新文學論的唯一宗旨只有十個字，即「國語的文學，文學的國語」。他的想法是文學家們應率先起來提倡白話文，使用白話文創作一流的詩歌、散文、小說或戲劇，使白話文學為廣大的群眾所欣賞、接受，使白話文學深入民心廣為普及，如此便能進一步的使「國語」成為有文學的語言，「標準國語」就能在一代人的創作與努力中誕生，成為融入了中國廣幅人員之地方色彩與紛雜方言之具有時代性意義的語言。這就是胡適在〈建設的文學革命論〉中所說的，有國語的文學，才有文學的國語，有文學的國語，才是真正的國語的意思。

　　臺灣於日治時期也曾發起白話文的改革運動，此一改革運動的理論依據承接自大陸的白話文革命論，歷經黃呈聰、黃朝琴、張我軍等溫和或激烈的對文言文學進行批判，大力提倡白話文，並由一群以白話文寫作為臺灣新文學之志的作家鍥而不捨的磨練與創作之後，白話文在臺灣有了初步的文學根基。然而，白話文文學在臺灣的發展不若在中國推行時順利。日本在臺灣大力推行「國語（日語）」教育、阻隔臺灣與中國文化之聯繫固然是主因，臺灣的白話文文學在使用上面臨「中國國語」與本地「臺灣話」銜接上的不自然與尷尬，亦是原因之一。中國白話文引進臺灣之時，是為了在書寫文字上能

保存漢字，並且藉由平易的「新式白話文」，與中國同步引渡世界新知，以及中國新文學運動的成果，藉以在文化上與中國取得長久的聯繫關係。

在中國白話文於臺灣推行之際，另一種主張臺灣話文的聲音也正慢慢在凝聚，從連溫卿、連橫到黃石輝、郭秋生、負人等等，都有關於實施臺灣話文的不同主張。臺灣話文聲浪的出現，可說是「臺灣白話文運動」的重要轉折，中國白話文之於當時處於殖民體制下的臺灣，在實踐上有先天和後天條件的困難。先天上的困難是，在日本殖民統治之前，臺灣本是個化外之島，文化與生活水平都很難與內陸同步。因此，在無法與中國取得直接聯繫的情形下，中國白話文難與臺灣的風土民情相應，本島作家在運用上也有隔一層文化薄紗的窘迫感。後天上的困難則是，臺灣面臨的是與中國不同的「國語」政策，中國的國語政策與白話文的推動相輔相成，臺灣的「國語政策」卻是臺灣白話文運動的起因和阻力。正因為這先天與後天皆不利的條件，臺灣白話文運動走上了爭論與力圖修正之途。在一片推行臺灣話文的聲浪中，其中負人關於「臺灣話的文學，文學的臺灣話」的系列文章，與葉榮鐘提倡的第三文學和稍後的大眾文藝論頗能貫連為具脈絡的「臺灣話的文學」，並在合理的範圍承接、修正了張我軍提倡的「白話文文學」，對「臺灣話的文學」提出可行的永續實踐與觀察的客觀觀念。

無論中國白話文的提倡，或者是臺灣話文的修正與堅持，這兩種書寫語言上的革新運動，其訴求與目的都是具「殖民地現代性」意義的。而從中國白話文的引進與臺灣話文爭論的出現，從批判性現實的作品到第三文學乃至大眾文藝論的產生，這其中書寫語言的選擇與自覺，以及書寫題材和內容的變化，都可以觀察出現代性轉移的軌跡，並且這種現代性轉移與殖民體制有著密切的關係。日本政府於 1935 年後，逐步禁斷臺人對中文的使用，使得日治時期中文作家的寫作不得不劃上句點，臺灣話文的作品實踐與發展在日治時期留下伏筆，留待戰後的七〇年代再掀討論的風潮。

一、「漢文」概念的接續：從白話文到臺灣話文

自 1895 年日本領臺後，便積極在新附的島嶼上推行「國語」教育，有計畫地壓制臺灣子弟對漢文的學習，進行其殖民洗腦政策的第一步。當此之時漢文化與民族精神的教化、延續大責，便落在舊式書房與各地陸續成立的詩社上。然而，舊式書房的教學內容多為中國文學傳統的經史子集，教授的先生鮮少能提供學子現代化的知識，因應時代的巨變；而古典詩社在日人刻意

籠絡下，古典詩歌亦有成爲應酬唱和之形式化工具的趨勢，民族氣節就在擊鉢吟的爭奇鬥快與辭藻琢磨中大打折扣；其吟詠的內容、形式在與中國母文化遭阻絕，以及不察時代變化與時代同步的情況下，走上僵化之途。文言文在臺灣的衰微，並非文言文學本身無可取之處，在時代急速變遷與殖民政策的雙重影響下，文言文首先暴露了字詞難以跟上大量外來現代化知識的窘困，且文言文咬文嚼字讀寫費時，跟不上現代生活汰換變異的速度此爲其一。其二，文言文本身具有深厚的文學傳統，換言之，沒有傳統文學素養的人難以理解文言文章的意涵，因此文言文無法普及廣大的群眾；其三，日本政府在臺灣大力推行國語政策，經歷明治維新後的現代日語，本身就是讀寫容易的語體文，相對照之下，更彰顯出臺灣傳統漢文，在現代知識的轉譯與傳播方面的不便之處。

　　因此，對於當時一批欲在臺灣島內推行新文化運動的新式知識份子而言，文言文在書寫的速度與淺白地表情達意上的種種不便，使得他們轉向去借鏡中國白話文的推行成果與經驗。這批新式知識份子，雖不乏有家學淵源、漢學底子深厚的人，但他們共同的特點是都曾接受過公學校的日本教育，也有的是自中國、日本或其他國家留學歸國，對先進國家的現代化社會有一定程度的瞭解與孺慕，他們借由外語認識到知識傳遞速度的快慢，會影響到一個民族的智識水準，能不能跟上世界潮流的腳步，不至於淪爲落後與自我封閉的境況。這就是陳端明、黃呈聰在文章中提到的憂慮，陳端明在〈日用文鼓吹論〉〔註47〕中說文言文「尚浮華故典，表意不誠，非只多費時間，而用意深沈，人多不解，致阻大眾之文化」。黃呈聰在〈論普及白話文的新使命〉〔註48〕中亦認爲臺灣文化遲滯不前，原因在於「沒有一種普遍的文，使民眾容易看書、看報、寫信、著書」。因此，在臺灣推行平易的漢文——白話文，就成了這批新式知識份子在力倡民族自覺，與教育啓蒙臺灣民眾時，最先使用的行文工具與鼓吹的重點。1920 年 7 月於東京發行的《臺灣青年》即有嘗試以白話文做報導的專欄，到 1923 年更名爲《臺灣民報》回到臺灣發行時，其創刊詞更表明了「專用平易漢文」，以啓發臺灣文化，謀求臺灣民眾智識開發與幸福的宗旨。在新文化運動的推行中，白話文不但負有教化與啓蒙

〔註47〕陳端明：〈日用文鼓吹論〉（台北市：明潭出版），1979 年 3 月，頁 3。原刊載於《台灣青年》第四卷第一號，1922 年 1 月 20 日。

〔註48〕黃呈聰：〈論普及白話文的新使命〉（台北市：明潭出版），1979 年 3 月，頁 6。原刊載於《台灣》第四卷第一號，1923 年 1 月 1 日。

的重責大任，作爲文化普及的先鋒，提倡白話文也是這批知識份子極力與中國文化取得聯絡的努力，所以，臺灣的白話文運動除了反應出知識份子的現代性訴求之外，亦具有（中華）民族主義的精神。

　　白話文在臺灣新文化運動中起了一定的作用，一方面是臺灣文化協會在各地的講習、與讀書會、讀報社，收到了部分成效，最主要的還是來自中文報紙、雜誌的影響，其中又以「專用平易漢文」書寫的《臺灣民報》影響最大。但是白話文在當時的臺灣並不能算是自然的書寫語言。一是臺灣人能說中國國語的人極少，二是日本在島內極力施行日本語教育，這使得臺灣白話文運動倡導之初，會有這類的文章見報：

> 林君忽對我說：「臺灣人做的那種白話文，眞是弄笑話！他們做那種臺灣式的白話文，要是他們後日到中國來，豈不是還要習中國的白話文嗎？……」〔註49〕

> ……我很希望臺灣的同胞，如要研究白話文，最好多讀些白話的文，並來中國買些白話文的書去做參考，才會趕快地得著門徑。要是以自己地方的方言，寫做白話，也想做篇文章來出出風頭，那不獨是沒風頭出的，是反會鬧出笑話來的呀！〔註50〕

這篇文章中還提到臺灣人寫白話文，時常將日常方言加入文中，又有出現日本漢字詞的毛病，文末還附上中國白話文中「的」字的用法表，推想是臺灣話中並無使用「的」字的習慣，做起白話文亦常遺漏的緣故。這類白話文教學的文章正適以反映出一個情況：白話文之於當時的臺灣人，是一件需極努力與費時間琢磨才能練就的書寫語言。中國白話文標榜優點的是「我手寫我口」，配合白話文運動的是中國當時的國語教育，「我手」可以是任何人的手，但是「我口」所說出的語言，即使不是「標準國語」，起碼也是「正在學習中的國語」。在日本殖民統治下的臺灣，沒有學習書寫白話文的有利條件，識得中文字的人要閱讀白話文章不是難事，但是用白話文來作爲寫作的表意工具時，臺灣作者需面對的不只是「我手寫我口」的困難，他需要思索──即使只是潛意識裡隱隱感覺到的──是文學之所以被稱爲文學的一切因素，這其中包括結構、語言、歷史與社會等等複雜的項目。也因此，

〔註49〕 施文杞：〈對於台灣人做的白話文的我見〉（台北市：明潭出版），1979 年 3 月，頁 52。原刊載於《台灣民報》第二卷第四號，1924 年 3 月 11 日。
〔註50〕 同上註，頁 53。

白話文在日治時期臺灣新文學中的使用與發展，一直有著阻礙與矛盾情結存在。

　　若欲進一步釐清這個情結，我們可以從「臺灣漢文」的角度去察看。日帝殖民前的臺灣，書信文章通行的「漢文」，是「生活化的文言文」，它不僅是指傳統的典雅文言文，其中亦或有夾雜俚白俗話、地方方言的情況，視書寫人的學問素養而定，但基本上「漢文」是可以用「臺灣話」流暢朗誦的，並且是當時臺灣人日常生活上一種必要的文字文化。王順隆在〈日治時期臺灣人「漢文教育」的時代意義〉〔註51〕中說明道，臺灣人觀念中的「漢文」，可以解釋爲「當時中國所使用的書面語言」，而這語言的範圍很廣，包括北京話、河洛語、客語等各種官方話或地方話在內的中國漢語，因此北京話是漢語，河洛語也是漢語。中國新式白話文是漢文，臺灣通行的「漢文」也是漢文。臺灣民報的創刊詞就有「專用平易漢文」的說法，又在多處出現「新式漢文」、「淺白漢文」等字樣，這顯示出臺灣人對於中國現代白話文的認知，是視其爲「漢文」的一類，並且是可以與臺灣向來慣用的「漢文」相互銜接的書面語言。

　　值得注意的是，臺灣當時處於被殖民的特殊情況，新舊漢文的銜接，因爲日本的國語政策和皇民教育，發生了扭曲的現象。臺灣人堅持「漢文」的使用與保存，有抗日與民族主義的意涵在，然而舊式漢文不足以承載引渡現代化知識，普及臺灣民眾，所以「新式漢文」——中國白話文的學習與普及使用便成爲新知識份子的訴求，因此「新式漢文」的主張，亦同樣具有抗日與民族主義的成分。但中國白話文發端與運動之時，臺灣已是日本的殖民地，換句話說，中國白話文運動流風所及，在十年後影響了臺灣白話文的提倡。

　　但是，中國推展白話文時的環境背景與氛圍，臺灣當時無法與其同步。中國的白話文運動，有政策配合，有大量的作家與作品配合，因此胡適「國語的文學，文學的國語」的理想，在國民政府的國語政策，以及全國學校新式教科書大量採用白話文章的配合下，在三四十年間，中國的白話新詩、散文、小說、戲劇等各方面，皆有達到世界水準的作品出現。日治時期的臺灣白話文學，除了要與外在的日本政府的檢查箝制抗衡，與日本的國語政策抗

〔註51〕王順隆：〈日治時期台灣人「漢文教育」的時代意義〉，《台灣風物》第 49 卷第 4 期，1999 年 12 月，頁 107-127。

衡，它亦得面對來自內部的矛盾：中國白話文與臺灣話的協調問題、「日常語言」與「文學語言」的協調問題等等。白話文作為新文學寫作的書寫工具，它具有政治上的身份展示的意義，使用漢文的人必然與中國永遠有一份文化上的聯繫，這種政治意識，與抵抗殖民統治、教育啟蒙臺灣島民的意識匯流，成為使用中文寫作的臺灣新文學最初的基調。然而，一個民族語言的形成與傳承，不僅在於此語言形成的歷史與此一民族血肉相連，也在於語言是一種「活的結構」。語言既是過去歷史累積的成果，它也在日常生活中，從每一個說這種語言的人的使用中，不斷吸納、蛻變；語言需要人與時代的互動參與，少了這些因素，它就成了僵化的死語言。臺灣新文學作家的政治意識與民族情感，促使他們選擇了白話文，但被殖民時期的臺灣無法提供發展這種語言的有利條件，用白話文來書寫與臺灣的風土民情亦需要時間來調整適應。

因此，人們回頭思索「漢文」意義脈絡下，另一種比中國白話文更適合當時臺灣環境的書寫文字，是必然的發展。臺灣的傳統漢文向來就是包括典雅的文言文，與較俗白的「平易漢文」，這類難登文學大雅之堂的日用文，通行於一般民眾的書信文狀，裡頭的行文字彙不乏有「我手寫我口」的情況出現，亦有許多臺灣話裡才有的俚俗白話出現。這類未曾見於正式刊物的「俗白漢文」，其實亦可以視為臺灣話文的前身，它具有表達便利與容易通行於民眾的特性，唯此類的俗白漢文從不被視為可以用來寫作文學的語言。中國白話文的引進，觸發了臺灣作家重新經營這類「俗白漢文」的想法，賴和的作品可以視為最具代表性的一個，他從中國白話文的寫作到修正與轉移成「臺灣話文」〔註52〕的寫作，他的嘗試是日治時期中文寫作的重要標竿，文學語言的轉移痕跡，在他的作品中顯露無遺。

「國語的文學，文學的國語」在日治時期的臺灣是個難以達到的理想，在殖民體制下，臺灣當時的「合法國語」是日語，從日常用語來看，臺灣的「地下國語」則是「臺灣話」。因此「國語的文學，文學的國語」反而成為這

〔註52〕 見賴和的〈一個同志的批信〉，幾乎是用當時台灣人習慣的口語寫成，以白話文寫作的方式，夾雜了台灣話與日本漢字，在諸多語法上也刻意依台灣話的習慣寫成，這篇作品發表於《臺灣新文學》創刊號，時值 1935 年 12 月 28 日，距日本政府對台全面禁用中文不遠，亦是賴和最後一篇發表的新文學作品，不論是內容、形式或語言，在台灣新文學史中，〈一個同志的批信〉都具有實驗與創新的意義。

時期臺灣新文學「八面碰壁」最有力的形容。在「國語」認同分歧的情況下，創作「白話文文學」，並且此文學背負的民族主義性格勝過「文學本格」的意義，再加以此「白話文學」所賴以成形的養分主源來自日本現代文學的啟迪和臺灣當時仍然混淆的「民族意識」，綜此三點原因所描繪出的困頓圖景，就是邁入三〇年後，臺灣新文學界所呼籲的走出「新時代的意德沃羅基」〔註53〕與碰壁的文學的背景。

二、「臺灣話的文學，文學的臺灣話」

　　中國白話文在臺灣無法順利發展，再加上臺灣中文作家中夾雜臺灣話以及日常慣用語的現象，都提醒著以臺灣話作為書寫的語言才是最自然與最便利的事實。因此，臺灣話文的主張與爭論的聲浪在進入三〇年之時便日益趨長。連溫卿和連橫是提議臺灣話文的先驅者，早在1924年連溫卿就發表了〈言語之社會的性質〉、〈將來之臺灣話〉兩篇文章，提出語言與民族是不可分割的連體，當語言產生危機時，該民族必然也出現存亡的危機。連溫卿認為當前的臺灣社會是「自主發展」，並且本質是「自成一個單元的」，因此臺灣話就是臺灣人的民族的重要象徵，是對抗日本人國語政策的最佳利器，研究臺灣話、整理與發達臺灣話是保存民族文化的捷徑。1929年時，連橫亦發表了〈整理臺語之頭緒〉、〈臺語整理之責任〉兩篇文章，就臺灣話的保存與建設發出呼籲，指出「臺灣之語日就消滅，民族精神因之萎靡」，日本政府壓制漢文，又壓制臺灣話，是欲消滅民族的語言，使臺灣人的民族精神頹喪而逐漸被日本文化所取代。這兩位的意見發出之時，正值臺灣新文學界著力於嘗試白話文的時期，故並無引起廣泛的迴響與認同。

　　正式引起臺灣話文爭論的是黃石輝發表於1930年的兩篇文章〈怎樣不提倡臺灣鄉土文學〉、〈再談鄉土文學〉，以及郭秋生的一篇〈建設「臺灣話文」一提案〉。黃石輝在文章中主張標舉「臺灣話文」，並且以「臺灣話文」的書

〔註53〕芥舟（郭秋生）曾在〈臺灣新文學的出路〉中說：「時代的意德沃羅基雖算解消，可是新時代的意德沃羅基呢？例如吃人的舊禮教，舊道德，盡人皆知其務必毀棄而後可，無如代替舊禮教、舊道德的新禮教、新道德是什麼嗎？而臺灣新文學的領域何嘗有什麼具象的教訓與指示呢？」所指的便是台灣新文學日趨公式化的現實批判與左傾模式，而在語言的運用上，白話文與台灣話文的各自堅持，也使得新文學在殖民統治的氛圍下，產生發展上的變數。芥舟：〈臺灣新文學的出路〉，原刊載於《先發部隊》卷頭言，1934年7月15日。（台北市：明潭出版），1979年3月，頁148。

寫進一步界定了「臺灣鄉土文學」的定義。他的臺灣鄉土文學論可以分爲三大重點：要以臺灣話文書寫，必須是「大眾化」的文學，要以臺灣這塊土地爲主要的書寫對象。

> 你是臺灣人，你頭戴臺灣天，腳踏臺灣地，眼睛所看見的是臺灣的狀況，耳朵所聽見的是臺灣的消息，時間所經歷的亦是臺灣的經驗，嘴裡所說的亦是臺灣的語言，所以你那支如「椽」的健筆，生花的彩筆，亦應該去寫臺灣的文學了。〔註54〕

黃石輝以臺灣話、臺灣的風土民情作爲創作的所有出發點，並且訴諸普及深入於「普羅大眾」，即當時的農工勞動階級。臺灣新文學運動發軔以來，一直都具有相當的民族自覺與啓蒙民眾的使命感，但是徹徹底底的將「臺灣」標舉出來，黃石輝的主張之於新文學運動史是個重要的轉折。「用臺灣話做文，用臺灣話做詩，用臺灣話做小說，用臺灣話做歌謠，描寫臺灣的事物」〔註55〕這樣「言文一致」的觀點，隨後在郭秋生的〈建設「臺灣話文」一提案〉中得到支持。郭秋生認爲文言文、白話文或者是日文，之於智識水準較低的民眾都是有隔閡的語言，難以達到迅速普及的要求，唯臺灣話是臺灣人的日常用語，所以推行臺灣話文才能解救臺灣的文盲現象，使文化和智識得以迅速普及，達到啓蒙教育臺灣民眾的目的。

以臺灣話爲文，雖然具有各種被肯定的有利因素，但是反對臺灣話文的陣營所提出的批評，亦有值得考量的地方。當黃石輝、郭秋生主張臺灣話文的提議發出後，便有廖毓文〈給黃石輝先生——鄉土文學的吟味〉、林克夫〈鄉土文學的檢討——讀黃石輝君的高論〉、朱點人〈檢一檢「鄉土文學」〉等文章對臺灣話文提案提出尖銳的批評。這些反對臺灣話文的言論，所持的理由可分爲幾類：一，認爲臺灣與中國在文化脈絡上爲不可分割的整體，過去是如此，現在和未來更要透過使用、推行中國白話文的努力，使臺灣得以和祖國永遠聯繫；二，臺灣話有音無字的情形甚多，若要實施臺灣話文制，其詞彙上、密度上必然不如中國白話文，故不如「屈話就文」，以暫時之彆扭不便換取將來永久的便利；三，中國白話文爲具現代性之語言，歷經晚清與五四運動之後，有大量的外來詞彙豐富並影響了白話文，使白話文成爲能適應並承載時代變異之語言。臺灣人若能使用白話文，便能在各方面與中國的現代

〔註54〕黃石輝：〈怎樣不提倡鄉土文學〉，《伍人報》，1930年8月。
〔註55〕同上註。

性經驗接軌，對於提升臺灣文化具事半功倍的效果。

　　不論是主張中國白話文派，或是主張臺灣話文派，他們的出發點和目的大致是相同的，即爲了反抗殖民政權的文化洗腦，保存民族的文化精粹，並且力求知識與文藝的普及。臺灣人固然無法適應中國白話文，但臺灣話有音無字的現象，及其以話就文時產生的新字問題，這在主張臺灣話文的陣營中也是個困難的課題。以羅馬拼音取代漢字，或者以日文假名的方式注漢字的臺語音等等，各種臺灣話文的建設意見形成了臺灣話文論爭後的另一波討論熱潮。然而，當時臺灣島內的普遍知識水平仍低，在日本的國語教育下，要求民眾普遍識漢字已屬困難，遑論更進一步跟上中國白話文或臺灣話文的改革腳步。因此臺灣話文此一主張的提出，雖具有劃時代的意義——確立臺灣文學發聲的主體位置與語言，但驟然實施也是有實際操作上的諸種困難。

　　因此在這樣的情況下，負人（莊遂性）在《南音》上發表的一系列談「臺灣話的文學，文學的臺灣話」的文章，看似採取中間論調，但對當時的臺灣文壇反而更具有實踐的可能性。

> 　用漢字取義寫臺灣話，叫做臺灣話文。如果臺灣話文能夠成立，臺灣人能夠建設「臺灣話的文學」，完成「文學的臺灣話」，便很容易普及於臺灣大眾……又如果臺灣話有一半是中國話，臺灣話文。又不能離開中國話文。那末臺灣話文。當然給中國人看得懂。中國話文給臺灣大眾豈不是也懂得看了嗎？如果臺灣話是中國的方言，臺灣話文又當眞發達下去的話。還能夠有一些文學的臺灣話，可以拿去貢獻於中國國語文的大成，略盡其「方言的使命」。如果臺灣話文給中國大眾也看得懂，幼稚的臺灣話文便不能不盡量吸收中國話以充實其內容，而承「其歷史的任務」。這樣一來，臺灣話文和中國話文豈不是要漸漸融化起來。〔註56〕

負人的著眼點在於，民族語言的進化與成長不是幾個人搖旗吶喊就可以一夕更變的，臺灣人最自然的語言是臺灣話，因此最自然的書寫語言也應該是臺灣話文。臺灣話既然是臺灣人最容易領會，也是最容易普及的語言，那就以「臺灣話文爲主，中國話文爲從」，即以漢字表意臺灣話，輔以中國白話文的詞彙和句讀章法，如此既可以使臺灣民眾讀寫方便，一方面也可以中國白話

〔註56〕負人（莊遂性）：〈臺灣話文雜駁〉，《南音》第一卷第三號，頁4。

文來豐富、提升臺灣話文，使臺灣話文「文學化」，另一方面達成「文學的臺
灣話」，亦是有助於臺灣話文和中國話文的合流，以地方方言之特色豐富於中
國白話文。負人的主張，是從臺灣原本就有的「平易漢文」的認識基礎，在
不必大幅逆轉臺灣話習慣的前提下，以中國白話文做為參考的對象，逐漸建
構「臺灣話的文學，文學的臺灣話」此一目標。

　　從中國白話文的引進，到純粹臺灣話文的提倡，乃至負人的「臺灣話的
文學，文學的臺灣話」在折衷中求漸進於臺灣話文之境，這一文學語言的轉
變過程，可以觀察到微妙的現代性移轉：臺灣文學正逐漸從各種附庸中，建
立屬於現代的臺灣文學的主體與語言。臺灣新文學本來是作為新文化運動下
的一支，擔負啟蒙與教化大眾的使命；這種從屬的位置，在一連串話文論戰
之中，有逐漸移轉為「臺灣文學本格」的傾向，不僅是在「臺灣」這樣認同
上的歸位，亦是逐漸朝「文學本格」歸位。在殖民體制下發展的臺灣文學，
是在強權與箝制之下力圖發聲的存在，臺灣新文學發聲的目的，隨著日治時
間的延長，一開始的民族使命和啟蒙教化的擔當產生了變化。從話文的論爭
和修正，可以觀察出新文學「臺灣本格」的移轉，而進入三〇年之後，文學
主題與技巧的變化、作家藝術風格的逐漸確立，就此可以觀察出新文學其「文
學本格」的回歸。

三、侷限與變因

　　臺灣新文學運動的後期，因為殖民政策逐漸禁用中文的緣故，再加上新
一代的知識份子都是接受日本教育、讀日本書長大的，所以，書寫語言由中
日並行，逐漸變為單一使用日文的情況。王詩琅在〈日據下臺灣新文學的生
成及發展〉中，便提及：

> ……日當局繼廢止各報的「漢文欄」之後，於一九三七年六月對「臺
> 灣新文學」也下令禁載中文，這時後國際風雲日緊，又是在七七蘆
> 溝橋事變的前夕，此舉時同對中文作家宣告死刑，由此，中文便正
> 式宣告結束。這時候，臺灣的中文新文學已是奄奄一息，日當局的
> 這種措施只是給它一個光榮的下場。〔註57〕

儘管如此，新文學發生以來的白話文運動和臺灣話文的提出與商榷，對於臺

〔註57〕王詩琅：〈日據下台灣新文學的生成及發展〉（台北市：明潭），1979 年 3 月，
　　　　頁 8。

灣文學發生主體的確立，仍然具有不可抹滅的意義。正因爲有這一連串的話文論爭與思考，臺灣文學的主體與「本土性格」，才能在中文被禁用後，仍然在日語文學中鮮活不墜。游勝冠曾指出，日治時期臺灣人的教育和識字水平，不足以實現新文學運動普及大眾的理想，因此「大眾依然是大眾，文藝依然是文藝」，這樣的局面其實是無可避免的結果，然而新文學這二十多年在語言上的耕耘，使得當「日文成爲主要的表達語言形式」之時，「新一代的日文作家儘管使用日文創作，但並不因此喪失本土性格」〔註58〕。這可以從龍瑛宗、呂赫若或楊熾昌等，以日文書寫小說或新詩的作家其作品中觀察得出。這些新文學後期的日文作家，作品皆呈現出高度的藝術性與個人風格，也保存了以臺灣人身份作爲寫作出發立場與思考的特色。

綜觀日治時期新文學在語言上的發展，由中國白話文、臺灣話文到日文的使用，除了展現出臺灣文學脫離從屬地位，建立現代臺灣文學的主體與基調之外，亦可以觀察出別於五四文學的另一種現代性追求——帶著殖民地特徵的文學現代性。日本政府在統治臺灣之時，便決定依日本國策將國語和文化延長至新附島上，臺灣頓時面臨民族地位被邊緣化，民族語言又即將被剝奪消滅的危機。臺灣知識份子承擔起救亡圖存的重責大任，使教育和知識啓蒙能快速的普及中低階層的民眾，比什麼都來的重要。中國白話文和臺灣話文，都是基於這樣的前提被提出的。到了日治中後期，日本的國語政策和普及的基礎教育收到初步的成效，新一代的青年都是受日本教育長大，知識的來源以日文的書籍爲主，漸漸的日文反而比白話文或臺灣話文更能引渡世界新知、普及臺灣民眾，因此王詩琅才會有「中文新文學已是奄奄一息」此種說法。日文作家承繼新文學前期的的傳統，以「臺灣本格」和「文學本格」的創新和精神，維持新文學運動的不墜。

第三節 困頓與轉折——「文學本格」的反思與轉型

臺灣新文學的碰壁，是其內在觀念的碰壁，同時也是表現型態的碰壁。

——郭秋生〈解消發生期的觀念——行動的本格化建設〉〔註59〕

〔註58〕 游勝冠：《臺灣文學本土論的興起與發展》（台北市：前衛），1996年，頁34。
〔註59〕 郭秋生：〈解消發生期的觀念——行動的本格化建設〉，《先發部隊》第一期，1933年7月15日。

一、第三文學論與整理民間文學的提議

文藝大眾化、普及化可以說是新文學發端以來的「中心德目」，但文藝大眾化的內容和立場，在日治時期新文學運動的二十多年間，有內容日趨豐富多元和立場移轉的現象。最先是以中國白話文為書寫語言，並承繼五四文學的現代性批判性格，對內倡揚反迷信、反封建、呼籲大眾覺醒，對外則批判殖民政權諸種不公不義的政策和行為，此時新文學運動的自我定位是在中國文學下的一支。進入三〇年後，黃石輝提倡「鄉土文學」，主張以臺灣話文為書寫語言，以臺灣的風土人情為內容，創作可以普及農工勞動階層的作品，以「臺灣話文的普羅文學」掃除文盲提升民眾的文化水平。新文學的臺灣主體自覺，在鄉土文學與臺灣話文的一連串爭論中，漸趨明朗化。由於中國白話文和純粹的臺灣話文礙於當時臺灣政局與文化水平的侷限，在推展上有實踐的困難，也不符合當時中文作家的實際創作情狀——中、臺、日文其實已慢慢交融在作品文字之中，而「現實批判」與「左傾」的作品，亦因為時局改變，內容又多不能推陳出新而漸顯疲態〔註60〕。因此，1932 年葉榮鐘主張的別乎「貴族文學」和「普羅文學」之外的第三文學論，別具有對殖民下臺灣文學處境的深刻思考與極力開創臺灣文學「本土」風格的意味。

在〈南音發刊詞中〉，葉榮鐘提到臺灣文學應負有兩種使命，第一是「怎樣纔能使思想、文藝普遍化」，期待多數民眾能吸收思想、文藝的作品；第二是誘導作家多量地生產這種大眾化的文學。關於「大眾文藝」的定義，葉榮鐘將它界定為通俗並帶有娛樂性的文藝作品：

> 在日本內地今日所稱謂「大眾文藝」乃是寫給一般文化的教養較低的大眾去鑑賞的通俗文藝。它的發生原因，自然是根據文學與社會的關係——因為文學已不是一部分特殊階級的所有物，它若是對於全體的社會與人生無所寄與就沒有意義的。所以文藝一發要接近大眾，供給大眾以娛樂和慰安，使彼等切實地去觀照他自身的本相，思想和感情。藉以涵養大眾的趣味和品性給他們的人生能夠藝術化，那麼文藝非更為通俗化不可。〔註61〕

〔註60〕 台灣新文學迸芽於反封建、反帝國主義的前提，其批判的內容與形式時日一久之後，成顯出公式化的類型，使得作品的創造性與誘使大眾閱讀的新鮮感漸次降低，變得乏而無味。

〔註61〕 葉榮鐘：〈「大眾文藝」待望〉，《南音》第一卷第二號卷頭言，1932 年 1 月 17 日。

葉榮鐘的大眾文藝論是打破階層思考的，他指出過去的臺灣文學都是屬於「貴族的」，新近出的小說又多「虛玄之作」〔註62〕，儼然形成另一種知識貴族的文學。而葉榮鐘認為當時臺灣所謂的「普羅文學」的形式內容能否視為普羅文學，有值得商榷之處。他批判的理由是這些普羅文學的小冊子，其經費來源多來自創辦刊物的青年的父母；又，擺弄馬列的文字，傳抄一些批判資本主義言論的文學，不能算是普羅文學。再者，「臺灣的無產大眾到底有幾個能夠消納他們的作品？」，普羅文學若寫得讓普羅大眾讀不懂，當然更不能稱算是「普羅文學」。〔註63〕因此，他的「文學已不是一部分特殊階級的所有物」所指的階層不單是「知識貴族階層」，亦是要打破當時「普羅文學」在概念上擺弄無產階級理論的迷思，此外，他更進一步將階級擴展為一種「臺灣人的集團」：

> 一個社會的集團，因其人種，歷史，風土，人情應會形成一種共通
> 的特性，這樣的特性是超越階級以外的存在。所以臺灣人在作階級
> 的份子以前，應先具有一種做臺灣人應有的特性。〔註64〕

葉榮鐘反對空談理論的普羅文學，但他的文藝大眾化訴求和普羅文藝貼近大眾的精神是一致的，不同的是葉榮鐘著眼在大眾文藝其內容開發與拓展的可能。因此，他首先將「臺灣人」此一集團性，先於所有意識性型態的階級之前，為他的大眾文藝論設置了一個臺灣人身份的立場。

根據此一立場，他接著指出第三文學是「要立腳在這全集團的特性去描寫現在的臺灣人全體共通的生活、感情、要求和解放的」，是「不事模仿，不赴流行，非由臺灣人的血和肉創作出來不可」。〔註65〕在〈再論「第三文學」〉中，葉榮鐘將臺灣全集團的特性作了歷時與並時的觀察，並歸納為「特殊文化」和「社會境遇」，臺灣全集團的特殊文化是「相續了一份漢民族四千年的

〔註62〕 「然而從來的舊小說，時代的背景和我們相去太遠，不易喚起讀者的共鳴。新出的小說又多是虛玄之作，作者雖拼命地在表現他的個性，描寫他的心境，但卻把讀者的興味置之度外——雖曰藝術小說不能和大眾小說同日而言，也未免太無視小說本來的使命了。」參見葉榮鐘：〈「大眾文藝」待望〉，《南音》第一卷第二號卷頭言，1932 年 1 月 17 日。

〔註63〕 見葉榮鐘：〈第三文學提倡〉，《南音》第一卷第八號卷頭言，1932 年 6 月 3 日。

〔註64〕 見葉榮鐘：〈第三文學提倡〉，《南音》第一卷第八號卷頭言，1932 年 6 月 3 日。

〔註65〕 同上註。

文化的遺產，培養於臺灣特殊的境遇之下，兼受了日本文化的洗禮」〔註66〕，是從歷史上去看臺灣文化的脈絡，並且承認當前殖民政權文化對臺灣的各種影響；社會境遇則是就政治、經濟、教育等社會環境的層面，去看臺灣文學的特性。葉榮鐘從文化和社會層面去「再論」第三文學，除了重申他的超越階級的立場，呼籲作家以「臺灣人」這樣的血緣與土地情感的身份去書寫臺灣，從另一方面來觀察，他亦是期許新文學能脫離糾葛不清的意識型態，在困頓的年代中，找回自己的立足點和創作文學的意義。

依循這樣的思考，葉榮鐘提出了臺灣民間文學的整理與重構的建議。整理民間文學這樣的構想，有幾點值得注意之處：首先，它符合大眾文藝論的主張與需要——貼近臺灣的風土民情，並且這類的題材容易引起大眾的閱讀興趣；再者，在殖民政權嚴格的檢查制度之下，整理與寫作民間文學是個比較無爭議性的範疇，而且又能達到保存民族文化的作用；第三，「民間文學」是有別於普羅文學、貴族文學的第三文學，它在新文學現實批判或左傾的基調中，別開格局，並展現了更多內容、題材可供使用的可能。相較於在三〇年代已顯疲態的批判性書寫，「民間文學」的提議在作家的身份、文化認同上，在內容更趨文學性質上，以及創作動機上，都有「回歸」的味道——回歸「臺灣人」的身份，以及回歸文學之所以為文學的特性與趣味，這在現實批判作品逐漸喪失最初的批判動力與創造性時，不啻是突破碰壁僵局的良方。

臺灣文化界開始有意識的呼籲民間文學的整理與創作〔註67〕，以 1932年，醒民（黃周）在《臺灣新民報》上發表的〈整理歌謠的一個提案〉為開端：

> 我們所以要注意提倡整理我們臺灣的歌謠之動機雖是非常單純，但

〔註66〕 見葉榮鐘：〈再論「第三文學」〉，《南音》第一卷第九、十號合刊卷頭言，1932年 7 月 12 日。

〔註67〕 實際上，台灣民間文學的整理與正式結集始於日人。日人為了殖民統治上的需要，曾對台灣民間故事和歌謠做過粗略的調查與整理，先後有平澤丁東所著的《台灣の歌謠と名著物語》（1917 年）收集了數百首台灣歌謠並依其內容加以分類；片岡巖的《台灣風俗誌》（1921 年），其中第二章〈台灣の雜念〉中，列舉了十數種流傳於民間的歌謠；東方孝義在〈台灣習俗——台灣人的文學〉（1935 年）裡，記錄了台灣各種歌謠，諸如山歌、俗歌、採茶歌、流行歌、隨唱歌等等，為當時最詳盡的歌謠研究篇章。參考臧汀生：《臺灣民間歌謠研究》，1979 年，國立政治大學中文研究所碩士論文。

> 是其實整理歌謠的意義卻很深重。……很多複雜的歌謠之中，當然
> 是有不少的富有文藝的價值的佳品，意大利的衛太爾氏說：「根據在
> 這些歌謠之上，根據人民的真感情之上，一種新的『民族之詩』也
> 許能產生出來。」所以這種工作若得成功，或者可以使憂鬱成性的
> 我們民族，引起了「民族的詩」的發展亦未可知。〔註68〕

在「憂鬱成性」的民族中，重新整理民間文學，藉以粹練「民族的詩」，這樣
的想法，與稍後葉榮鍾於《南音》中主張的，在困頓至極的時代開創第三文
學，在第三文學意義脈絡下重新回顧民間文學的理念不謀而合。而同樣的關
於民間文學在整理與應用的主張，也見於《先發部隊》和《第一線》，其中
《第一線》為民間文學的專號，黃得時在卷頭言中提到，民間文學為民族
文化的瑰寶，且與人民的感情和生活聯繫甚深，是文學創作取之不盡的豐
富材料。民間文學的重新重視，與新文學轉型和再出發的思考密切相關，這
些言論和主張都顯示出在進入三〇年之後，「文學本格化」的反思潮流已漸漸
湧現。

二、「文學本格」建設論

　　略別於從民間文學去重新尋根與發現題材的主張，另一類由藝術的高度
去審視文學本格問題的主張，也在 1933 年後出現。「臺灣藝術研究會」〔註69〕
其機關刊物《福爾摩沙》的發刊宣言，就是其中的代表之一。這篇被稱為檄
文的宣言，將過去的文化運動稱之為「不過是打破一些古陋的迷信觀念」的
「政治運動」，而《福爾摩沙》的創刊目的便是恢復被「久困不顧的文藝運動」，
並「提高臺灣同胞的精神生活」：

> 同仁等常以這種文藝改進事業為自許，大膽的自立為先鋒。在消極
> 方面；想去整理研究從來微弱的文藝作品，來吻合於大眾膾炙的歌

〔註68〕見黃得時，〈台灣新文學運動概觀〉，原載《台北文物》第三卷第二、三期、
　　　　第四卷第二期，台北：台北文獻會，1954 年 8 月、12 月、1955 年 8 月。後收
　　　　入李南衡編，《日據下台灣新文學・明集五・文獻資料選集》，台北：明潭，
　　　　1979 年 3 月；此據後者，頁 294。

〔註69〕「台灣藝術研究會」由當時就讀日本東京的大學文學系學生蘇維熊（東京帝
　　　　大英文系）、張文環（東洋大學文科）、巫永福、施學習（日本大學文科）、魏
　　　　上春、吳鴻秋、張文鋸、董坡堂、吳坤煌、王白淵、劉捷、曾石火（東京帝
　　　　大法文系）等人，於 1932 年 3 月 20 日發起成立，目的在「以圖台灣文學及
　　　　藝術的向上」，並發行機關刊物。《福爾摩沙》於同年 7 月 15 日創刊，1933
　　　　年 6 月 15 日發行第三冊後遂告停刊。

謠傳説等鄉土藝術；在積極方面；由上述特種氣氛中所產出的我們全副精神，從心裡新湧出我們的思想及感情，決心來創造眞正臺灣人所需要的新文藝。我們極願意重新創作「臺灣人的文藝」。絕不俯順偏狹的政治和經濟所拘束，將問題從高遠之處觀察，來創造適合臺灣人的文化新生活。〔註70〕

這段文字值得觀察的是「文藝」在《福爾摩沙》的同仁中是怎樣的一個觀念。這裡所認定的「文藝」是「向來微弱的」，故必然與當前蔚爲主流的「批判現實」作品有別，並且是能吻合於具有臺灣本格精神的鄉土藝術；其次，這種「文藝」是由「心裡新湧出我們的思想及感情」去創作的，並且不受「政治」、「經濟」束縛〔註71〕，全心全意著眼於以新文藝來帶動臺灣人的文化新視野。因此，與《福爾摩沙》同仁認同的新文藝有別的當前臺灣文藝，是被殖民地政治、經濟和過度的意識型態所限制的文學，要改善此種萎靡又劃地自限的情狀，就要以「藝術」作爲醫治的良藥，而這「藝術」是能與鄉土文學接軌，具現代性意義的、具新的表現形式、感情和內容的「新文藝」。

《福爾摩沙》這份宣言可視爲這批文學青年對臺灣新文學運動以來，文藝創作過渡政治化與缺乏文學性的反動。延續三〇年代一開始被熱烈討論的大眾文藝論，《福爾摩沙》也豎立了指標性的成果。除了有蘇維熊在第一期討論的〈臺灣歌謠に對する一試論〉，呼籲將整理民間文學的觸角延伸至歌謠，

〔註70〕 施學習：〈台灣藝術研究會成立與福爾摩沙創刊〉，東方文化書局復刻本，新文學雜誌叢刊（二）。

〔註71〕 宣言標榜然「絕不俯順偏狹的政治和經濟所拘束」，其中「政治」、「經濟」二詞令人玩味。「政治」顯然影射著日本專權的殖民統治，「經濟」二字則有隱喻「資本主義」的意味。台灣新文學自 1927 年後漸漸參入了「左翼」的色彩，目的是抗日之餘，也反對帝國主義資本主義度台灣原本的經濟結構大幅改變、破壞，對農村、工人階級產生的嚴重衝擊。承襲這股文藝左風，《福爾摩沙》同仁不免也有思想「左傾」的人，因此創刊之前，便曾對左翼色彩與所謂「中間路線」進行討論，巫永福在〈台灣文學的回顧與前瞻〉中曾回憶道：「曾經多次的磋商，因左翼及中間路線之爭未獲解決，最後還是參加的學生佔多數，都有學業的顧慮不肯走極端，終於以中間路線妥協，以共同的宗旨共襄盛舉。」《福爾摩沙》的「中間路線」是協商出來立場，這顯示出日本自二〇年代後期對左翼展開的肅清行動產生了恫嚇作用，是以台灣藝術研究會雖有幾位具有左翼色彩的成員，但最後仍傾向以創造台灣新文藝爲至上目標作爲號召的「中間路線」。（巫永福：〈台灣文學的回顧與前瞻〉，收錄於《風雨中的長青樹》（台中市：中央書局），1986 年 12 月，頁 106）。

亦有吳坤煌仍然在《福爾摩沙》第二期發表了〈臺灣の鄉土文學を論ず〉，文中大談鄉土文學「形式」與「內容」的問題。他指出臺灣鄉土文學應該有所吸收、有所揚棄、有改造地繼承臺灣「傳統文學」，並且要以「內容是無產階級的，形式是民族的」作為大原則，創造具有競爭性的社會主義的世界文學。在《福爾摩沙》發刊的三期中，從其刊載的小說和新詩作品所使用的語言——日語和文學技巧，可以看出「現代主義」透過日本文學，對臺灣青年作家的創作開始產生影響，《福爾摩沙》所追求的藝術性和有「感覺」的新文藝，根據的來源泰半來自日本的現代文學思潮。因此，《福爾摩沙》的文學本格化主張，是吸收了日本新文藝概念後的修正論。

　　1933 年，郭秋生在《先發部隊》發表了一篇值得重視的論文〈解消發生期的觀念——行動的本格化建設〉〔註 72〕，他將臺灣新文學「碰壁」的因素歸結為「內在觀念」和「表現形態」上的問題。他認為時代的新觀念會影響文藝的表現形態，例如五四文學運動因是打著反帝反封建、提倡新觀念新文化的旗幟而號召，所以發展出來的就是具有其理念訴求特徵的文藝。臺灣新文學也是因為響應反帝反封建、鼓吹科學等的文化運動而發聲，自然其表現型態上就會走上批判現實的路子。但這一類以批判現實為表現形態的作品，發展到三〇年代時，也面臨了文久而疲蔽的現象，原因在於：

> 畢竟基調於某一種主義或主張而發聲的文學，是隨其內在意識的要求以規定其外的底形態，沒有變換主義主張，便不能變換行動的態度，以不能變換行動的態度，則型態的類型化公式化是不可避免的果實了。〔註 73〕

「反逆封建」的作品，在新文學中不但成為主流甚至成為一種「意德沃羅基」，作家們看見素材、提起筆來，表達的都是揭露封建醜惡、被犧牲的不幸事件。這種陰霾的書寫基調對於當時苦悶的臺灣來說，不是解藥而比較像是毒藥。

> ……無如這種開發，而今已是不足以幫助臺灣新文學碰壁的打開了，多發見一種封建的病菌，有足以增重臺灣新文學的退化，而外還有得什麼嗎？我們已不願再看見某姍的悲憤而自殺，我們要看

〔註72〕　郭秋生：〈解消發生期的觀念——行動的本格化建設〉，《先發部隊》第一期，1933 年 7 月 15 日。

〔註73〕　同上註。

的是查某嫺能夠怎樣脫得強有力的魔手與獲得潑喇的生存權……
〔註74〕

因此，郭秋生認為要改善這種囿於意識型態的文學作品，就必須從「文學本格的建設」開始。他提出兩點建設的意見，一是開創感覺的視野，另一是在文學技巧上的藝術化。臺灣新文學前期的作品以「寫實」居多，然而即使是寫實的作品，也應該如寫生畫在臨摹山水時加入作家個人的獨特色彩和情感，新文學前期的作品顯然「主在客觀的寫實，而少有自我的主觀參加活動」，「感覺世界」是新文學前期的作品付之闕如的部分。何以「感覺」之於新文學是個重要且待開發的領域？郭秋生的理由是從「純文學」出發去思考的，從世界文學來看，人的主觀感覺的描寫是不可缺少的要素，而且這感覺應該要深入「內部的心理的世界」，才能在寫實的外衣下，進一步探究屬於人的微妙情感。而文學上「感覺世界」的開拓，亦有助於為臺灣苦悶的空氣注入一股清新的活流。另外，在文學技巧的表達上，郭秋生的說法也頗有檢討「寫實」文學的意圖：

> 文學藝術並不是法院的口供或會議場的議事錄，就算是事實的報告
> 描寫或現實的客觀素描，要是位置於文學的領域，便斷然不能沒有
> 文學的表現——藝術的調整……假使寫實小説，是同機械上的寫
> 眞……其價值也不過是寫眞的價值或記錄的價值而已……〔註75〕

這段話直指新文學中平板地寫實事件的現象，缺乏活潑的感覺描寫和藝術技巧的創新。郭秋生並不反對寫實的文學，他文中所舉的托爾斯泰正是俄國寫實主義的泰斗，但新文學中的「寫實」是新文學面臨碰壁的主因之一，佃農的流離失所、賣兒鬻女的人倫悲劇、地主的貪婪惡霸諸此種種，雖是寫實文學的珍貴素材，但作家在「寫實」之時，往往受了新文學整個「反逆封建」意識型態的影響，再加上文字的侷限與文學技巧的不成熟，導致類型相同的作品（蘊含著走投無路的苦悶）重複出現，形成新文學前期的特色，同時也是新文學自身最大的侷限。

在同期的《先發部隊》中，黃得時一篇〈科學上的眞與藝術上的眞〉〔註76〕

〔註74〕同註73。
〔註75〕郭秋生：〈解消發生期的觀念——行動的本格化建設〉，《先發部隊》第一期，1933 年 7 月 15 日。
〔註76〕黃得時：〈科學上的眞與藝術上的眞〉，《先發部隊》第一期，1933 年 7 月 15日。

也提到了創造力和藝術性之於文藝的重要,「有經創作和個性濾過的作品,纔能說是活的」。又,在文中黃得時比較了「寫真」和「表現真」的差別,「寫真」的文藝與現實過於相似,甚至幾無差異,讓人讀來覺得乏味,而「表現真」的作品,由於有經過作家的藝術處理,雖然讀起來也是與現實很接近,但就是多了藝術的趣味性。黃得時的「活的文學」,和郭秋生的「感覺」與「藝術技巧性」的文學主張是一致的,但這並不代表他們完全反對寫實的作品,他們要求的是在新文學運動的基礎上,擺除過去的意識型態的陰霾,加入新的具有藝術趣味的創造力與視野。

　　總的來說,新文學在進入三〇年代後,原本一昧反帝反封建並且苦悶悲觀的寫作傳統,被逐步修正與進行反思;文學語言問題伴隨著文學藝術性的問題在臺灣文壇產生震盪,不論是臺灣話文的嘗試,還是日語作家的漸露頭角,「臺灣意識」與「文學本格」都是臺灣作家大致的訴求。大眾文藝的論調取代了之前批判建制的單一文學觀點,新文學的精神仍然是為造福與普及群眾的;但文學的發展必定會涉及到藝術性的問題,在藝術性與大眾化之間,新文學又該如何兼顧、取捨?除了發展、採集民間文學,向傳統藝術汲取養分,另一種屬於較小眾的、屬於菁英階層才能領略的審美感,這種或多或少偏向藝術性的文學,隨著日語作家創作量的增多,也逐漸凝聚成一股新興的創作勢力。「為人生而藝術」還是要「為藝術而藝術」,這樣的爭論就隨著風車詩社的成立,躍上了臺灣文藝界討論的檯面。

三、楊熾昌「為文學而文學」論

　　風車詩社創立於 1933 年 3 月,前後共發行詩刊《LE MOULIN》(風車)四集,其發刊宗旨為:「主張主知的『現代詩』的敘情,以及詩必須超越時間、空間,思想是大地的飛躍」〔註 77〕。風車詩社同仁以詩論和創作,實踐超現實主義〔註 78〕的文學主張,在三〇年代,臺灣文壇一片走回民間文學、以文藝走向大眾的再出發呼聲中,風車詩社是個異軍突起的存在,它前衛耽美的

〔註77〕轉引自林佩芬:〈永不停息的風車──訪楊熾昌先生〉,刊載於《文訊》第九期,1984 年 3 月,頁 275。

〔註78〕風車詩社的超現實主義主張,雖與西方的超現實主義運動同名,但主要還是受日本當時流行一時的超現實文風的影響。楊熾昌在回憶的文章中亦談到,他受西協順三郎、春三行夫、北門克衛等《詩與詩論》的作家群,其「主知」詩論的影響甚深。

文風，引起了當時臺灣文學界的質疑和批判〔註79〕，「爲人生而文學」亦是「爲文學而文學」的論戰，就在《臺灣新聞》的三行通信一欄中展開。責難的重點多半落在風車詩社同仁的創作過於沈溺「薔薇色彩」的世界，無助於臺灣當前的被殖民情狀與廣大的閱讀群眾。然而，「現代主義」的文學主張和技巧，對於當時臺灣的文學界並不是一件陌生的事。與風車詩社同年創立的《福爾摩沙》，三期的刊物中就有不少以日本新感覺派〔註80〕手法寫成的詩文，而被稱爲「幻影詩人」的翁鬧，發表的幾篇唯美性的作品，亦未曾受到「寫實陣營」的大規模「圍剿」，何以風車詩社會成爲眾矢之的，甚至成爲楊熾昌所說的風車因而廢刊的主因？

　　楊熾昌於1933年曾發表〈臺灣的文學呦・要拋棄政治立場──河崎寬康君的批評〉，文中談論了他對殖民地文學政治立場的看法：

　　　　如你以爲《新文學》有立場，河崎君，你就看《新文學》三月號吧。

　　　　如說有立場，其立場就是再分裂和被迫清算和調整立場。〔註81〕

河崎寬康認爲臺灣文學充滿「政治意識」，充滿分裂和鬥爭的思維，缺乏文學該有的文藝感。楊熾昌對此提出抗議，指出所謂臺灣文學的「政治立場」，其實只是被壓迫的民族所發出的抵抗和絕望之聲，臺灣新文學如果有政治立場，那就是被殖民的立場。因此，要跳脫這樣被殖民的困境，使文學擺脫「政治立場」的束縛，使文學回歸藝術的領域，爲文學而文學，才能使臺灣新文學走出被殖民的陰霾，成爲具有思考性、藝術性的文學。在〈新精神和詩精神〉中，楊熾昌再度重申他的立場就是「爲自己而藝術」的自我本位立場，

〔註79〕　水陰萍在《紙魚》的後記中說：「我把超現實主義從日本移植到台灣，以七人開始的機關雜誌《LE Mou Lin》（風車）嘗試要把文學上的新風注入，但由於社會一般的不理解而受到群起圍剿的痛苦境遇，終於以四期就廢刊……」見呂興昌編：《水陰萍作品集》（台南市：台南市文化中心），1995年，頁251-253。

〔註80〕　日本新感覺派的作家認爲，藝術家的任務在於描寫內部世界而不是表面的現實，他們對日本文學傳統表示懷疑，對一切舊有文藝形式提出否定，主張追求「新的感覺、新的生活方式和對事物新的感受方法」，探索「表現形式上的革新」，即文體改革和技巧革新。他們甚至公開提出破壞舊有文壇，進行文藝革命的口號。新感覺派代表的作家有橫光利一、和川端康成等，對台灣當時旅日的文藝青年，如巫永福、張文環、翁鬧等影響甚深。

〔註81〕　楊熾昌：〈台灣的文學呦・要拋棄政治立場──河崎寬康君的批評〉，原發表於《台南新報》，年月不詳。見呂興昌編：《水陰萍作品集》（台南市：台南市文化中心），1995年，頁118。河崎寬康的評論文章見《台灣新文學》第一卷第二號，1933年3月。

文學的思考性來自於詩人對自我和生活世界的省思，文學的藝術性則來自於對純粹美感的追求；因此日本當時主張結合知、情、意的超現實主義詩學，便成了楊熾昌傾心的藝術美學，並由此接軌歐洲的超現實主義思潮，實踐超現實主義成為他詩文創作的主要重心。超現實主義的寫作在於推翻表面的現實描寫，把潛意識的世界以夢的方式表達出來，因而玄幻、耽美或結構流於破碎，都屬於超現實文風的表達策略，目的在於瓦解心理世界和現實世界僵固的邊境，讓人們的視野延伸到平時忽略之處，更具關注層次的靈活、多元性。因此超現實主義本身亦具有諷刺現實的企圖，它以晦澀隱喻現實世界的荒謬，以夢囈般的零碎和看似著無邊際，鬆動人們對現實事件單調甚至過度嚴肅的看法。

　　楊熾昌和風車詩社同仁一致投入超現實的創作嘗試，但是在對「本位」的選擇和認同上，並非全然如某些攻擊的評論所言，是溢出整個被殖民的苦難史，罔顧現實和民族立場。如前所述，新文學進入三〇年代後掀起臺灣文學主體的自覺和討論熱潮，臺灣話文的使用和民間文學的再重視，是當時文壇的重心，處在這一片回歸本位的熱潮中，楊熾昌所呈現的超現實主義作品，亦可以視為受到這股熱潮所感染，再加上他自我文學意識反芻的成果。在他那一篇著名的〈檳榔子的音樂——吃鈸豆的詩〉，一開頭他就引了西脇順三郎的句子：「所有的文學都從風俗開始哪。像這樣蓮葉的黑帽子裡滴著靈感……」〔註82〕又，他在多處的文章中提及「土人」的意象，顯示出楊熾昌有意將文藝世界中原始狂野的美學魔性，將它融入福爾摩沙獨特的熱帶氣候和色彩之中。例如他在〈土人的嘴唇〉中寫著：

> 詩持有的一種表現就是感性的纖細和迫力，聯想的飛躍成為思考的
>
> 音樂，而該擁有燃燒了文化傳統的技巧的巧妙性。〔註83〕

楊熾昌的詩文將對臺灣風土民情與政治的觀察、批判，取其現實事件造成的感覺層面的震撼，融入他對詩的思考與粹煉之中，他「燃燒」現實或傳統的東西，將在其「光與熱」中體會到的色彩和基調，化進詩的字句裡頭。因此楊熾昌組織風車詩社，並以超現實主義作為創作宗旨，雖是出自於他對藝術

〔註82〕　楊熾昌：〈檳榔子的音樂——吃鈸豆的詩〉，原發表於《台南新報》，1934年2月17日、3月6日。見呂興昌編：《水蔭萍作品集》（台南市：台南市文化中心），1995年，頁121。

〔註83〕　楊熾昌：〈土人的嘴唇〉，原發表於《台南新報》，1936年。見呂興昌編：《水蔭萍作品集》（台南市：台南市文化中心），1995年，頁142。

的傾慕與偏好，但一方面也是他深思熟慮的結果。楊熾昌在戰後一篇回憶的文章〈回溯〉中談到，他認為三〇年代之時，臺灣的新詩已脫離幼稚期走向茁壯的階段，但是日本殖民政府往往藉故查禁任何他們認為有反帝思想的作品，因此「為文學而文學」才是維繫臺灣文學命脈的最佳策略：

> 表面上，日人對臺灣文學的提倡非常熱心，骨子裡卻在觀察臺籍作
> 家民族意識，相信每個人都是熱愛鄉土的，難免在不知不覺之中，
> 把情感訴諸作品中，遂與日警以口實，連根拔除，民族命脈豈可經
> 的起一拔再拔？在臺灣文學百花盛開的當時，筆者不客氣的向每一
> 位文學工作人士提出質疑；發揚殖民地文學與政治意識的可行性，
> 「新文學」的定義，目標，特色，表現技巧等等。當時的筆者認為，
> 唯有為文學而文學，才能逃過日警的魔掌。〔註84〕

〈回溯〉雖然是楊熾昌在戰後的回憶文章，但考察其當時發表在《臺南新報》的〈臺灣的文學呦‧要拋棄政治立場〉、〈土人的嘴唇〉等文，可知楊熾昌確實以為赤裸裸的寫實，太容易招致日帝檢查制度的戕害，「敲鑼打鼓」的作法無助於臺灣新文學主體的確立，而以往的寫實作品也太過乏味，缺少引人興致的結構與技巧性，因此，他以風車詩社和《臺南新報》為軸心，發動小規模的超現實主義運動，就是期盼能為暮氣沈沈的文壇注入一股新鮮的風，打破臺灣作家固執的政治意識，回到文學產生的起點，去思索建立新文學所必須的更多的可能性。這也是楊熾昌不斷強調土人意象的原因之一：「在土器的音響和土人的嘴唇裡好像有詩誕生」〔註85〕，土人象徵著原始奔放、自由、蓬勃的生命力，臺灣詩人面臨的悲劇正是詩人的生命「按照詩人的意志完全被控制」，唯有不斷的「懷疑和不服」才能走出意識型態的悲劇。由此可見，楊熾昌發出的超現實主義運動並不是耽美的薔薇派詩人無意義的空想和囈語。

　　葉笛曾說，楊熾昌在接管《臺南新報》的文藝欄時，曾開闢「臺灣省籍詩人作品」和「風車同仁作品集」兩個專欄，似是有意以風車詩社作為號召，整合團結臺灣詩人的力量〔註86〕。但是，臺灣文壇對於風車詩社抱持的

〔註84〕楊熾昌：〈回溯〉，發表於《聯合報》副刊，1980年11月7日。見呂興昌編：《水蔭萍作品集》（台南市：台南市文化中心），1995年，頁223。
〔註85〕楊熾昌：〈土人的嘴唇〉，原發表於《台南新報》，1936年。收錄於呂興昌編：《水蔭萍作品集》（台南市：台南市文化中心），1995年，頁138。
〔註86〕葉笛：〈日據時代台灣詩壇的超現實主義運動〉，《台灣現代詩史論》（台北市：

態度仍是以質疑和非難居多。從島元鐵平（後成為風車詩社同仁）、佐藤生在臺南新報做出的批評，和李張瑞、黑慕謳子在《臺灣新聞》的激烈論戰看來，超現實主義的文藝主張在技巧上的偏向藝術性、在題材表達上趨於抽象，以及在閱讀群眾的訴求上過於小眾，諸此原因皆是風車詩社遭主流文壇轄伐的原因。「打出去，卻沒有發響的超現實主義」〔註87〕，在日治時期的臺灣新文學中是種異質的書寫，風車詩社走在時代的前端，但不為當時一心一意要尋回「臺灣本格」、「文學本格」的新文學主流所接受，甚至因此導致《風車》發行四期遂告停刊。

臺灣新文學反抗到底的性格，使得臺灣新文學始終與民族運動緊密結合，文學本格論的發生，令臺灣作家重新思考文學與藝術、文學與人生之間的微妙問題。殖民地的經驗太過慘痛，文學若不是為大眾而寫，為維繫民族命脈而寫，這對於當時以發揚臺灣新文學為己志的臺灣作家們是很難接受的事情。中村義一在〈再論臺灣的超現實主義〉中認為，當時臺灣的文學藝術可略分為「在臺灣的日本人藝術」和「被統治者的臺灣人自立性的藝術」，但是在這兩種分法之中要再考慮一個事實：「如果，臺灣人民族自決的思想成為底流的話，藝術運動與反日民族解放運動，是無法分開來考慮的。」〔註88〕日治時代所有的文藝運動幾乎都和反日情結有關，即使是前衛的風車詩社也不例外。楊熾昌最初以「政治立場」的警覺為由，向臺灣文壇「打出」超現實主義，雖沒有預期中的迴響，但他隨後亦加入「臺灣文藝聯盟」，繼續在新文學運動發出堅守自己立場的超現實之聲，由這點可以看出新文學界雖有意識形態的糾葛問題，但「臺灣本格」、「文學本格」的共識倒是一致的，在不同的美學層次中，臺灣作家們各自秉持自己的文學信念，默默地耕耘。

四、鹽分地帶詩人的文學觀點

「鹽分地帶」指的是臺南縣北門區的六個鄉鎮：佳里、學甲、北門、將軍、七股、西港。由於濱海的緣故，土地在在海水長期的浸潤下，因充滿了鹽分而磽瘠貧薄，自古以來一直被稱為「鹽分地帶」。在日治時期，這片貧瘠的土壤上出現了一批專事寫詩的文學青年，於1933年成立青風會以號召文友

文訊），1996年，頁21。
〔註87〕為楊熾昌所言，轉引自中村義一：〈再論台灣的超現實主義〉，見呂興昌編：《水蔭萍作品集》（台南市：台南市文化中心），1995年，頁296。
〔註88〕同上註，頁297。

在先，青風會解散後，這個區域的詩人便以鹽分地帶作爲自己的標記，形成一股區域性的詩勢力。鹽分地帶詩人以吳新榮、郭水潭、徐清吉爲首，其中又以吳、郭二位的詩作量最豐，亦時有評論發出，而成爲鹽分地帶詩人群的代表。

「青風會」在 1933 年創立，雖然維持的時間很短暫〔註89〕，但其由吳新榮執筆的創立宣言簡短有力，和郭秋生提出的建設積極樂觀的臺灣文學的論調，可謂一南一北遙相呼應。吳新榮強調知識份子應當放棄蒼白的、扭曲的趣味，如同農人以他手中的鋤、軍人以他手中的劍，去戰鬥並贏得自己的文化，知識份子應當善用自己的知識，建立青春活力的文學：「從厭世的人生觀之夢醒來，走向建設的社會觀吧。從宿命論的空想衝向辯證法的實際吧。悲歌哀曲和過去一起埋葬吧。等待著我們的只有歡悅的聲音，生活的韻律。」〔註90〕這樣一段振奮鼓舞的宣言，出現在土地先天較其他地方貧瘠的鹽分地帶尤其具有意義，在臺灣文壇碰壁的時機，這樣的宣言果眞猶如一道「清新的風氣」，喚起鹽分地帶詩人具青春氣象的創作力。吳新榮在日治時期的文學觀點，從現存的文獻中來看，除了青風會宣言，就屬〈被收買的文學——至郭天留〉〔註91〕一文最爲明確。文中談及現階段臺灣文學必須是「偉大的歷史性藝術」——即「時代苦悶的象徵」、「社會進化的紀錄」，且爲了加速文學的大眾化發展，不惜「全民所有否則寧可皆無」。意在於文學不應只是少數知識貴族的消遣品，它應該爲全民而寫，成爲大眾的文學，而不是淪爲階級的「被收買的文學」。由此可見，吳新榮的文學觀點，亦是主張文學大眾化的一支，他心目中的眞文學是將「眞感情、眞生活組織化於文學」，但他又認爲當時的臺灣文學無法達到這樣的標準，除非能「自殺」過度「混血兒」的過去，摒除被收買的習慣，才能成爲「偉大的歷史性藝術」下的文學。在文學本格建設論的風潮中，吳新榮的文學觀顯示出他的審美層次，在於將實實在在的生活與人民、土地的情感「組織化」於文學；而這個「組織化」爲了

〔註89〕青風會成立宣言的寫作時間是 1933 年 11 月 8 日，但同年 11 月 31 日，吳新榮已有〈弔青風〉一詩出現，足見青風會維持的時間非常短暫。

〔註90〕吳新榮著，葉笛譯：〈青風會宣言〉，發表時間 1933 年 11 月 8 日。線收錄於吳新榮著，呂興昌編：《吳新榮選集》（台南市：台南縣文化局），2001 年 12 月，頁 377。

〔註91〕吳新榮著，張良澤譯：〈被收買的文學——至郭天留〉，原日文發表於《台灣新聞》文藝欄，1934 年 10 月（日不詳）。現收錄於吳新榮著，呂興昌編：《吳新榮選集》（台南市：台南縣文化局），2001 年 12 月，頁 400。

能普及大眾，它可以暫時是重量多於重質的，且需要一種平易的語言來互相配合。

　　郭水潭的文學觀，在文學大眾化這個理念上和吳新榮是一致。〈臺灣文藝聯盟佳里支部宣言〉〔註92〕一文中曾提到，「文學青年」在臺灣社會中普遍不被一般人所理解，原因在於文學青年的「文學態度」有「懦弱」與「自以為是」的傾向，使得文學愈來愈遠離社會大眾：「當前的問題是要思考我們的文學，如何才會獲得民眾的歡迎，並且不管喜歡與否，要認識我們的生活，常被置在這個社會組織的感情之下。」〔註93〕由此可見，郭水潭亦主張文學要普及化，而普及化的要點在作家需先思考、認識自己的位置，要將情感關注在臺灣這塊土地的歷史、社會與生活，這也是郭水潭的所謂的「意識形態」。在〈文學雜感〉〔註94〕中，他批評了日本對臺灣文學過於殖民地意識形態的說法，並重申：「我始終相信，臺灣文學要從正確地掌握立足於臺灣歷史的文學極強調這一點的氣氛再出發」。在〈譏笑二等兵〉〔註95〕一文中，郭水潭亦曾激烈的抗議「意識形態產生不了藝術」的說法，當時雖未在文中闡明抗議的理由，但考察郭水潭當時的評論與雜文，便不難看出他的「藝術」是生活的藝術，是文學形式與生活內容不可分割的生活藝術觀。

　　1937 年日本捲入二次大戰，臺灣文壇隨之受到波及，中文作家喪失發表的權力，用日本語寫作的作家能發表的園地亦幾乎被封鎖殆盡，除此之外，文藝檢查的制度亦發嚴格，臺灣作家幾乎是處於動輒得咎的困境中。郭水潭在此時寫了不曾發表的〈身邊雜記〉，文中在喟嘆臺灣文學作家遭受迫害後，引了神山裕一在歌壇新報發表的形式與生活論：

> 從形式上來看，歌人具有兩面生活。一面是作歌人文學生活，另一面是經濟的生活上的職業生活。這形式上分裂，動不動就把雙方內

〔註92〕郭水潭著，蕭翔文譯：〈台灣文藝聯盟佳里支部宣言〉，原發表於《台灣文藝》第二卷第八、九合刊號，1935 年 8 月 4 日。現收錄於郭水潭著，羊子喬編：《郭水潭集》（台南縣：台南縣立文化中心），1994 年 12 月，頁 177。

〔註93〕同上註。

〔註94〕郭水潭著，蕭翔文譯：〈文學雜感〉，原發表於《台灣新文學‧新文學月報》第二號，1936 年 3 月。現收錄於郭水潭著，羊子喬編：《郭水潭集》（台南縣：台南縣立文化中心），1994 年 12 月，頁 188。

〔註95〕郭水潭著，月中泉譯：〈譏笑二等兵〉，原發表於《台灣新民報》文藝欄，1934 年 6 月。現收錄於郭水潭著，羊子喬編：《郭水潭集》（台南縣：台南縣立文化中心），1994 年 12 月，頁 174。

> 容斬斷聯繫。就小說家來說，文學生活同時可以充當職業生活，在
> 生活形式上少有分裂，歌人卻不行。雖然如此，歌人擁有兩面生活，
> 乍見不幸，其實，亦屬幸運境遇。就是說，歌人在職業生活方面，
> 遠比小說家可經驗現實的社會。歌人幸運可不能在文學上活用是謊
> 言。歌人也是文學家，要作如是觀；視歌為單純趣味，說如夢般藝
> 術至上的主義的人又另當別論。認清文學是何物，就不能把生活分
> 為兩面，造成雙重人格，這種虛偽是不能忍受的。〔註96〕

雖是轉引的一段話，但卻道盡郭水潭對文學藝術的權衡與價值觀。臺灣文壇
在日治時期沒有專職寫作的作家，一來是發表的園地不多，二來當時能接納
臺籍作家的報刊大多為為臺人自辦，在經費上時有籌措不出的困難，更遑論
給投稿的作家優渥的稿費。臺籍作家投稿時往往是只求發表，一吐胸中滿腔
的文藝熱血，而不奢求稿費的給與。因此，臺灣文學作家竟似文中所說的
「歌人」，一面經歷著殘酷的現實生活，一面又要經營自己理想中的文學世
界。在現實世界與文學世界兩邊遊走的作家，若不能看清楚生活與文學的聯
繫，只是一味高唱藝術至上，那竟是比歌人還不如，不啻是一種「雙重人格」
的虛偽。

　　吳新榮曾說郭水潭善用美麗的詞句，並譽稱他為「島の詩人」〔註 97〕，
郭水潭的詩作諸如〈海濱情緒〉、〈廣闊的海──給出嫁的妹妹〉等詩，詩中
運用抽象意象、暗喻的熟練手法，直追臺灣戰後的「現代詩」，這些詩篇中展
現的藝術性，因為郭水潭的寫作出發點在於務實生活展現人性，故無從發展
成唯美的文學性格。臺灣新文學自 1930 年後掀起的「文學本格」建設風潮，
經過六、七年的「人生與藝術孰輕孰重」的無數辯論後，一種務實的、良心
的、回歸人性人格思考的創作態度大致抵定。這樣的創作態度使的作家在提
筆時，往往會先觀照到被殖民下的臺灣社會遭受到的不公不義，並以此為題
材口誅筆伐，使得大部分的作品被歸為「現實主義」之流。然而，雖是「現
實主義」的作家，他們創作的理念與美感層次的追求仍然有著微妙的差異。
尤其，新詩作品的呈現需要用詞的簡鍊、意象捕捉的精準以及敏銳的生活感
覺，這些都需要文學上的審美訓練與技巧。「現實主義」作家並非無藝術感的

〔註96〕 郭水潭著，月中泉譯：〈身邊雜記〉，收錄於郭水潭著，羊子喬編：《郭水潭集》
　　　　（台南縣：台南縣立文化中心），1994 年 12 月，頁 188。
〔註97〕 見吳新榮：〈鹽分地帶回顧〉，《台北文物》第三卷第二期，1954 年 8 月。

作家，只是他們爲了表現被殖民情境的痛苦，寧願放棄過多的藝術修飾。

　　由是觀之，三○年的臺灣新文學和二○年時躍躍然以文學爲武器的戰鬥性格已有所變化，「文學本格」與「臺灣本位」，自外塑而內化，臺灣新文學精神──回歸土地，回歸人民與人性，回歸生活與歷史──儼然成爲一種涵養、一種道德意識或者基本態度，它成爲作家的「形式倫理」〔註98〕，影響著日治時期不同寫作方式的形式生成。因此，「爲文學而文學」與「爲人生而文學」的爭論，當我們以寫作的「形式倫理」來重新審視時，可以撥疏許多僵持不下的癥結。當臺灣新文學精神成爲某一類特別有自覺的作家寫作之時必然優先意識到的存在，並據此做出形式的抉擇時，不論這些作家屬於哪一種語言結構在形式的表達上採用了哪一種流派的文藝手法，這些作家群在「形式倫理」的意識上具有相似之處。

〔註98〕由於寫作本身是個社會承諾的行爲，它包含著作家對社會的思考、以及他所承擔的的選擇，因此在實質的文本未產生之前，寫作已是作家對社會的一種意識，於是這裡就產生一種「形式的倫理」的問題，寫作形成一種「社會性場所」，作家個人在這個場所中介入社會，介入語言結構之中，並思考如何型塑他的語言。

第三章　漢語新詩的形式探討

前言：詩寫作的形式問題

　　詩的「形式」指的是什麼？在一般慣用的指稱中，形式指的是詩「外在」的部分，包括詩的結構、格律、語言、修辭等等。當張我軍極力提倡詩宜在內容與形式上進行改革時，他的「形式」指的是與傳統韻詩相對立的新詩形式：分行、分段、不講求押韻與辭藻，從骨子裡徹底地揮別傳統詩具有的一切形式，以平易的語言寫作自由的詩。

　　然而內容與形式，並非單純的內外之分。西方形式主義（Formalism）曾在二十世紀初引發一場內容與形式的論戰，形式主義者以敘事學、語言學、符號學一改形式的「表面形象」，不但賦予形式審美的高度、意義的深度，並使得形式成為嚴謹的科學的文學批評的研究對象。於是，「內容」與「形式」便成了二十世紀文學批評熱中探討的文學命題。巴特的寫作理論被視為形式主義的一支；然而，不同於傳統形式主義，巴特談論的寫作「形式」是在一切文學問題之前的（文學的表現形式、流派差異等等）、充滿作家個人意識、身體風格與語言結構交雜而混沌的運動體，寫作理論中談的「形式」，是一個作家風格與語言結構作用的場所、一種作家的立場與社會承擔的抉擇。

　　在《寫作的零度》中，巴特提及語言結構和風格都是「盲目」的力量，而寫作卻是一種有意識的、且具歷史性的社會行為。討論這個「意識」的重點不在於作家選擇了哪一種文學集團、哪一種流派，它的問題核心在於：

寫作是介於個人與社會現實之間的一種行為，它出發自作家的一種歷史感，或者危機感，而這種憂患意識的來源正是與其文學意圖相聯繫的「形式」本身。〔註1〕

　　由此可推論，作家的流派是寫作方式異同的問題，但不同流派作家的寫作形式不見得就是南轅北轍的。同一個社會環境中產生的寫作，必然有其形式的「社會性慣用法」（語言結構、文法、民族性、民俗或文化傳統的習慣等等）的相似性，在這相似之外又有作家個別的差異，這就是作家自身風格與他對社會的所承擔、所選擇的思考的差異。因此，比較王白淵和楊熾昌的詩，不應單從現實主義／現代主義這樣二元對立的角度去思考。他們處於相同的被殖民的社會氛圍，使用相同的語言結構（日本語），造成他們的寫作不同的因素，就必須從其形式去觀察。不同的形式昭示著作家個體迥異的風格，也呈顯出作家具差異性的思考方式，這些差異性並不僅是用來當作分流別派的證據，而是提供更多層次的觀察可能。不同流派的作家，在立場上會有密切的相似性，而同樣是「寫實主義」的作家，在立場上也有相去十萬八千里的可能。以下第三、四兩章便是就作家風格和語言結構的層面，觀察日治時期新詩不同的「形式」生成之間的差異。

第一節　中國白話文新詩之形式探討

一、白話文新詩語言類型的分野

　　1923 年 10 月 15 日《臺灣民報》文藝欄出現了民報創刊以來的第一首白話新詩〈莫愁〉〔註2〕：

（一）

　　水滔滔！鳴濺濺、小船停泊不能前、

　　　好！莫愁！順著水、任她流！

〔註1〕因此，巴特作了一個結論：「不同時代的作家會有相同的寫作方式，但是同時代的作家，儘管運用著相同的語言結構，但確有著根本不同的寫作方式。這些寫作雖然不同，但是可以比較，因為它們都是一種相同運動的產物，這個運動就是作家對其形式的社會性慣用法和他所承擔的選擇的思考。」羅蘭・巴特著，李幼蒸譯：《寫作的零度》（台北市：桂冠），1991 年，頁24。

〔註2〕各丁（劉國定）：〈莫愁〉，刊載於《台灣民報》第八號文藝欄，1923 年 10 月 15 日。

　　　　（二）

崑崙山、何蔥蔥、太平洋何茫茫、

　昨夜夢她從崑崙頂上墜入太平洋、

我說莫愁也不能不愁、

　幸得救星來得快、將她救著、

不然、莫愁也實難去！

　　　　（三）

苦海似的人生　　地獄式的環境、

　許多兄弟、幾多姊妹、

望著難行的路、說一聲「唉！上青天、蜀道崎嶇」、

　我說「莫愁、莫愁！」

　要達光明的路線、惟在努力自救！

這首不成熟的白話詩頗有幾個令人玩味地方。首先，從「停泊不能前」、「何蔥蔥」等句可知，它在用詞習慣上尚未完全脫離文言文。第二，文中的標點符號，用了許多「、」，這是日本語中慣用的符號。由於《臺灣民報》在1923 年時仍然僅在東京發行，且民報雖曾刊登中國白話文的標點符號使用法〔註3〕，但連民報本身亦鮮少使用，因此可推測「、」的使用，來自日本語詩文的觀摩。第三「將她救著」、「要達光明的路線」這兩句保留了臺灣話的習慣，不能算是標準的北京話的白話文。第四，詩的內容以崑崙山隱喻中國，「她從崑崙頂上墜入太平洋」隱喻臺灣割地與日本統治，這種陷入地獄般的災難，唯有自強才能自救。詩的內容由敘述苦難而樂觀勵志，是日治時期新詩典型的形式之一。這四個特徵一併展現在這首出現於1923 年的新詩，它顯示了一項事實：以中國白話文寫作新詩，之於當時慣用臺灣話、曾修習傳統詩文卻又受日本教育長大的臺灣作家而言，中國白話文不是一種輕易的「我手寫我口」的造詩語言。在新／舊詩結構、形式中擺盪，和在中、日、臺三種語言中轉換翻譯的「彆扭」，成了臺灣的中國白話文新詩的最大特徵。

　　1923 年 4 月 15 日《臺灣民報》第一號刊登了一篇〈田總督訪問記〉，文中記者提問道，因《臺灣雜誌》（《臺灣民報》的前身）多半為和文，不足以

〔註 3〕　〈新式標點符號的種類和用法〉，刊載於《台灣民報》學藝欄第二卷第二十五號，1924 年 12 月 1 日。

滿足廣大的臺灣同胞，因此「打算四月一日要發行一種白話的漢文報」，並且是「採用官話式的白話」，特此請教臺灣總督的意見。同期的《臺灣民報》亦刊登了〈唱設白話文研究會〉，其中唱設的原因裡寫著：「臺灣雖然割給日本有二十七、八年了、但是社會上所用的書信、仍然是古式的文言。不但使現在讀日本書的青年難看、就是那老人家亦未必盡會。」〔註4〕該文中亦刊錄了臺灣白話文研究會簡章，其宗旨為「研究白話文以普及臺灣之文化」。由此可見，《臺灣民報》提議的是一種以北京官話為範本，但務求臺灣人都能理解、能書寫的白話文。

這項白話文提議，從爾後《臺灣民報》刊載的文章中被實踐的情況來看，的確收到了平易普及的效果，但也招致了一些語言使用上的問題。臺灣文壇無論在東京或在臺灣，都沒有發展標準中國白話文的有利條件，臺灣作家或許能靠自己的自修不懈，達到與中國同期作家望其項背的水準，但這樣的標準白話文對臺灣普遍的民眾而言，並不如「平易漢文」概念的白話文來得親切易懂。於是漢語寫作的新詩便出現了三種不同的語言類型：中國白話文、夾雜臺灣話習慣的白話文、索性用漢字表達臺灣音的白話文。

這三種語言類型的分野，標誌著作家對文學語言藝術的追求與社會性思考間的差異；但是，去分派作家傾向的慣用語言類型與社會意識的作法，是不具有太大意義的。日治時期新詩同它所採用的語言一樣，是正在嘗試與摸索中的文體，因此它具有的實驗性格往往使同一個作家在短時間內可以更換各種形式、語言類型的創作，楊雲萍就是個很顯著的例子，日治期間他在前後約二十五年的時間內，從傳統詩到白話文詩到日文詩，更迭了數種語言類型的詩創作，並且在各個類型中都有達到水準的成就。然而，諸如楊雲萍、賴和、楊華、楊守愚等等，這些可以將白話文操練至駕輕就熟的作家畢竟不是多數，日治時期新詩具有的實驗性格，正好表明了它在語言上的悲劇——一種無法與民族傳統接合的語言困境，一種因為殖民政策而被迫不斷放棄語言、文化積累的寫作。

不同語言類型的語言使用，的確包含了作家本身的思考與抉擇，其中也有作家本身受侷限的因素在。作家並沒有被賦予自由地去抉擇語言的權力，語言是歷史與社會的產物，作家所使用的語言受限於文化傳統、民族習慣、國家政策和作家本身的語言意識與程度。因此日治時期漢語新詩呈顯出的三

〔註 4〕 〈唱設白話文研究會〉，刊載於《台灣民報》第一號，1923 年 4 月 15 日。

種語言類型，不能只是從作家的民族自覺與臺灣意識覺醒與否這樣的標準去看待，作家採用的創作語言必然是他最擅長、最能駕馭的語言，唯有在穩定的語言結構和個人風格的前提下，形式才能完整地產生，並落實爲足以爲自己代言的文本。作家最能「自然」使用的語言，大多數的時候和他的成長背景和受教育的過程有關。例如陳虛谷，他雖亦能寫作標準的白話文新詩，但他創作的主力仍然是在古典詩詞的部分。這與質問他是否具有新文學標榜的反封建的批判性格無關，而和去瞭解陳虛谷的成長環境與教育背景有關。端看陳虛谷〈春獲〉〔註5〕一首，其寫實批判精神並不亞於楊守愚的〈冬夜〉。這是兩種不同層次的問題：「語言結構」的異同與「形式倫理」的差異，不同的語言並不妨礙作家對社會做出反思與道義承擔——即形式倫理的呈現。因此，使用不同語言（結構）的作家會有相似的寫作形式，而形式倫理的判準亦非只以臺灣意識這樣單一的標準，在閱讀日治時期新詩時，更多的道德價值該被重新發掘，尤其是在詩的領域裡，從眞善美的層次審視生活、人性的一切，往往比任何露骨的政治或現實批判來得更令人激賞。

　　然而，不同類型的語言結構所開展的視野與接軌的文化脈絡、層次，的確有其差異存在。中國現代的白話文運動，其性質雖是革新傳統文學，但不少文學養分仍是淵源於傳統文學之中。而白話文運動的風起雲湧，在三四十年間亦以其卓越的文學成就建立起新的文學傳統。因此，當臺灣作家以中國白話文寫作時，他必定會與這些新舊白話文典範碰頭，並從而受到影響或從中汲取寫作形式的需要。而他對於中國的文化、民族也會抱持著某一層次〔註6〕的認同。在二〇年代的臺灣新文學運動當時，能寫作流利白話文作品的，多爲從中國大陸留學歸臺的學生，或者是對中國文學仰慕不已，而從各種管道或借或買當時中國現代文學雜誌報刊來閱讀的文學青年。這是一段以中國白話文爲寫作語言範本，並試圖以同爲「中國人」的書寫語言，對內向腐敗阿諛的擊鉢吟詩抗爭，對外抵抗日本文化侵蝕的時期。

　　隨著日本對漢語書刊雜誌的管制，與有意阻絕臺灣與中國大陸的聯繫後，中國白話文之於臺灣作家形同是一種被切斷文化根基的語言，反而不若

〔註5〕　「早稻登場費苦辛，滿顏猶見有埃塵。可憐筋骨方勞瘁，門外催租已有人。」
　　　　陳虛谷：〈春獲〉，收錄於陳逸雄編：《陳虛谷作品集》（彰化市：彰縣文化），
　　　　1997年。

〔註6〕　這裡談「層次」而不談「程度」，因爲這個認同的層次可能是民族情感的、或
　　　　者對中國美感的傾慕的、或者是對某一類文學的激賞等等。

以臺灣話爲文來得自然與貼和切身經驗。因此，夾雜著臺灣話與索性以漢語字表達臺灣音的作品亦漸漸出現，這些早先被批評爲會被中國文壇取笑的的混合式行文，成了漢語作家最大限度的努力的表徵，也是三〇年代時臺灣話文提倡的契機。所以，漢語寫作的這三種語言類型的更迭，固然與作家個人的選擇與習慣有關，但也和歷史、政治的干預因素相關，臺灣新文學從 1920 年開始有意識的以白話文寫作，到 1937 年日本政府對臺全面禁用漢語爲止，這不到二十年的時間，臺灣的白話文新詩在量上面雖遠不及中國大陸，但在質上面的成就是不遑多讓的。

二、集體性的風格特徵——困頓與放逐

> 慨然幾次思憤起
> 跑向民眾中間去
> 經過幾次的籌劃
> 總鼓不起這勇氣
> 空立在十字街頭
> 向著行人們注視

——賴和〈寂寞的人生〉〔註7〕

賴和這段詩句短短六行，卻道盡了多少言語不能、也不被允許表達的被殖民統治下的苦悶。這種苦悶情緒的抑鬱悲哀是屬於集體性的情狀，並非只是賴和一人，或者僅只屬於善感的文學家的。日治時期文學存在著一種集體性的風格特徵，即放逐流離與困阨圍阻的傾向，這種風格上的集體特徵，源自於在被殖民體制中不斷被視爲邊緣他者的經驗。然而，這種集體風格表現在不同語言類型、不同文類中亦有著些微的差異。在中國白話文新詩中，放逐與困厄的風格的呈現，多半是對「現實事件」的挫阻的直接描寫，而這些現實事件又以勞工階層的苦難（失業、窮困、飢餓）、弱小族群的不幸哀鳴（行乞孤兒、賣身女子）或者是悲戀的哀歌爲主。楊守愚的〈動盪中的一個農村〉、〈人力車伕的叫喊〉、〈孤苦的孩子〉、〈詩〉，這幾首詩都就藉由一個悲慘的現實事件的鋪寫，以表達作家心中的憤慨，並在詩的結尾處，會有較激烈的詩句出現，例如〈人力車伕的叫喊〉的末段：

〔註7〕 賴和：〈寂寞的人生〉，原詩未曾發表，收錄於林瑞明編：《賴和全集‧新詩卷》
（台北市：前衛出版），2000 年，頁 14。

科學的發達、

容不得些兒抵禦、

手工業的淪滅、

也是必然的趨勢。

但這資本主義的沒落期、

表演出來的經濟恐慌呀、

怎能不叫人愁慘唉喊？

怎能不叫人怒目而視？〔註8〕

同樣的結構亦可以在毓文〈賣花的少女〉、林克夫〈失業的時代〉、陳虛谷〈詩（敵人）〉、戴五〈人是這般憔悴〉……等等中發現，作家的批判意識在集體性的邊緣化風格的影響下，走向負面的、悲憤的終局。然而，也有在結尾處以正面的激勵，消弭詩中慘澹苦悶的氣氛的：如徐玉書〈醒來吧！朋友〉，王詩琅的〈沙漠上之旅人們〉、〈蜂〉：

星雲般散開的蜂兒

風雨中被撞破的窩巢碎斷

瀕死的女王蜂躺在樹下哼著

哦！喪失靈魂的

彷彿在荒野的蜂兒

不必悲傷舊巢故盼舊址吧！

強風烈雨狂吹著

孱弱不堪的當然要飛散？

蜂兒！

去怒濤中找你的新生命！

去峻崖上建你的新巢穴吧！〔註9〕

以碎裂的蜂巢與無家可歸四散的蜂群，譬喻遭日人統治而面臨民族滅亡危機的臺灣，最終則以鼓勵與充滿希望的語氣，期許新生命的開展、新家園的建設。令人關注的一點是，無論詩中的氣氛是肅殺的，還是積極樂觀的，遭逢變故、不幸事件的困頓風格，仍舊是無差別地呈現在讀者面前。這甚至成了

〔註8〕 楊守愚：〈人力車伕的叫喊〉，刊載於《台灣民報》第三三八號，1930 年 11 月 8 日。

〔註9〕 王詩琅：〈蜂〉，刊載於《第一線》創刊號，1935 年 1 月 6 日。

一種無法改變的既定事實，在風格中形成了一種宿命的悲傷韻律。除了困頓感受之外，強烈的流離與被放逐感，也在這悲傷韻律中佔據了一段弦律。例如，芳嵐〈白鷺〉、多雪〈給飄零〉、徐玉書〈我底故鄉〉等詩篇，是比較明顯地點出放逐感的作品，但更多的作品是已將放逐感融入全詩的風格之中，成為詩篇中鬱鬱的基調。

然而，在這裡也要指出一點，即作家個別的風格和形式，會有扭轉或提升這種「宿命的悲傷韻律」層次的情況。以陳虛谷的〈草山四首〉中第四首為例：

> 深山中的白鴿子，
> 被亂峰圍繞著，
> 牠似感覺著不舒適，
> 想飛到山外去，
> 盡力地，
> 鼓起牠的雙翼，
> 一直向高處飛，
> 終竟飛上高峰的盡頭了。〔註10〕

詩中以亂峰圍繞譬喻遭逢困頓的境況，而作家賦予被困頓的靈魂一雙白鴿的翅膀，只要它願意用力振翅，就能飛拔出困塞的山谷，到達理想的高處。由於陳虛谷具有深厚的古典文學根基，在這類涉及山水景色的新詩中，不然發現他的遣詞用字透顯著古典詩特有空間佈局和寓意寄託的層次感。同樣是具集體性的困頓風格下的寫作，經過詩人藝術化的處理，困頓的苦悶，不待明言激勵，令人讀來就有超脫而出的感覺。楊華的〈女工悲曲〉亦屬此類，詩人以藝術手法精妙地既寫實女工在天寒地凍中，仍得上工的可憐情景，又不落言語韃伐地批判了資本主義制度下女工飢寒交迫的卑微與悲哀。這就是藝術能救贖人心、文學能娛樂、淨化大眾苦悶的關鍵所在，由此可見，早在三〇年代「文學本格」的熱烈討論之前，這類堪稱「文學本格」典範的作品，在新詩中早已存在。

〔註10〕陳虛谷：〈草山四首〉，刊載於《台灣民報》第三三三號，1930 年 11 月 4 日。

三、白話文新詩的形式思考

在日治時期的時空下，新詩的作品形式有集體性的雷同〔註11〕，這反映出殖民體制對臺籍作家造成一種相似的身體經驗與記憶，並且激發作家對被殖民經驗衍生出抵抗壓制、憂鬱受創與被迫流離的社會意識與思考方式。這樣的形式思考亦伴隨著相似的形式基調而生——激烈批判的、哀傷低調的、樂觀立志的、流離與放逐的、瘋狂與死亡的等等，這些形式的基調與作家的文學意圖和語言、及作家對外的視野搜索到的材料相結合後，即成為完整的寫作形式。以下，列舉二種白話文新詩最常見的形式思考的不同側重層面的類型，作為討論的對象。

（一）關於壓制與反壓制

這一類的作品在日治時期新詩中佔了很大的比例，在被殖民的壓迫下，臺人地位遭貶低，不只是勞工階層，在公職機關當幹事的人也隨時有失業、降職的危險，由於臺灣當時並沒有專職的作家，詩人亦多為在社會中打拼營生的平民，平日聽的看的和親身遭遇的，時有不公不義的事件發生，因此苦悶抑鬱的情緒長期被積壓在心理，發而為具批判性思考的社會意識時，便產生了結合社會事件的詩形式。從施文杞〈假面具〉、楊雲萍的〈這是什麼聲〉為開端，這些對社會事件批判的詩形式變成了一種為數眾多的類型。

楊雲萍於自辦的《人人》中刊登的這首〈車中腦景〉共一百二十八行分成九段，便是從學生的身份出發，以諧謔的筆調書寫貧與富的生活天差地遠的情狀。

> 伊也是人、
> 爾也是人、
> 我也是人、
> 爾披星而出、
> 戴月而歸、
> 伊戴月而出、

〔註11〕當然也因作家個人差異，在相似的形式類型中有著微妙的差異。這些細微的差異，需要透過對日治時期新詩與作家作全面性的考據與分析，才能鉅細靡遺的呈現出個體與集體之間的比較性。本章第二、三節，試圖就張我軍、賴和作個人形式與集體形式差異的討論，至於更細微、更完整的比對研究，筆者欲列為將來的研究計畫，暫時無法在本論文中討論。

　　　　披星而歸、

　　　　爾勞勞苦苦是要納居住稅、

　　　　伊安安樂樂是去納遊興稅、

　　　　哈哈———

　　　　那末不節哀節哀呢？〔註12〕

整首詩的主線皆在對比有錢有閒階級與農工階級相去千里的生活與命運。富
人可以出門搭車，「伴侶是個美女」，窮學生只能步行，「伴侶是個人人雜誌／
視線不是接著器人的文就是接著雲萍的詩」；富人的子孫可以無後顧之憂吃喝
嫖賭，窮人的子孫連上個學都要靠送報來湊學費。全詩以諷刺的語氣批判前
者，以不斷的生活細節的對立，突顯出富人的奢淫與窮人的無奈悲哀。

　　赤崁生（賴和）的〈冷熱〉亦同樣以對比的手法寫成，突顯貧與富之間
的荒謬差距：

　　　　冰冷冷的風、

　　　　吹的人血凝肌縮、

　　　　一吹到高樓大廈中去、

　　　　只會把暖爐裡炭火、

　　　　吹得分外紅焰煖烘。〔註13〕

同樣的風，吹在無衣無笠的人身上便是刺骨，吹到華廈中就成了助長炭火燃
燒生熱的風。這樣巧妙的比對，更形襯托出活在同一穹廬下的人，卻有著貧
富命運懸殊的淒涼。日本在殖民的同時也將資本主義帶進臺灣，但是這種資
本主義的本質是帝國主義對殖民地的全面剝削，從土地、原料、加工到進出
口貿易，幾乎由日人一手壟斷，臺人的營生事業相形之下顯的朝不保夕。尤
其，農工階層受到的波及最大。原料價格漲跌的幅度、工廠的增設或關閉皆
由日人操控，而稅賦的繁重亦使得沒有經濟基礎的農工階層往往落得賣兒鬻
女、失業流離的悲慘境地。林克夫的〈失業時代〉便寫著：

　　　　一群群的勞動者、

　　　　洪水般地、

　　　　從工廠裡、洶湧出去！

〔註12〕器人（楊雲萍）：〈車中腦景〉，刊載於《人人》第一期，1925 年 12 月，頁 5。

〔註13〕赤崁生（賴和）：〈冷熱〉，刊載於《台灣民報》第三三四號，1930 年 10 月 11
　　　　日。

是不是回家休息？

是、是讓他們永遠地……

因廠主已把他們開除！〔註14〕

勞動者的命運，落到只要活著已是萬幸的地步，鋌而走險或者一死了之常常是維繫在一念之間而已。日治時期臺灣的警察制度嚴密，失業的勞工雖無釀成嚴重的流民問題，但觸目驚心的淒絕情狀，使得詩人的社會良心之筆，一首又一首不厭其多的將勞動者的悲哀傾訴在詩文中。此外，諸如賴和的〈流離曲〉、為霧社事件而作的〈南國哀歌〉；楊守愚〈人力車伕的叫喊〉、〈洗衣婦〉；林克夫〈日光下的旗幟〉等等，都是屬於直述事件、批判與悲憤的表達方式。

　　另一種同屬發自社會批判性思考，但不同於結合實際社會事件的方式，這些詩用隱喻的、旁敲側擊的方法，說出抵抗壓迫與悲憤的心情，它關注的層次傾向於心理的、感覺的層面。崇五的〈誤認〉就是個意味深長的例子：

公園裡的躑躅花、

　不論看了誰都是笑。

狂蝶兒誤認了、

——誤認作對他有深長的意思。

每日裡只在她的頭上飛繞、

　躑躅花更是笑、

狂蝶兒呵！我說給你聽吧——

　他的笑是冷笑——嘲笑。〔註15〕

這首僅有八行的短詩，表面上看來是記述自作多情者遭奚落的情況，但實際上它起碼包含了的二種層次意思。第一是單純的視為自作多情的描寫；第二則由「躑躅花」和「不論看了誰都是笑」、「更是笑」來看，令人聯想到煙花業中的賣笑女子，她的笑容雖然璀璨，但其實隱含著一份身世的辛酸和對尋歡客的輕視與嘲笑。詩文雖輕描淡寫，但最後的「冷笑」、「嘲笑」，使得全詩頓時充滿批判的意味。日治時期時有貧苦人家賣女為娼的事件發生，或者因嚮往大都市生活而離鄉背井，最終卻失業淪為賣身的年輕女子亦不在少數，

〔註14〕林克夫：〈失業的時代〉，刊載於《台灣新民報》第三七二號，1931年7月11日。

〔註15〕崇五：〈誤認〉，刊載於《台灣民報》第一四一號，1927年1月23日。

再加上日本人在都市中引進喫茶店等風月場所,因此煙花業向來十分發達。在歡場中發生的悲慘故事,也是臺灣作家筆下經常涉及的題材。〈誤認〉一詩不直寫實際事件,而從「冷笑」、「嘲笑」帶給讀者的凜然震撼中,由心理的驚愕感去回溯去推敲詩文可能的指涉與含意,成功的道出「躑躅花」心理的的那份厭世感,也在感覺層次上震撼了讀者的閱讀思維。〈誤認〉是 1927 年時新竹青年會透過《臺灣民報》對全島詩人的白話詩徵文獎中的第一名作品,即使在今天看來,也是不能多得的佳作。

(二)從自由戀愛中尋求身體與精神的超脫

翻看二〇年代的《臺灣民報》,即使再不經心,也會注意到談論戀愛自由、愛情至上的文章不斷躍入眼簾。民報第八號刊登了一篇〈我的戀愛觀〉〔註16〕,在洋洋灑灑三個版面的闊論後,作者對戀愛下了個定義:「戀愛不但是『種族的慾望』或是『人格完成的要求』、未得其對象而空憧憬的狀態」,而且也是「發現於一個體的異性美」而「由異性美所開發的、所賦彩的愛情」。張我軍亦曾發表〈至上最高道德──戀愛〉一文,文中對自由戀愛一事大發議論:

> (戀愛)跟著文化的發達、兩性關係,自古來經了三個階段以至今日。……古代,視婦女為男子的性慾滿足和生殖的器具的,是男尊女卑的動物待遇。……中世,對女人崇拜之極,把她們安在九天的高處的,是因了承認神格,而不認人格於婦女的。……(第三階段)發源於近代婦人的自覺的個人主義的思想……人最初在其動物時代,求與異性的結合的,明白地的確是為性慾滿足和生殖慾望的。然而隨著進化,那個慾望旋則被淨化,被純化,被詩化,終而至於生出所謂戀愛的至上最高的精神現象。〔註17〕

因此,自由戀愛除了是個人主義意識高漲的表現外,儼然是一種建設完全人格的自覺,甚至是挑戰傳統媒妁婚俗,從封建禮俗中解放個人精神與肉體的象徵。自由戀愛與抨擊媒妁婚俗的題材,也是新文學作家常用的題材。由追風的〈她將往何處去〉、施榮琮的〈最後的解決如何〉等小說來看,又,賴和〈祝吳海水君結婚〉〔註18〕一詩,開頭便寫著:「自由結婚神聖戀愛／

〔註16〕 張我軍:〈我的戀愛觀〉,刊載於《台灣民報》第八號,1924 年 5 月 11 日。
〔註17〕 張我軍:〈至上最高道德──戀愛〉,刊載於《台灣民報》第七十五號。
〔註18〕 賴和:〈祝吳海水君結婚〉,原詩未曾正式發表,收錄於林瑞明編:《賴和全集‧

是吾們──主張提倡／要達到實現的時代」，這足資說明了戀愛與婚姻自由不只是日治時期新知識分子的共識，同時也是文學青年尋求精神自由的重大指標。

　　劉定國（各丁）的一首〈不娶你〉，雖然俗白，倒是十分貼切地表達知識份子追求戀愛自由的心聲：

　　　　我不娶你、
　　　　我若娶你、
　　　　情在哪裡！
　　　　愛在哪裡！
　　　　我決不娶你、
　　　　天下有許多姊妹弟兄、
　　　　我求我的知己、
　　　　你求你的知己！〔註19〕

詩裡將愛情的對象設定為「知己」，這與傳統的婚嫁觀念已有很大的不同。而白話文詩不忌諱的將對異性的思慕之情坦露在字裡行間，這也是與傳統文人差異甚大的地方。

　　張我軍的《亂都之戀》出版於1925年，這部性質為情詩的詩集，同時也是臺灣日治時期的第一部中國白話文詩集，記述的便是二十三歲的張我軍遠赴北京念大學時，與羅文鄉女士相戀，但由於女方家庭反對，兩人便私奔臺灣結婚的戀愛過程。其中〈煩悶〉一首便描述著詩人在斜陽中思親、在月夜中等待愛人不至，對著夕陽、明月興歎的鬱鬱不樂：

　　　　我在紙窗下斜仰著首，
　　　　沈思復嘆息！默默地，
　　　　偷聽了伊帶來的消息：
　　　　伊說我的愛人依舊
　　　　被一個牢圈把伊牢住
　　　　故不能和我長談密語，
　　　　一會兒烏雲密佈
　　　　月姐也藏起她怪無聊而冷淡的臉色，

新詩卷》（台北市：前衛出版），2000年6月，頁67。
〔註19〕劉定國：〈不娶你〉，刊載於《台灣民報》第二卷第一號，1924年1月1日。

　　　　我也無從再探消息。〔註20〕

這首詩全長三十三行，共分四小節，前二節談黃昏時分，見到抑鬱的斜陽便
想起遙遠的故鄉和家中的母親，在昏黃的天色中令人平添孤寂的感覺。第三、
四小節談的是月明時分，詩人與愛人常約在此時會面，但愛人因被家人或其
他因素阻礙，不能時時來與他相會，他雖欲借這明月與愛人互通心靈的感受，
但連月亮也躲進雲裡，讓他落個信息全無。這首詩在表達形式上，可以看出
受西洋詩影響的痕跡，其結構的完整、白話文字的流暢，顯示出張我軍的留
學中國背景，使得他的白話文詩受五四新文學的薰習甚深。

　　另一方面，由於日治時期女子受教育的風氣初開，隨著女性知識水平的
提升，在戀愛與婚姻上也開始勇於有自己的主張，對於愛情的追求，也就隨
著詩情記錄在紙上：

　　　　我的心思、雖是時常變換、

　　　　君的眼珠兒、引我多少悲傷心煩！

　　　　點點的露珠裡、都有君的可愛的臉兒出現。

　　　　眼淚跟著微微吹著的涼風滴流

　　　　我的心兒足像那雛菊哀愁 Sweet heart

　　　　當我在秋天半夜裏想到故鄉的意中人。

　　　　夢中一見到我的故鄉、

　　　　他就來叫我聯想——

　　　　聯想起他住著的那條美麗的街上。

　　　　我打那條懷憶的街上走過、

　　　　我心懷是多麼快樂、

　　　　叫我在夢中甜蜜的笑呵呵。

　　　　我曾愛過的故鄉的情人呦！

　　　　你可知道我還愛著你？

　　　　　　　　　　　　　　　　　——時在同床異夢裡醒來〔註21〕

這首〈我的心思〉，作者署名月珠，發表於 1934 年的《先發部隊》。令人感興
趣的是詩的後註「時在同床異夢裡醒來」，它使得原本看似平淡的少女思郎君

〔註20〕〈煩悶〉最先發表於 1924 年 10 月 14 日發表在由孫伏園主編的《北京晨報副
　　　　刊》上，署名為「一郎」，張我軍是台灣作家在《北京晨報副刊》上發表文學
　　　　作品的第一人。後又刊載於《台灣民報》第三卷第七號，1925 年 3 月 1 日。
〔註21〕月珠：〈我的心思〉，刊載於《先發部隊》，1934 年 7 月 15 日。

的詩，戲劇化的變成少婦思念舊情人，以單純哀美的思念情愫挑戰了傳統禮俗的婦德觀念。對愛情的追求，不只代表著文學青年對不合時宜的舊傳統的反抗，自我精神的解放與完整人格的型塑，也代表著在那被殖民時代的苦悶與碰壁中，一道迎向光明的出口，自由戀愛的婚姻被提升到自主地追逐理想與逐夢踏實的精神層次。

　　總體來說，以中國白話文寫作的新詩，一方面因為發表的時間集中於二〇年代及三〇年代初（此時正是新文學運動初發起、最具戰鬥性格的時期），因此作家思考的側重點，都放在批判被殖民社會下，帝國主義資本主義對臺灣社會造成的變故和動盪。另一方面，由於現代知識水準的提升，加以知識青年急欲揮別舊社會不合理的習俗的羈絆，在知識啓蒙隨之衍生的個人主義伴隨下，戀愛自由與婚姻自主，成了所有知識青年追求的目標。嵩林的〈窗前〉一詩中「彈盡了悲戀情調，唱絕了失業苦恨」〔註22〕二句，可說是言簡意該的說中了白話文新詩的整體特徵。另者，與三〇年代後逐漸興盛的臺灣話文詩與日本語詩相較起來，白話文新詩的確較缺乏鄉土、民俗的描寫，如前所述，這是文學發展進程與關注議題差異的問題，社會事件的批判、壓迫的苦悶與追求戀愛的描寫，是白話文新詩的形式思考中為數最多的類型。

第二節　臺灣話文詩之形式探討

一、臺灣話文的討論與建設

　　在臺灣話文的論戰未正式開始前，臺灣新文學的作品中其實已醞釀了臺灣話文討論與建設的契機。白話文的小說和散文中，夾有臺灣音的白話文或者日本語的現象，即便是在新詩中也是屢見不鮮，例如施文杞發表於 1924 年的〈落花流水〉〔註23〕中有「我有一片落花 / 要寄你流去給伊」、〈小詩〉〔註24〕中則有「花豔嬌容 / 是無意看見著」等句，1925 年的《人人》雜誌中縱橫〈小詩二首〉〔註25〕中有：「明知不是我的愛人了 / 卻頻頻偷偷地看伊作

〔註22〕嵩林：〈窗前〉，刊載於《第一線》，1935 年 1 月 6 日。
〔註23〕施文杞：〈落花流水〉，刊載於《台灣民報》第二卷第一號，1924 年 1 月 1 日。
〔註24〕施文杞：〈小詩〉，刊載於《台灣民報》第二卷第一號，1924 年 1 月 1 日。
〔註25〕縱橫：〈小詩二首〉，刊載於《人人》第二期，1925 年 12 月 31 日。

甚呢？」，同期中瘦鶴的一首〈我手早軟了〉〔註26〕，更是被羊子喬直接視為是臺語詩〔註27〕。在日治時期漢語新詩中相似的例子不勝枚舉，這些具有「臺灣話症候群」的作品，往往也被視為中國白話文嘗試期的不成熟之作，不只是在語言使用上的生疏彆腳，在詩的主題與結構上同樣也顯示出青澀的特徵，然而，其實換個角度來看，這些夾雜臺灣話文的作品，正也是中國現代白話文不適用於當時無法與中國大陸語言同步、慣常於以臺灣話思考的臺灣作家的最大證據。

最先注意到臺灣話落實為語言的問題的，當屬提倡羅馬字〔註28〕運動的蔡培火。1914 年臺灣同化會成立時，蔡培火曾向坂桓退助提議推廣英國長老教會在臺灣傳教用的羅馬字，但因這項提議顯然與日本殖民政策相背，故遭總督府駁回。1921 年臺灣文化協會成立後，蔡培火在會中重提推廣羅馬字以加速臺灣民眾識字的主張，1923 年文化協會開始將羅馬字的教授列為工作項目，並同時進行編纂羅馬字圖書的計畫。在推廣期間，蔡培火先後發表〈新臺灣の建設と羅馬字〉〔註29〕一文，及以羅馬字實際操作的《十項管見》一書，強調學習羅馬字可以自修漢文、日文及吸收知識的好處。但當時羅馬字的提倡並未取得廣泛的回響，原因一方面來自總督府的打壓，一方面也是張我軍在臺灣文壇掀起一陣白話文的旋風，而隨著蔡培火赴日進修，羅馬字運動也暫告一段落。葉榮鐘在〈關於羅馬字運動〉〔註30〕中曾指出，羅馬字的提倡旨在迅速消除文盲，推動「大眾教育」，但是要進一步以羅馬字寫作，以

〔註26〕 瘦鶴：〈我手早軟了〉，刊載於《人人》第二期，1925 年 12 月 31 日。

〔註27〕 見羊子喬：〈日據時期的台語詩〉，收錄於文訊雜誌編：《台灣現代詩史論》（台北市：文訊雜誌社出版），1996 年，頁 83。

〔註28〕 台語音的羅馬字又稱「白話字」，呂興昌在〈白話字中的台灣文學資料〉中曾說明：「所謂「白話字」（peh-oe-ji），就是基督教長老教會在台灣推行的台語（鶴佬語）羅馬字，它一直在教會中流行，至今已有一百多年的歷史。過去，由於它侷限在教會中使用，即使有蔡培火的大力推廣，希望普及到社會各階層，但阻力極大，始終無法取得社會的重視與信賴，整個日據時代，在強烈要求「舌頭與筆尖合一」的台灣話文運動中，它竟寂寞地處在幽暗的角落，少人聞問。」見呂興昌：〈白話字中的台灣文學資料〉，引自「台灣文學研究工作室」網站，網址為 http://www.ncku.edu.tw/~taiwan/taioan/hak-chia/l/lu-heng-chhiong/peh-oe-ji.htm。

〔註29〕 蔡培火：〈新台灣の建設と羅馬字〉，刊載於《台灣民報》第十三、十四號，1923 年 12 月 14、21 日。

〔註30〕 葉榮鐘：〈關於羅馬字運動〉，刊載於《台灣民報》第二四三號，1929 年 1 月 23 日。

羅馬字表臺灣音的話，一來臺灣未有一套標準的臺灣話，僅以拼字表音必然
會造成閱讀上的混亂；二來當時正是漢文救亡圖存之際，羅馬字用意雖好，
但終不能完全取代漢字，因此在使用與推廣上仍有許多待商榷之處。

　　另一位積極以著作整理、保存臺語的是連雅堂，他自 1929 年開始，便著
手《臺灣語典》的整編工作，編至第四卷時，因移居上海而暫時停手，《臺灣
語典》的一部分文稿，曾以「臺灣語講座」的系列文章，連載在 1932 年 1 月
至 1933 年 1 月的《三六九小報》上〔註 31〕。連雅堂為臺灣傳統漢文學界的佼
佼者，他對於臺灣話的珍惜與見解，是自漢學與聲韻學的長年沈潛中而發。
他認為：

> 臺灣之語，無一語無字，則無一字無來歷，其有用之不同，不與諸
> 夏共通者，則方言也。」〔註 32〕又，「臺灣文學傳自中國，而語言多
> 從漳泉。顧其中既多古義，又有古音正音，有變音有轉音，昧者不
> 查，以為臺灣語有音無字，此淺薄之見耳。〔註 33〕

《臺灣語典》雖未能在日治時期出版問世，但它的存在仍是臺灣人對本土方
言的溯源進行研究的一個開端。

　　1924 年 10 月，連溫卿接連在《臺灣民報》發表了〈言語之社會性質〉
〔註 34〕與〈將來之臺灣語〉〔註 35〕二文，在一片中國白話文的聲浪中，他算
是個臺灣話文問題的先覺者之一。在〈言語之社會性質〉中，他指出要團結
一個民族，一定需有一種「能象徵彼我的意志的工具」，這個工具初時只是
「聲」，文明發達後漸漸凝聚成有聲有文字的語言，因此語言為團結一個民族
之必要條件，社會經濟得以發展之利器，要亡滅一個民族，必先從亡滅他們
的語言開始。在明白語言之於維繫一個民族、社會的重要性後，連溫卿在〈將
來之臺灣語〉中續談臺灣話的改良問題，他提出三個要點：一、要考究音韻
學已消除假字；二、要有一個統一的標準發音；三、要立一個文法，後文並
列一個暫訂的臺灣話文法表。連溫卿這兩篇倡議臺灣話文的文章並未引起迴

〔註 31〕 參見李騰嶽：〈連雅堂先生的台灣語研究〉，《台灣風物》第一卷第一期，1951
　　　　年 12 月 1 日。並對照 1932-1933 年之《三六九小報》。
〔註 32〕 見連雅堂：〈雅言〉，刊載於《三六九小報》第 142 期，昭和 7 年 1 月 3 日。
〔註 33〕 同上註。
〔註 34〕 連溫卿：〈言語之社會性質〉，刊載於《台灣民報》第二卷第十九號，1924 年
　　　　10 月 1 日。
〔註 35〕 連溫卿：〈將來之台灣語〉，刊載於《台灣民報》第二卷第二十號、第三卷第
　　　　四號，1924 年 10 月 11 日、1925 年 1 月 2 月 1 日。

響，1924 年正值新舊文學酣戰之時，文學青年多醉心於中國白話文學的臨摹與練習，連溫卿投下的這兩顆石子，直至三〇年代才泛起陣陣臺灣話文討論的漣漪。

　　眾所周知，黃石輝在 1930 年發表的兩篇文章〈怎樣不提倡鄉土文學〉、〈再談鄉土文學〉，引發了鄉土文學與臺灣話文的論戰，但是他這兩篇文章的思想醞釀並非是一朝成就，在他與鄭坤五以漢詩唱和交遊的時期，鄉土文學的概念就從兩人的討論中逐漸激發出來。1927 年 6 月鄭坤五在《臺灣藝苑》刊載他收集到的臺灣山歌〈四季春〉三十餘首，稱之為「臺灣國風」：「臺灣國風者，乃通俗之採茶褒歌也。係臺灣青年男女間，自鳴天籟，一種白話詩文。」〔註36〕鄭坤五將臺灣的山歌比喻為《詩經》之〈國風〉，並逕冠之以「臺灣」，其肯定臺灣鄉土文學之情昂揚躍然紙上：「夫歌曲之屬，尤貴於表現當時情狀，描寫心聲，方有藝術價值。若本島三百年來，所謂二黃西皮、南管郎君，無非仰拾中華唾沫而已。」〔註37〕鄭坤五的臺灣國風論正與黃石輝的鄉土文學提倡說志趣相投，因此，黃石輝亦肯定鄭坤五的想法，說他是「臺灣鄉土文學提倡的開端」，而鄭坤五將山歌等臺灣歌謠稱之為「一種白話詩文」，這似乎也解釋了《南音》中的由郭秋生主持的「臺灣話文嘗試欄」，前後收的盡是童謠、歌、曲的原因，在那個臺語新詩尚未發達的年代，臺灣歌謠不僅在采集上有當務之急，將其文字化之後，在用詞、結構、內容上亦有「範本」的作用。

　　因此，當黃石輝力倡鄉土文學，主張「用臺灣話做文，用臺灣話做詩，用臺灣話做小說，用臺灣話做歌謠，描寫臺灣的事物。」時，某種程度來說也是一種水到渠成的主張。臺灣新文學本來強調的就是普遍化與平易化，再加以二〇年代後期以來的階級文學論呼聲漸高，臺灣話文的提出與建設更是實踐普羅文學的必要步驟。再者，進入三〇年代後，文壇不斷討論的回到民間文學找靈感，回歸自然鄉土找材料的主張，亦需以臺灣話文作為輔佐、作

〔註36〕　鄭坤五：〈台灣國風〉，原刊載於《台灣藝苑》第一卷第二號，1927 年 6 月。此為轉引自呂興昌：〈論鄭坤五的「台灣國風」〉，收錄於胡萬川編：《台灣民間文學學術研討會論文集》（南投縣：台灣省政府文化處出版），1998 年 6 月，頁 295。

〔註37〕　鄭坤五：〈台灣國風〉，原刊載於《台灣藝苑》第一卷第二號，1927 年 6 月。此為轉引自呂興昌：〈論鄭坤五的「台灣國風」〉，收錄於胡萬川編：《台灣民間文學學術研討會論文集》（南投縣：台灣省政府文化處出版），1998 年 6 月，頁 295。

為工具，因為民間文學都為口耳相傳的作品，而采集後付諸文字定本，必然會遇到臺灣話與文字的問題〔註38〕，臺灣話文的研究與省思是遲早的事情。而在黃石輝之前已產生的臺灣話文夾雜問題與保存整理臺灣話的呼籲，更是說明了臺灣話是臺灣人最慣常使用的語言，而臺灣作家在進行創作思考時，往往通過的第一層語言結構就是臺灣話（亦或是漢文），而後才又費著心思「轉譯」成白話文或日文〔註39〕。所以，提倡臺灣話文可以使臺灣新文學真正做到「我手寫我口」，同時也是將臺灣文學主體從對中國文化與語言的遙遠想像，拉回到臺灣自身來，以臺灣人的語言、臺灣的文化和傳統建立屬自己的文學主體與發聲位置。

二、臺灣話文詩的發端——漢文詩與民間歌曲

　　如前所提，在臺灣話文的討論未正式開展前，漢語新詩中已不乏有「臺灣話文症候群」的作品出現，羊子喬認為這些具臺灣話文特徵的詩，「雖未經鄉土文學論戰的洗禮，但已率先以臺灣語文為思考方式，寫下臺語詩」，同時也證明了這種寫作方式為「當時臺灣人的共同心聲」〔註40〕。這些夾有臺灣話文的白話文新詩，固然可視為是臺灣話文詩的前身，但是，從以漢語寫作新詩的作家多有深厚的漢文詩基礎，以及民間的歌、曲被視為「一種白話詩文」來看，臺灣話文詩的發端，與臺灣語的漢詩正典、臺灣風土氣象純厚的歌曲也有著密切的關連。

　　以黃石輝為例，他在青年時期曾參加屏東「礪社」，礪社時有擊缽吟的出題競思活動，黃石輝不但時常參與，也常常與其他詩社的擊缽吟活動互有來往，並常有拔得頭籌的佳作出現〔註41〕，足見當時他的古典詩造詣在一般水平之上。黃文車在《黃石輝研究》中，提出兩個有趣的觀察：一是黃石輝的漢詩時有「白話入詩」的現象，舉凡「一事無成枉讀書」、「累得東家盡日

〔註38〕例如郭秋生主持的《南音》雜誌「台灣話文嘗試欄」，裡頭歌謠定本使用的文字，皆與《南音》一系列的台灣話文新字討論的成果有關。

〔註39〕但這種情況，隨著日本語作家的增多，的確有逐漸減少的趨勢，受日本新式教育成長的文學青年，讀日本書講日本語長大，雖然亦能說台語，但是在拿起筆書寫時，使用的語言已自然而然地採用日本語。

〔註40〕見羊子喬：〈日據時期的台語詩〉，收錄於《台灣現代詩史論》（台北市：文訊雜誌社出版），1996年，頁83。

〔註41〕參考黃文車編：〈黃石輝參加礪社擊缽課題之詩作一覽表〉。見黃文車：《黃石輝研究》，中正大學中國文學系碩士論文，2001年6月，頁18-19。

忙」、「自念過來人是我」、「我亦攜籃欲上街」、「只爲人閒我未閒」等等，這些詩句多出現在黃石輝的閒詠詩中，寫的內容亦多爲記錄日常生活的瑣事或市井小民的生活與心聲，這些句子平白如同口語，令觀者一目就可了然。第二點是黃石輝在漢詩詩句的琢磨中，時常放入新的詞彙，諸如鐵橋、漫畫、寫眞、電線、元氣、汽笛、登高機、望遠鏡等等，現代的或取自日本語漢字的新字彙。

　　舉例來說：〈電燈之三〉有「電線傳來千里話，雞生唱徹五更燈」、〈病中吟〉有「元氣從此思復舊，可能語懺變醫方」、〈飛行士之二〉有「登高機一架，望遠鏡雙層」等等〔註42〕，這些與時代跟進的新字彙，都說明黃石輝在創作漢詩時，並未拘泥於傳統的典故與修辭，他不避諱的採用白話、引入新詞，正與他一以貫之的「大眾文學」主張相符。他在〈爲臺灣詩人七大毛病翻舊案〉中提出詩之所以是詩，乃在於有「詩的精神」：

> 新詩舊詩，體裁雖異，而精神卻同，失了詩的精神，任你文字排得
> 如何整齊，如何優美，無論新詩舊詩，也至當作散文韻文因爲是詩
> 的體裁，就他看做詩的型像……〔註43〕

由此可略見黃石輝對於新舊詩的觀念，在於「詩的精神」的要求，而非在對舊詩外在形式上的一昧否定，他肯定擊缽吟詩在訓練敏捷思考上的功用，亦肯定漢詩在保存文字與民族文化上的成就，所以他也替漢詩辯護著說：「倘若沒這些東西（擊缽吟），恐詩社就會寂寞，研究漢文的熱度，也就跟著而降低下去了。」〔註44〕黃石輝雖未詳細說明詩精神爲何物，但從他在漢詩、新文學上的實踐來看，所謂詩精神必然是與貼近大眾理解的、貼近臺灣生活經驗、不脫離時代無病呻吟的訴求相關。

　　另外，至關重要的一點是，漢文詩是以臺灣話吟詠，因此漢文詩的讀寫，不單是在保存漢字有其功用，在臺灣話的保存與進境上也是重要的一環。除卻墮落的、流於玩弄形式、鑽名釣利的擊缽吟詩之外，臺灣古典漢詩的確可

〔註42〕 以上參考自黃文車：《黃石輝研究》，中正大學中國文學系碩士論文，2001 年
　　　 6 月，頁 223-226。

〔註43〕 黃石輝：〈爲台灣詩人七大毛病翻舊案〉，原刊載於《南方》第 150 期，1942
　　　 年 4 月 6 日。此段轉引自廖漢臣：〈新舊文學之爭──台灣文學一筆流水帳〉，
　　　 原刊載於《台北文物》第三卷第二、三期，1954 年 8 月 20 日、12 月 10 日，
　　　 現收錄於李楠衡編：《日據下台灣新文學·明集·文獻資料選集》（台北市：
　　　 明潭出版），1979 年 3 月 15 日，頁 452。

〔註44〕 同上註。

以在培植臺灣話文的文學素養上有所貢獻。日治時代的漢語新詩作家，在推動與實踐新文學的同時，並沒有放棄古典漢詩的創作，從這裡就可以見到，漢詩之於臺灣話文新詩並無相違背之處，反而有相輔相成之功。因此，具有黃石輝其文學主張意義脈絡下的「詩的精神」的古典漢詩，亦可以視爲臺灣話文新詩發端的因素之一。

在古典漢詩之外，民間歌曲以其具有的臺灣風土民俗特色、雅俗共賞的眞摯情感和保留許多臺灣語的特殊詞彙、腔調等等因素，亦可以視爲臺灣話文新詩發端的來源。鄭坤五作〈臺灣國風〉，使山歌得以「國風」之名，進入臺灣鄉土文學之列。在〈就鄉土文學說幾句〉〔註45〕中，他更直言反對鄉土文學的人，凡是臺灣的作品如「白戲」、「白話歌」都加以排斥，但是這些人又有幾個聽的懂戲園裡唱的「江戲」、「二黃西皮」？皆不知欣賞樵唱漁歌、童謠牧曲，這些天籟自鳴別有趣味的「鄉土文藝」。從《南音》由郭秋生主持的「臺灣話文嘗試欄」中，可以進一步看到這些歌曲童謠，之於鄉土文學與臺灣話文實踐的重要性。例如民歌類中的〈雪梅思君〉

> 二月算來春草青
>
> 草仔青青正當時
>
> 雪梅看子喉就哽
>
> 春天雨，落沒會止
>
> 花來不繡步不經（更）
>
> 暝日哀怨靈桌邊
>
> 死人僥倖做你去
>
> 放商輅，給（乎）阮來城治〔註46〕

可以看到每一個漢字都可以對應到臺灣話的音，而諸如「給（乎）」、「合（甲）」這樣的情況，則是當時正在討論的臺灣話該「屈話就文」還是「屈文就話」的問題，「給」臺灣音讀作「乎」，但是行文中該寫臺灣音的「乎」，還是寫大家都知曉該讀作「乎」的「給」，這是臺灣話文提倡之初不斷在討論的議題之一。在《南音》第一卷第五號中，郭秋生將「按怎合（甲）阮無緣份」一句中的「甲」置於括弧，表示有待商榷討論，而在下一期的《南音》中，我們可以發現「合」字就直接出現在文中，而不再另置甲於括弧：「合君相好咒重

〔註45〕坤五：〈就鄉土文學說幾句〉，刊載於《南音》第一卷第二期。

〔註46〕見《南音》第一卷第五號之〈台灣話文嘗試欄〉，頁10。

咀」〔註47〕，這亦顯示出在兩期之間的時間，「合」的使用已被討論過，因之便直接用於句子中。名為「臺灣話文嘗試欄」，其功用就在於一面記錄民歌民謠，一面以這些有音無實際文本的口頭文學，直接操作臺灣話文，並發掘其中有音無字、屈文還是屈話亦是另作新字等等諸種問題。

在林瑞明整理的賴和手稿中，有一篇未發表的新詩〈寂寞的人生〉〔註48〕，這首詩的特別之處在於，起首的第一節是堪稱「標準」的白話文新詩，但全詩共達十節，並非每一節都是如此標準，又因為這是賴和未發表的詩作，所以這首〈寂寞的人生〉它反而更能彰顯作家在寫的時候，詩思與語言結構交互作用的過程。文中有幾個小節不但字數排列齊整，且在用字上有古典漢文詩的痕跡，以其中的第三節為例：

> 小逸堂的園亭上
> 花木凋落草拋荒
> 護謨樹大已枯死
> 枝幹杈牙月影中
> 夜來無人放空屋
> 壁上唧唧鳴守宮
> 我因無聊行到此
> 反感著分外淒涼
> 吾師死去忽四年
> 更無人能憐我狂〔註49〕

可以看到「護謨樹大已枯死」、「更無人能憐我狂」等句雖不見得符合古典詩格律，但卻和「白話入詩」的情況甚為接近，而「夜來無人放空屋」更是需以臺灣語去理解的詩句。這些固然可解釋為新詩在草創之初，一時未能脫去古典詩的習氣，但從另一個角度來看，也可以詮釋為作者在新詩與古典詩、白話文與臺灣話文的選擇之中正進行多方面的摸索與思考。

而更有意思的是，賴和在〈寂寞的人生〉之後，又另作一首「寂寞的人生」並署名是「歌仔曲新哭調仔」，且看賴和將原來第三節作的改寫：

〔註47〕見《南音》第一卷第六號之〈台灣話文嘗試欄〉，頁16。
〔註48〕賴和：〈寂寞的人生〉，收錄於林瑞明編：《賴和全集二‧新詩散文卷》（台北市：前衛出版），2000年6月，頁8-14。林瑞明先生依據詩中「吾師死去忽四年」一句，推測該詩應作於1923-1924年間。
〔註49〕同上註，頁9-11。

閒來行到小逸堂，

鋪庭細草已拋荒。

梅花因何也憔悴，

枝枒瘦骨月影中。

空屋繞簷飛蝙蝠，

壁上唧唧鳴守宮。〔註50〕

這一篇可唱的〈寂寞的人生〉，每一句詩文後還附上羅馬字拼音，說明這是一篇需要以臺灣話發音的歌詞，從前後這兩小段詩文來作比較，可以發現賴和所做的更動，除卻為配合歌調和使得詩文更能以臺灣話朗朗上口外，在意象和意境上的出入其實並不大。

　　結合賴和這兩首〈寂寞的人生〉新詩版與「歌仔曲新哭調仔」版來看，可以初步觀察到一線臺灣話文新詩創作的脈絡：它是立足於古典漢文詩的根基上，並富有民間精神與鄉土風味的一種寫作形式，它在文學傳統上與古典詩文互通，在寫作訴求和素材上，則是指向大眾的並且向民間歌曲學習與取材。因此，從臺灣漢文詩和民間歌謠去觀察，的確可以看出臺灣話文新詩的發端及其過程。在另一方面，當漢語被日本政府全面禁用時，由傳統民間歌曲蛻變而成的民歌仍然存活在臺灣人的傳唱之間；而戰後因為國民政府打壓臺灣話與臺灣文學，一些臺灣作家便索性轉而從事臺語歌詞的創作，將滿腹的壓抑與不平化寄託在歌曲之中，道出許多臺灣人共同的心聲。臺灣歌曲的發展，在研究臺灣話文新詩（臺語詩）的形成、轉變與發展時，應是不容忽略的一環。

三、臺灣話文新詩的形式思考

　　羊子喬在界定臺語詩時曾說：「用臺灣話作為思考並以臺灣話文為工具，來抒寫臺灣人的思想感情的詩作，稱之為臺語詩」〔註51〕，這句話雖是欲定義臺語詩而發，但同時也指出了臺灣話文之於慣於使用臺灣話的作家，是思考與寫作最直接、也是最能貼近情感、經驗的表達語言。因此臺灣話文新詩的形式思考，它的特殊性就在於它首先是通過「臺灣話」的語言結構的思考——臺灣話做為臺灣作家的母語，以其與作家成長經驗中熟悉的聲

〔註50〕同註48，頁15。

〔註51〕羊子喬：〈談台語詩〉，刊載於《自立晚報》本土副刊，1986年6月25、26日。

音、語調、難以轉譯成其他語言的人事物名稱或經驗，準確的貼合作家欲表達的感情與複雜心境，而思考過程中，臺灣話也形成勾起作家身體經驗的媒介。因為臺灣話文之於臺灣作家具有這樣的特殊性，基本上，臺灣話文新詩應該要展現比中國白話文新詩更為豐富的內心層次和臺灣特色；但是臺灣話文在日治時期是正在實驗中的文體，作家們在古典漢文詩的寫作上能無障礙的以臺灣話去思考，然而在面對尙在草創之初的臺灣話文，在新詩寫作的素材、詞彙與結構等等方面，幾乎是處於「白手起家」的狀態，這表示日治時期作家在以臺灣話文寫作新詩時，臺灣話文的語言結構並非是一個穩定的語言系統，它在雅與俗、文字與口語等等文學問題上不斷地權衡與猶疑著。

日治時期臺灣話文新詩的發展期比白話文詩又更短（正式起步的時間晚了十年，而在 1937 年 4 月禁用漢語後又被迫暫時告一段落），因此在數量上遠遠不及白話文詩與日本語詩。然而，以臺灣話文詩稀少的數量中，能產生楊華的〈心弦集〉、〈女工悲曲〉，及賴和的〈新樂府〉、〈相思歌〉、〈農民謠〉等等這樣高水準的作品，亦可見用臺灣話文寫新詩亦不失為一種帶領臺灣詩壇走向鄉土的藝術殿堂的方法。臺灣話文新詩在形式思考的類型上，除了與白話文新詩相同的社會性批判思考與對戀愛的追求渴慕外，最大的不同在於臺灣話文新詩的思考對象有移轉到臺灣民間文化的現象，反應在詩的結構上就是對民間歌曲的押韻、分段、疊踏等的運用。以下便試舉例分析之。

在社會性批判思考方面，關注的焦點仍是日本帝國主義資本主義對臺灣農村、勞工造成的貧困和悲哀，吳新榮的〈故鄉的輓歌〉便是描寫殖民地經濟制度下，臺灣農民由飽暖閒暇有餘到日夜操作卻仍免不了飢餓命運的巨大落差情狀：

> 同胞們呀
> 你不可忘了你的少年時
> 在那明月亮亮的前庭裡
> 看那兄嫂小嬸的精白米
> 聽那原始的時代的古詩
> 這時呢
> 各地各庄都有米機器
> 每日每夜鳴著生哀悲

啊啊你看有幾人餓將死

你看有幾人白吞蕃籤枝〔註52〕

從用手工「精白米」，一邊還聽「古詩」，到「米機器」遍處皆是，但產量的增加反而讓農村陷入飢餓的命運，這些都是「時勢」造成的，而時勢正是殖民政府不合理的法。和用白話文寫就的同類型的詩比較之下，這首臺灣話文詩在「精白米」、「蕃籤枝」、「後壁宅」這個詞上，保存了當時臺灣人慣用的說法，以「白吞蕃籤枝」指控殖民政府在臺灣農村造成的貧窮，讓讀誦的人不盡是從文字上去想見臺灣當時的經濟困境，也是從臺灣話中去勾起、去結合話音中所透顯的經驗與情感，因此自然是較白話文詩來的親切得多，相對的切膚之痛的感覺也更深刻。

楊華的〈女工悲曲〉，描寫的是紡織工廠的女工把月光當成是「天光時」，誤以為到了上工的時間，當她匆匆趕到工廠「纔知受了月光欺。」，於是女工就在天寒地凍中面對著工廠鐵門，在想回家又怕來回路遙會遲到的矛盾中，守候著直到天亮。

想返去，月又斜西又驚來遲；

不返去，早飯未食腹裡空虛；

這時候，靜悄悄路上無人來去，

　　　　冷清清荒草迷離，

　　　　風颼颼冷透四肢，

　　　　樹疏疏月影掛在樹枝。

等了等鐵門又不開，

陣陣霜風較冷水冰，

冷呀！冷呀！

凍得伊腳縮手縮，難得支持，

等得伊身倦力疲，

直到月落，雞啼。〔註53〕

〔註52〕吳新榮：〈故鄉的挽歌〉，原刊載於《里門會誌》創刊號，1931 年 11 月，現收錄於呂興昌編定：《吳新榮選集 1》（台南縣：台南縣文化局出版），2001 年 12月，頁 51。

〔註53〕楊華：〈女工悲曲〉，刊載於《台灣文藝》第二卷第七號，1935 年 7 月 1 日。現收錄於羊子喬、陳千武編：《亂都之戀》（台北市：遠景出版），1997 年 7月，頁 135。

呂興昌曾將〈女工悲曲〉視為「在殖民資本社會體系下的邊緣人物，早已被
物化為小螺絲丁似的生產工具，他們的心靈已被制約成失去正常的判斷力」
〔註54〕這首〈女工悲曲〉全詩都未曾直寫女工遭迫害的實際事件，它以側寫
紡織廠女工寧願挨餓受凍的等著天亮，也不願冒著遲到的風險，返家去吃飽
再來上工的情形，說明女工承受的無情壓力與驚惶。這首詩在朗誦時，可以
感覺臺灣話的韻律在字詞中形成具音樂性的節奏，被公認為日治時期臺灣話
文新詩中堪稱獨步的傑作。

在對戀愛的追求渴慕方面，賴和的〈相思〉與〈相思歌〉是很具代表性
的兩首：

> 阮是兩人相意愛，
> 　若無說出恁不知？
> 阮著當頭白日來出入，
> 　共恁外人無治代？
> ……（略）
> 伊正洗衫我返來，
> 　心頭歡喜撲撲猜。
> 只為身邊人眾眾，
> 　不敢講話真無采。
> 恨無鳥仔雙箇翼，
> 　隨便飛入伊房內。〔註55〕

這首〈相思〉沒有分段，全首十五句，隔句押「ai」韻，從詩的內容描寫與表
達情感的大膽直率來看，這亦是一首與民間歌曲結合的作品。與〈相思〉同
時刊登在《臺灣民報》的〈相思歌〉也是類似的作品：「飯也懶食茶懶吞／睏
也未安穩／怎會這樣想不伸／敢是為思君……幾回訂約在公園／時間攏無準
／相思樹下獨自坐／等到日黃昏／黃昏等到七星出／終無看見君／風冷露涼
艱苦忍／堅心來去睏」〔註56〕，〈相思歌〉全首分五段，每段四句，幾乎每句
都押「un」韻，題名為「歌」，作者欲透過民歌的思考形式來創作的意圖已十
分明顯。林瑞明整理的《賴和全集》，將這兩首置於新詩篇，而康原在談賴和

〔註54〕 呂興昌〈引黑潮之洪濤環流全球──楊華詩解讀〉，發表於《台灣文藝》（新
　　　　生版）143 號，1994 年 6 月，頁 121。
〔註55〕 賴和：〈相思〉，刊載於《台灣新民報》第三九六號，1932 年 1 月 1 日。
〔註56〕 賴和：〈相思歌〉，刊載於《台灣新民報》第三九六號，1932 年 1 月 1 日。

的臺語新詩時〔註 57〕，亦將〈相思〉、〈相思歌〉置入討論，可見這兩首作品大致是被歸類爲臺灣話文新詩的作品，賴和其他類似的作品如〈新樂府〉、〈農民謠〉、〈呆囝仔〉也是被歸在此類〔註 58〕，可以說賴和所有的臺灣話文詩創作都和民間歌曲相關，這亦是值得深入探討的一點。

在戀愛的追求與思考上，還有吳新榮的〈聖愛嗎！清戀嗎！〉〔註 59〕、〈美人〉〔註 60〕，蘇維熊的〈春夜恨〉〔註 61〕等等，皆是屬於以臺灣白話文寫作的情詩，涉及的形式、主題大致與同類型的白話文新詩相似，爲抒寫思慕戀人、追求自由戀愛的。「我所思的蘭卿喔／想著去夏那時候／我歸時你的歡喜／我來時你的煩悲／山水千重路萬里／人間繁雜我獨離／我所思的蘭卿喔／我不能捺那個俗語／來冒瀆我們的心思／永久我們勿說喲／永久我們默認喲／聖愛嗎！清戀嗎！」〔註 62〕這首〈聖愛嗎！清戀嗎！〉就寫作形式與結構來看，不能算是臺灣話文新詩中的佳作，但全首文字流暢與口白無異，情感表達直率眞摯，在草創期的臺灣話文詩中，亦是具有示範作用的一首。

總結來說，臺灣話文新詩在日治時期的發展，在形式上具有回歸臺灣主

〔註 57〕康原：〈台語新詩的奠基者——兼談賴和的台語詩歌〉，刊載於《台灣新文學》第五號，1996 年 8 月，頁 296-304。

〔註 58〕筆者認爲這樣的歸類有其待商榷之處，如本論文一開頭時曾試圖說明的，新詩的「新」是爲了與舊詩的「舊」對立而產生的，而新／舊截然的對立點是在封建、迷信與固守傳統上，除卻這些明顯的對立，台灣的新詩與舊詩之於古典漢文學仍是有所繼承與轉型的，因此新與舊並非如字面義上如此壁壘分明的兩分。賴和的一系列被歸類爲當作「新詩」的「民間歌曲」，正適以反映出新／舊對立的「轉圜」之處，〈寂寞的人生〉、〈相思〉、〈相思歌〉〈新樂府〉、〈農民謠〉、〈呆囝仔〉這幾篇作品，它們承繼了歌曲的寫作形式與文學結構，因此，以新詩歸類之並不全然恰當，它們可以置於台灣話文詩、台語詩，甚至是「台灣詩」的脈絡下，但以新詩之「新」歸類它們，除了能指涉出這些作品的寫作時空和置於新文學運動下的意義外，在其民間文化傳承上的確有不妥之處。

〔註 59〕吳新榮：〈聖愛嗎！清戀嗎！〉，原刊載於《南瀛》第二號，1931 年 6 月。現收錄於呂興昌編定：《吳新榮選集 1》（台南縣：台南縣文化局出版），2001 年 12 月，頁 41-42。

〔註 60〕吳新榮：〈美人〉，刊載於《里門會誌》創刊號，1931 年 11 月。現收錄於呂興昌編定：《吳新榮選集 1》（台南縣：台南縣文化局出版），2001 年 12 月，頁 50。

〔註 61〕蘇維熊：〈春夜恨〉，刊載於《フオルモサ》創刊號，1933 年 7 月 15 日，頁 29。

〔註 62〕同註 41。

體意識思考的特質，而因為透過臺灣話文的使用，也使得民間歌曲、俗諺等等的整理與應用逐漸受到重視。但臺灣話文新詩所使用的語言，在日治時期亦承受著來自內與外的壓力——外有殖民政府的打壓與檢查，內則有臺灣作家對語言使用產生意識形態上得爭論與分歧。另一方面，臺灣話文是正在摸索與建設的語言，它雖然較中國白話文具有地利上的優勢，而古典漢文與民間歌曲等等亦能提供豐富的後援，但實際上寫作時，臺灣話文新詩仍舊是在多種外來的典範中，備受壓力並且不斷思索自身主體意義與發聲位置。

第三節　張我軍《亂都之戀》中的形式問題

在這十丈風塵的京華，
當這大好的春光裡，
一個 T 島的青年
在戀他的故鄉！
在想他的愛人！
他的故鄉在千里之外，
他常在更深夜靜之後，
對著月亮兒興嘆！
他的愛人又不知道在哪裡，
他常在寂寞無聊之時，
詛咒那司愛的神！

——張我軍〈沈寂〉〔註63〕

這首〈沈寂〉發表於 1924 年《臺灣民報》第二卷第八號，與同時刊登的〈對月狂歌〉，為張我軍在臺灣文壇最早刊登的新詩作品。呂興昌在他的「聊備一說」〔註64〕中認為〈沈寂〉這首詩雖缺乏語言特殊經營，但「一個 T 島的青年」在「十丈風塵的京華」中，是個頗具象徵性的情境，代表著日治時期臺

〔註63〕 張我軍：〈沈寂〉，刊載於《台灣民報》第二卷第八號，1924 年 5 月 11 日。又作品後作者自署其寫作時間為 1924 年 3 月 25 日於北京；〈對月狂歌〉的發表日期與〈沈寂〉同。
〔註64〕 見呂興昌：〈張我軍新詩的再探討〉，收錄於《漂泊與鄉土——張我軍逝世四十週年紀念文集》（台北市：行政院文化建設委員會），1996 年 5 月，頁 111。

灣知識份子在臺灣意識與中國意識之間的徬徨與抉擇,「一方面他確定地
『戀』『他的故鄉』(臺灣),另方面則尚未知後果地『想』『他的愛人』(中
國)!」〔註65〕。這樣的「臺灣座標」與「中國座標」間的拉扯,如果再加
上作家風格(身體的成長經驗與記憶)與語言、形式思考(意識的抉擇),那
麼臺灣/中國的抉擇就不單是意識型態或身份認同這樣屬於在意識層面探討
的問題。猶如呂興昌在「聊備一說」中提供的線索所言,〈沈寂〉具有男女青
年對愛情的熱烈與嚮往,也具有臺灣知識青年對中國的仰慕情懷,根據這樣
的線索,我們也可以說,在「京華中的 T 島青年」,呈顯出來的象徵情境是臺
灣知識青年在臺灣/中國之間的徘徊,不只是意識層面的,它更是身體層面
的,屬於意識成形之前的那段感覺的經驗與記憶所累聚成的矛盾張力。尤其
再加上愛情的因素,這種兩難的抉擇之間的拉拒也就更具戲劇性。因此,考
察《亂都之戀》的形式問題,需從張我軍的知識背景與他傾向的思考方式來
作衡量。

一、從張我軍的新舊文學背景看「京華」/「T 島」的糾葛

　　張我軍出身寒微,一生所學文學根基皆靠不斷的上進自修而來,1916 年
(14 歲)張我軍自板橋國民學校畢業後,先是在皮鞋店當學徒,直至 1918
年在臺北新高銀行當雇員時,才第一次有機會趁著假日到萬華學習漢文;
1920 年時則改到劍樓書房,跟前清秀才趙一山讀文學詩,1921 年時因調職廈
門,他一方面赴廈門同文書院接受中國新式教育,同時也跟著一位當地的
老秀才接續古典文學的學習〔註66〕。在泰賢次的考察中〔註67〕,張我軍正是
在此時將原名張清榮改爲張我軍,而「我軍」正是這位老秀才的筆名,張
我軍經由老秀才的推薦,在文社當文書專事記錄文社同人吟唱的詩文、互
相品評的文字,對於古典文學的學習精進更易。因此,廈門時期(1921~
1923 年)可說是張我軍在古典文學上開始小有成就的時期,他在二○年代
發表的兩首古典詩〈寄懷臺灣議會請願諸公〉、〈詠時事〉,都是這個時期的
作品:

〔註65〕 同註 64。
〔註66〕 參考〈張我軍年表〉,收錄於秦賢次編:《張我軍評論集》(板橋市:台本縣文
　　　　化中心),1993 年。
〔註67〕 見秦賢次:〈台灣新文學運動的奠基者張我軍〉,《傳記文學》第 55 卷第 6 期,
　　　　頁 132,註釋二。

故園極目路蒼茫，爲感潮流冀改良。

盡把真情輸北闕，休將舊習守東洋。

匹夫共有興亡責，萬眾還因獻替忙。

賤子風塵尚淪落，未曾逐隊效觀光。

鷺江春水悵橫流，故國河山夕照愁。

爲念成城朝右達，敢同築室道旁謀。

陳書直欲聯三島，鑄錯何曾恨九州。

從此民權能戰勝，誰云奢願竟難酬。

——〈寄懷臺灣議會請願諸公〉〔註68〕

如此江山感慨多，十年造劫遍干戈。

消除有幸排專制，建設無才愧共和。

北去聞鵑空躑躅，南來飲馬枉蹉跎。

天心厭亂終思治，忍使蒼生喚奈何。

——〈詠時事〉〔註69〕

這兩首古典詩的風格與形式思考，與張我軍二年後出版的《亂都之戀》的新詩形式完全兩樣，這二首漢詩皆爲感時憂國之作，〈寄懷臺灣議會請願諸公〉一首甚至恨此身「風塵尚淪落」不能「逐隊效觀光」，並肯定「臺灣議會期成同盟會」向日本國會的請願運動，而深望民權最終亦能臨降臺灣本島。其中「故國河山夕照愁」一句，謂臺灣在日人統治下的悲慘心境，詩中徑已「故國」稱謂臺灣，詩人寫作時其出發的立場與思考傾向意識層次中認同的中國已十分了然。然而，張我軍所使用的中國古典詩語言結構，也助長了對中國民族、文化的認同，再加以他當時寫作的地理位置是在廈門，且正在全心學習中國新文學與古典文學，這一切都是左右張我軍在臺灣／中國中擺盪與偏靠的因素。

張我軍這兩首古典詩滿溢的關懷國情、悲憫蒼生的思緒，正是他對臺灣舊詩壇發難的動機之一。在張我軍發表的第一篇評論〈致臺灣青年的一封信〉〔註70〕中，首先就將矛頭對準了臺灣的古典詩社：「諸君怎的不讀些有用的書

〔註68〕 張我軍：〈寄懷台灣議會請願諸公〉，刊載於《台灣》四年四號，1923 年 5 月。

〔註69〕 張我軍：〈詠時事〉，刊載於《台灣》四年六號，1923 年 10 月。

〔註70〕 張我軍：〈至台灣青年的一封信〉，刊載於《台灣民報》第二卷第七號，1924 年 4 月 21 日。

實際應用於社會，而每日只知道作些似是而非的詩，來作詩韻合解的奴隸，或講什麼八股文章替先人保存臭味。」後文又接著說「臺灣的詩文等從不見過眞正有文學價值的」，這樣尖銳的非難到了〈糟糕的臺灣文學界〉中，更準確地鎖定著臺灣古典詩社：

> 試問一問，他們爲什麼要作詩？詩是什麼？……那末是同問著啞巴一樣的了。……所以他們不是拿文學來作遊戲，便是作器具用。如一班大有遺老之概的老詩人，慣在那裡發脾氣，謅幾句有形無股的詩玩，及至總督閣下對他們稱送秋波，便愈發高興起來了。〔註71〕

依張我軍的古典文學背景來看，他並無徹底反對傳統詩的確切理由，在他提倡白話新文學之後，實際上也沒有荒廢古典詩的創作。張我軍這番文學革命的言論，一是針對臺灣詩社當時泰半逐漸墮落，流於向日人示好、追名逐利而發；二是將胡適等人在中國大陸發起的新文學革命論，搬來臺灣重演一次。觀察張我軍的評論文，他毫不客氣的將連橫等詩壇大老「一竿子打翻」，原因應該是在於：第一、他不認爲臺灣向來有眞正的「文學」。在〈絕無僅有的擊缽吟的意義〉〔註72〕一文中，他指出文學的好壞在於有無「徹底的人生觀」和「眞摯的感情」，而字詞聲調只是技巧的功夫，不應蓋過詩人眞摯的情感，臺灣的文人過於看重技巧，不注重內容和情感，因此寫出來的詩文便產生「有形無骨」的流弊。第二、視一切格律詩爲矯揉做作、不顧自然。延伸他反對過於注重文學技巧、形式的看法，他反對舊詩是「舊詩有許多的限制、規則、束縛，而背文學的原理」，他亦勉強的替擊缽吟詩找出兩個優點：「(1)養成文學的趣味；(2)磨練表現的功夫」，但這必須以在「根本」（情感的眞摯自然）上沒有錯誤爲前提。在〈詩體的解放〉一文中，張我軍引章太炎《國學概論》中講古詩流變的句子七點，重申舊詩的流弊爲「矯揉做作、不顧自然」，形式過於齊整，淹沒思想情感。

　　張我軍批判舊詩的觀點，大致就是這二點，但他未能自圓其說的地方的是，諸如他的〈寄懷臺灣議會請願諸公〉、〈詠事詩〉，這樣不失熱烈情感與憂時憂事的「舊詩」，僅以「形式齊整、講究格律」來作批判，是否太過牽強？而臺灣當時漢文有面臨被消滅的危險，以傳統文學來護持尚屬不易，何況

〔註71〕　張我軍：〈糟糕的台灣文學界〉，刊載於《台灣民報》第二卷第二十四號，1924年 11 月 21 日。

〔註72〕　張我軍：〈絕無僅有的擊缽吟的意義〉，刊載於《台灣民報》第三卷第二號，1925 年 1 月 11 日。

是採取這種凡是「舊」就革命的態度？因此，張軍我在〈致張我軍一郎書〉〔註73〕中說：「漢學垂危，賴以復安者，無非老前輩之支持，如此功勳，豈容謾罵。」亦屬於以古典詩文捍衛民族文化命脈之傳統文人的心聲，這是張我軍在臺灣發動舊文學革命的第一個有待商榷之處。

張我軍並非是臺灣提倡白話文的第一人，早在1920年《臺灣青年》發刊時，白話文寫作的提議已藉由雜誌傳播的力量，漸漸在知識份子中得到肯認，然而，向傳統文學發難的第一人正是張我軍。張我軍在談〈詩體的解放〉時，斷章取義的引了章太炎談古詩源流的幾點主張以批評臺灣舊詩，顯然是受到胡適的白話文學史觀的影響。但，張我軍的主張似是有著曖昧不清之處，這曖昧的形成不僅是他有古典文學的背景，但仍「全面地」痛徹批判臺灣舊詩壇，且亦在於他提出白話文改革論後，又欲臺灣語言的改造能接軌上中國國語，使臺灣文學成為中國文學的一支〔註74〕。因此，可以比對出二點可能：

一，張我軍的舊文學革命論，反映出一個留學中國的青年，將承襲自中國五四新文學的薰息，憑著滿腔改造與革命臺灣文學的熱血，以擊缽吟詩為主要對象，對傳統詩壇擲出革新的炸彈，而未加細分「古典文學」與他批判中的「舊文學」，之間意義與形式的差距；

二，從《臺灣青年》乃至《臺灣民報》提議「平易漢文」時，雖以中國官方的白話文為準則，但力求普及易懂、啟蒙民智喚醒民族自覺而已，未嘗談論要將臺灣話併入中國國語的一支，以中國白話文改造臺灣話、臺灣話的文學。而張我軍提議的白話文改革，與此種「平易漢文」頗有出入，他要「依傍中國的國語來改造臺灣的土語」，「把臺灣人的話統一於中國話」，這樣的主張是跟隨著胡適談國語與新文學建設論而來，似是欲以白話文維持民族命

〔註73〕張軍我：〈致張我軍一郎書〉，刊載於《台南新報》，1925年2月。
〔註74〕在〈新文學運動的意義〉中，張我軍試圖以胡適的白話文學建設論來評估台灣語言改造、建設台灣話的文學的可能，他的看法是：「我們日常所用的話，十分差不多占九分沒有相當的文字。那是因為我們的話是土話，是沒有文字的下級話，是大多數佔了不合理的話啦。所以沒有文學的價值，已是無可疑的了。所以我們的新文學運動有帶著改造台灣言語的使命。我們欲把我們的土話改成合乎文字的合理的語言。我們欲依傍中國的國語來改造台灣的土語。換句話說，我們欲把台灣人的話統一於中國語，再換句話說，是用我們現在所用的話改成與中國語合致的。」見張我軍：〈新文學運動的意義〉，刊載於《台灣民報》第六十七號，1925年8月26日。

脈，然細察其欲將臺灣話與中國國語合流的言論，令人不得不注意到其中過於理想、不切實際之處。〔註75〕

　　張我軍文學革命論的不合理之處，正可見其形式思維的傾向：欲以現代取代傳統，以新取代舊，以中國意識取代臺灣日漸被異民族剝蝕的民族認同。張我軍的新、舊文學學習背景，以及他極端的新文學主張，都可反映出此種思維傾向，在《亂都之戀》中，則更是結合了對愛情的嚮往，使得京華／Ｔ島的對立，在愛情至上的神話機制下，多了一層追求精神解放與自由的意義。

二、愛情至上的神話

　　張我軍對臺灣文壇的最大貢獻，除了激盪起臺灣文壇新文學革命的強烈企圖與動力，就是以臺灣第一本白話新詩詩集〔註76〕，震撼當時努力以漢語寫作的文學青年。張我軍的好友洪炎秋曾回憶道：「《亂都之戀》一出，臺灣詩界纔知道除了文言的舊體詩以外，還有白話的新體詩，於是慢慢也有起而仿效的。」〔註77〕《亂都之戀》對當時文壇的影響力仍是有待更細緻的研究來評估的，但張我軍在《亂都之戀》中表達得淋漓盡致的戀愛自由與婚姻自

〔註75〕呂興昌就曾對張我軍的文學評論做出評價：「從他文學論爭的思辯方向來看，他基本上是中國五四白話運動的翻版，殊少考慮台灣的特殊情況，以致有輕侮台語的言論出現」如前所提，二○年代的台灣因日本有計畫的削減漢文教育的政策，正面臨著漢文滅絕的危機，當此之時，一般的台灣民眾能識得漢字已屬不易，傳統文學的維持在日本強勢地推動國民教育之下，已產生世代斷層的現象，因此平易漢文的主張一來是因應世界潮流，二來也是能讀懂艱深漢文的人已是少數的少數，所以，抨擊擊缽吟詩人的墮落，與全面地對古典詩人的抨擊，應是該視台灣特殊情況而分的二回事，不應一概而論。引文見呂興昌：〈張我軍新詩的再探討〉，收錄於《漂泊與鄉土——張我軍逝世四十週年紀念文集》（台北市：行政院文化建設委員會），1996 年 5 月，頁 116。

〔註76〕根據蘇世昌的考察，《亂都之戀》於 1925 年在台北自費出版，1928 年前曾由大陸新文化出版社再版，1987 年時適逢遼寧大學籌劃出版《現代台灣文學史》的參考資料叢書，於是《亂都之戀》就做為叢書的第一本翻印出版。除原書中的 55 首新詩外，另將張我軍的〈弱者的悲鳴〉和〈孫中山先生弔詞〉兩首新詩作為附錄編入，共收 57 首，是目前發現的張我軍的全部新詩，其中寫作年代集中在 1924-1925 年間。參見蘇世昌：《追尋與回憶：張我軍及其作品研究》中第五章〈創作實踐部份〉，中興大學中國文學系碩士論文，1998 年 6 月。

〔註77〕洪炎秋：〈懷才不遇的張我軍兄〉，收錄於張光直編：《張我軍詩文集》（台北市：純文學出版），1989 年 9 月，頁 28。

主的主張與決心，透過新詩對後出的白話文情詩有強烈的示範作用，屬於戀愛層次的、對人格精神自由自主的形式思考，可說是由《亂都之戀》開這類詩形式之先河。

《亂都之戀》是一本自傳性質濃厚的詩集，裡頭每一首情詩的寫作都和張我軍的夫人羅文淑（後改名為羅心鄉）女士有關〔註78〕，紀錄著從 1924 年與羅女士相識後，到 1925 年 9 月與羅女士共結連理，此中將近二年的相思與愛慕之情。因此，《亂都之戀》等於是張我軍的情史與情詩專輯，「亂都」指的自然是北京，張我軍在北京期間，時值直奉戰爭，北京情勢緊張人心惶惶，但觀此時寫作的〈無情的雨〉、〈煩悶〉二首，竟令人絲毫無法覺察亂都之亂，可見詩人心神所繫都在戀人身上。即便是〈亂都之戀〉中有出現「亂鬨鬨的北京」〔註79〕一句，但詩人亦不以亂為意，他在乎的是他正孤伶伶的提著行李搭上南下的火車，要與尚在亂都的戀人分離。因此「亂都」與其說是標誌那個特定時空的北京情勢，不如說是作為一種反向張力的陪襯，使得這段戀曲充滿動亂的大時代下彌足珍貴的真情的意味。而這個「亂」同時也是說明了詩人身在北京時，處於前途未卜、愛情路崎嶇，心境煩亂不能平的情狀。張我軍的〈無情的雨〉、〈煩悶〉，就是二首心亂的詩。

〈無情的雨〉題下包含十首在時序上相接和的小詩，從約會當天清晨天未亮時，一直到晚上臨近赴約時分，詩人的心緒一直隨著整天時斷時續的雨、

〔註78〕 張我軍最先發表的二首新詩〈沈寂〉、〈對月狂歌〉就是記述著對羅女士的愛意之情，根據羅心鄉女士的回憶，〈沈寂〉是當時張我軍連同一張照片不作聲地塞進她的衣袋裡，用意在於期盼羅女士哪一天開箱找衣服時才會發現這首詩。兩人相識後，因為女方家庭守舊家教亦甚嚴，不許女兒同和男同學來往，所以張我軍只能用「娥君」的化名和羅女士通信，偶爾約在公園碰頭，也是先佯裝互不相識，帶走到人跡較疏的地方才趕開始交談。計〈沈寂〉、〈對月狂歌〉、〈無情的雨〉、〈煩悶〉79 等是此時期的作品。1924 年 10 月，張我軍因未能考取北京大學，且北京情勢混亂在當地謀職亦不容易，他只得暫時揮別北京的戀人先行返台，〈前途〉、〈危難的前途〉、〈亂都之戀〉、〈哥德又來勾引我苦惱〉等，即是張我軍對愛人兩地相思的苦悶之作。1925 年 5 月張我軍接獲洪炎秋電報，告知羅文淑女士可能即將被安排婚嫁，於是立即趕往北京，隨後便偕羅女士私奔返台，於 9 月在台北舉行婚禮。1925 年 12 月 14 日，發表《亂都之戀》序詩，同月 28 日《亂都之戀》出版，象徵一段戀情的完滿結局，也向世人宣告自由戀愛的美好與至高無上的價值。參考見羅心鄉：〈憶亂都之戀〉，收錄於張光直編：《張我軍詩文集》（台北市：純文學出版），1989 年 9 月，頁 209。

〔註79〕 張我軍：〈亂都之戀〉，刊載於《人人》第二號，1925 年 12 月 31 日。

忽聚忽散的雲，而起起落落、時喜時悲。

　　黑的雲，灰色的雲，

　　叫做一團團，

　　只在這近處亂滾，

　　我的不安的心兒也跟著

　　在侷促的心房裡

　　流來！流去！〔註80〕

這是〈無情的雨〉題下第六首小詩，詩人擔憂的雨雖然暫時停歇，但是積雲非但不願散去，反而凝聚成一團團的烏雲，又是一場大雨蓄勢待發。這第六首小詩，同第五首「可是懶洋洋的雲／老不肯飛去／哦！原來不是不飛去呵／四面望到天盡處／倒是沒有容它的空地」〔註81〕，居十首小詩的中間，是起承轉合中「承」與「轉」的樞紐點，這個詩結構的核心位置竟是兩首心境隨雲流轉、忐忑不安的小詩，可謂將戀愛中的青年人在期待中焦躁、隨時可能躍上天堂，亦可能下一步就墜入失望深淵的大落差心境，勾勒得十分生動。

　　〈煩悶〉題下有四首連續的小詩，這是〈亂都之戀〉中結構精簡、意象較爲細緻的一篇。在〈煩悶〉中，詩人所煩悶者一爲思鄉另一則爲思戀人，在前二首中，詩人敘述著「每到黃昏時／我的心兒就狂跳、凄酸」，最初他將心亂歸因於在於屋後的老樹，因爲它浸在憂鬱的斜陽中，是顯得如此寂寞而無氣力，但隨後詩人又細自思量，其實原因不在於老樹：

　　我站在老樹背後，

　　沈思復嘆息！默默地，

　　偷聽牠帶來底消息：

　　他說我故鄉底風景如故，

　　只多著一個年老的母親，

　　日日在思兒心切，

　　一會兒太陽沈下去了，

　　牠也把憂愁抑鬱的金黃臉收起，

〔註80〕 張我軍：〈無情的雨〉，刊載於《台灣民報》第二卷第十三號，1924 年 4 月 21 日。又，原詩後註明「1924 年 6 月 16 日於北京」。

〔註81〕 同上註。

　　　　我也無從再探消息！〔註82〕

斜陽老樹，引得詩人長佇的原因，其實是思鄉、思念家中的母親。而後二首，
時空來到月明的夜晚，詩人仍然覺得煩悶，他最初怪罪於「在屋角探首的月
姐」，「現著她怪無聊而冷淡的臉色」，而使得詩人覺得人生孤寂而無力，但接
下來詩人其實也明白了他把月姐看做冷淡無聊的原因：

　　　　我在紙窗下斜仰著首，

　　　　沈思復嘆息！默默地，

　　　　偷聽了伊帶來的消息：

　　　　伊說我的愛人依舊

　　　　被一個牢圍把伊牢住

　　　　故不能和我長談密語，

　　　　一會兒烏雲密佈

　　　　月姐也藏起她怪無聊而冷淡的臉色，

　　　　我也無從再探消息。〔註83〕

月明人靜，原該是情人們幽會的大好時光，但是詩人的愛人因故不能赴約，
於是再美好的月夜也是枉然，詩人的心情就像被烏雲遮住的月一般，鬱鬱寡
歡。前後四首小詩綜合起來看，會發現黃昏／月明；老樹／月姐；思故鄉／
念情人，形成了兩股拉拒的力量，使得詩人不得不覺得煩悶，在這裡「在京
華中的Ｔ島青年」的情境又再次出現，有意思的是，不論詩人是不是有意識
的，但是「斜陽、老樹、思故鄉」與「月夜、月姐、念情人」，的確令閱讀
的人產生Ｔ島／京華相抗又交錯的複雜感。尤其老樹浸在斜陽中而憂鬱，正
與臺灣遭日本統治的悲哀心境相吻合，詩人見斜陽老樹觸景傷情，而逕自
思念起故鄉和母親；月夜象徵陰柔而能救贖詩人悲傷的女性，但詩人的情人
不至，那份陰柔與救贖宣告缺席，於是明月就成了無聊且冷淡的月姐，而使
得詩人備加思念溫柔的情人。如果延續呂興昌的「聊備一說」，在繼〈沈寂〉
之後，〈煩悶〉亦是一首臺灣與中國在詩人心靈中拉扯而產生矛盾的詩，在
「母親／臺灣」與「戀人／中國」中遲疑與難以抉擇，正是詩人「煩悶」的
主因。

　　張我軍在寫作《亂都之戀》時，憑藉的就是熱戀中多感善感的情緒與思

〔註82〕張我軍：〈煩悶〉，刊載於《台灣民報》第三卷第七號，1925年3月1日。
〔註83〕同上註。

考，以中國白話文的語言結構，生成詩的形式。它們不具有社會層面的形式思維，它們的思考都是關注於本身的幸福或不幸而發的，惟張我軍的臺灣背景與當時正置身中國北京的處境，使得詩人身體／主體不斷與彼處臺灣和此處中國作交織的對話，這種在內心情感拉扯的情狀，往往形成一種「隱喻」，潛伏在這些善感又滿溢著五四文藝氣息的情詩中。但是，當1925年底這些詩以《亂都之戀》之名集結出版時，張我軍於出版前夕發表的一篇序詩，卻使得這一系列原本只是關注於思考己身的幸福與不幸的情詩，忽地成為替至高無上的道德──愛情背書的作品，成為提升苦悶人生、以血淚爭取愛情婚姻自由的戰鬥思考：

> 人生無聊極了！苦悶極了！
> 僅僅能夠解脫這無聊，安慰這苦悶的，
> 只有熱烈的戀愛罷了。
> 實在，沒有戀愛的人生，
> 是何等地無聊而苦悶呵！
> 然而，戀愛既不是遊戲，也不是娛樂，
> 真正的戀愛，是要以淚和血為代價的呀。
> 我曾經過了熱烈的戀愛生活，
> 而且為了這傾了無數的血和淚。
> 這小小的本子裡的斷章，
> 就是我所留下的血和淚的痕跡。
> 我欲把我這些淚痕和血跡，
> 獻給滿天下有熱烈的人間性的青年男女們！〔註84〕

張我軍在這裡視戀愛為苦悶人生的救贖，若依據前述「煩悶」是來自於臺灣／中國的拉扯，而在這矛盾拉拒中、前途未卜命運未知的不安中，唯有愛情才是掙脫「煩悶」的萬靈藥，且這萬靈藥是得付出血與淚為代價去追求的真摯與熱烈，這就不難理解愛情主題與思考在日治時期新詩中佔據偌大比例的原因。在碰壁的、殘酷的現實環境中，臺灣青年若能求的一點真正的自由與自主，無非愛情的追求莫屬。而這種愛情至上、真情無價、精神自由的歌詠，也呼應了張我軍在〈至上最高道德──戀愛〉一文中的言論〔註85〕，由是《亂

〔註84〕張我軍：〈亂都之亂戀序詩〉，刊載於《台灣民報》1925年12月。
〔註85〕張我軍：〈至上最高道德──戀愛〉，刊載於《台灣民報》第七十五號，1925

都之戀》的系列情詩不再是無任何企圖、無社會性思考的形式，它們化身為一種勇於向困陌挑戰、以身體躬親實踐的突破困局的血淚經驗。至此，《亂都之戀》成為臺灣新詩壇一種神話的類型——即使只是獨善其身的，但，愛情可以攻克一切困陌，救贖困頓的文學心靈於自由的失樂園之中。

《亂都之戀》的愛情萬歲主張源自中國五四運動。以中國五四文學的角度來看，《亂都之戀》僅是其中高唱戀愛無價、婚姻自主的一支；但是，對當時的臺灣而言，《亂都之戀》的愛情至上主義顯得十分具有企圖心與積極性，它不僅以自由戀愛激發青年的精神覺醒，並且以新中國的文化、文學作為隱藏在自由戀愛符號後的意指作用。因此《亂都之戀》的愛情至上神話，不僅隱含了愛情的救贖論，亦包藏了作者欲認同中國民族與文化的民族主義情結。這也呼應了詩集的一開頭，〈沈寂〉中「京華／T島」的糾結與困思。《亂都之戀》中愛情至上論的形式，終究不是單純的指出一條通往精神自由、自主的救贖之路，它承載著作者的民族意識與政治立場，而成為殖民地臺灣的另一種現代性的神話。

張我軍的新詩作品集中在 1924 至 1925 年之中，《亂都之戀》集結出版後，張我軍便在中國北京定居，直至戰後 1946 年才又返回臺灣居住。這期間張我軍寫作小說、散文、評論，精力與閒暇幾乎為翻譯日文作品所佔據，新詩的寫作竟就此停擺，留給日治時期臺灣新詩史的就是一冊在二年中寫就的《亂都之戀》。許多學者的研究意見都指出，張我軍的新詩除卻〈弱者的悲鳴〉一首，皆過渡遠離現實與苦難的時代經驗，如同其在臺灣搖旗吶喊的中國白話文提議論，熱烈與膽識有餘、但維持力不足，也過於遠離臺灣現實而流於理想。然而，誠如張深切所言，張我軍雖不是臺灣新文學的首創人，亦不是白話文運動的發起者，但他是「最有力的開拓者」、「領導者」之一，因此「他在臺灣文學史上應該佔有一個很重要的地位」〔註 86〕。如同張我軍在亂都之戀序詩中所倡言的以血淚反抗傳統、追求至高無上的愛情，他對於臺灣新文學的貢獻，在於勇於揭起「新」的標竿，徹底向「舊」示威與決裂，揚起了臺灣新文學第一支「新」意明確的旗幟。

年 7 月 26 日。

〔註 86〕 張深切：〈弔張我軍〉，收錄於張深切：《我與我的思想》（台中市：中央書局出版），1965 年 7 月，頁 209。

第四節　賴和新詩中的形式思維

　　賴和在臺灣新文學運動中素有「新文學之父」的美稱，這樣的封號不唯是讚譽賴和在文化運動上的積極參與走在新文學運動的前端、從古典漢文學到中國白話文到臺灣話文孜孜不倦的創作，同時也說明了一個事實：賴和一生的創作活動與新文學的脈動息息相關，從早先的響應新文學改革，開始使用中國白話文學寫作，至三○年代後本於「走向民間」的立場，開始實驗用臺灣話文寫作，甚至最終轉到竹枝詞與田園歌謠的創作，賴和的創作軌跡本身就是日治時期臺灣新文學運動中漢語作家的指標。

　　在新文學的創作上，賴和的寫作主力放在小說文類上，由林瑞明先生整理的《賴和全集》來看，新詩的創作量亦不在少數，但泰半未曾發表；故關於賴和的小說成就的討論文章往往也比新詩來的多。賴和的新詩同小說一般，有著強烈的抗議精神，但賴和的新詩呈現了較多的作者的心理層次與其反覆索思的哲理，這其中也與賴和本身的政治立場、文學理念等因素息息相關。另一方面，賴和整體的詩的創作歷程──即由古典漢詩到白話新詩復又回到漢詩、竹枝詞的創作──亦是與新文學運動的語言、精神主張等有著密切的關係，以下便就賴和的文學觀點與主張，以及新詩的形式作進一步的討論。

一、「主權尚在我，揮灑可無忌」：談賴和的文學觀點

> 國風雅頌篇，大率皆言志。所貴在天眞，詞華乃其次。嘲笑及萬物，刻畫半遊戲。未用嘔心肝，不妨閒擤鼻。有時還自來，求知轉不易。無病作呻吟，易滋旁人議。頌揚非本心，轉爲斯文累。破夾乾坤中，閒情堪託寄。鞭策牛馬身，此即自由地。多少嘆息聲，幾許傷心淚。主權尚在我，揮灑可無忌。門戶勿傍人，各須立一幟。梅花天地心，鳴鳳人間瑞。思想之結晶，文字爲精粹。〔註87〕

這篇〈論詩〉可謂是賴和一生文學觀點與基本態度的集成，無論是在新文學還是古典文學的領域，本著「天眞」與「本心」，不畏殖民者統治的「主權尚在我，揮灑可無忌」的慷慨氣概，都可以在賴和的文學主張與創作的詩文中瞧見端倪。當張我軍以中國五四運動爲範本，對臺灣文壇投擲下新文學革命

〔註87〕賴和：〈論詩〉，收錄於林瑞明編：《賴和漢詩初編》（彰化縣：彰化縣立文化中心），頁3。

的炸彈時，他所主張的語言、中國民族認同與五四文藝風潮，確實影響了當時有志於以漢語寫作抵抗日本文化侵略的臺灣作家。這股強大的新文學改革訴求，與現代性的渴望和民族自覺的刻不容緩相結合，形成了二〇年代大部分文學作品的語言與形式：以中國白話文寫作，一方面極力批判殖民者的霸權與臺灣傳統社會的封建與謬誤，一方面又欲文學作品能大眾化、普及化，以收教育民族、啓蒙大眾之功效。賴和正是這股新文學改革運動的先驅者，他放下深厚的古典文學基礎，重拾語言、文法與結構等文學的功課，在中國白話文的領域中摸索、練習。賴和對新文學的參與不僅是創作上的實踐，它是一種與賴和意識中根深蒂固的「本土主義」〔註 88〕相應和的文學行動，因此他雖然在語言和形式上具有階段性的不斷修正的痕跡，但就賴和的「本土主義」而言，他一生的文學活動一以貫之的以關注臺灣主體爲脈絡，並和時政、臺灣的文學生態緊密相扣。

賴和對於「舊」文學的轇伐，側重點主要是在時代性與普及性上。在〈謹復某老先生〉中，他談到一時代有一時代之生活方式與精神文化，因之文學藝術也會與時俱遷，新的時代應該要有新的文學：

> 既明白到現社會，可用新形式描寫且又發見著，新形式中，有舊文學的美點，小子拜服！……若能把精神改造，雖用舊形式描寫，使得十分表現作者心理，亦所最歡迎……〔註89〕

因此，賴和反對的舊文學是在「精神」上與現代社會脫節的逃避心態，並非是全然否定舊文學的形式，又言：

> 舊文學的工具……其對象在士的階級——所謂讀書人——不屑與民眾——文盲——發生關係，所以只能簡潔，亦自不妨簡潔典重。新文學的工具雖尚未完備，比較多些一點，且以民眾爲對象，不能不

〔註88〕 「本土主義」（Nativism）一詞與殖民研究的「文化復興主義」（cultural revivalism）相通，意指被殖民地區的作家以其民族的歷史、傳統或神話等等，重建遭殖民者破壞的文化，簡言之，是一種尋根、尋源的渴望與行動。陳建忠將日治時期的台灣話文運動與民間文學的採集整理，視爲是台灣作家「本土主義」思想的表現。就賴和的民間文學主張、響應台灣話文寫作，以及參與民間歌謠的創作等等，都是本土主義的展現。而另一方面，由於本土主義是以重建、尋根，對抗殖民者造成的遺忘、抹滅，因此，它本身也具有抵抗的意識。以上參考自陳建忠：《書寫台灣·台灣書寫：賴和的文學與思想研究》，清華大學中文系博士論文，2001 年 1 月。

〔註89〕 賴和：〈謹復某老先生〉，《賴和全集·雜卷》（台北市：前衛），頁 94。

詳細明白。自然在舊文學者眼中，就覺其冗長了。〔註90〕

是以新文學的白話文工具雖然冗長，但冗長是爲了更精確、更周詳的敘述，因此它的閱讀者是廣大的民眾，而非限於讀書人階層。這點「普及性」便較舊文學來得合乎時代性、適於當時臺灣新文學運動的批判精神與啓蒙訴求等「文學使命」〔註91〕。因此，賴和的文學價值觀其文學形式之新舊、藝術性的優劣尚在於其次，主要還是要求文學作品能不能說「眞話」，能不能與社會、群眾、生活發生互動關係。因爲要求文學作品要說眞話，要「從認識自我」作爲發聲的出發點，所以賴和的作品中的批判與抗議多是發自反覆的心理交戰與內自省思，呈現了深刻的人道關懷與哲理的深度。

二、臺灣話文的實踐

臺灣的傳統文學雖是與中國相承，但士人所寫作的詩文字字皆可用臺灣話誦讀，亦或是以臺語發音的漢文去進行構思；古典詩歌雖然在韻文的形式上與大眾階層脫節，但它的語言基本上並不與臺灣話相違背。當中國白話文寫作的提議出現在臺灣文壇，並且受到漢語作家的熱烈擁戴時，其實這些多半以漢學起家的臺灣作家們，面臨的也是一次「跨語言」的困擾。新式的中國白話文文學，在表現形式上是來自世界文學與日本文學的啓發，這一點上與臺灣新文學的情形相同，臺灣作家對新式白話文學的表現形式上的接受並無太大的矛盾之處，但中國白話文學本身的語言，在當時中日政權兩立與文化隔閡的情況下，對臺灣作家而言，不啻是需要以大量閱讀和想像去克服的「外來語言」。因此，當鄉土文學論戰引發漢語作家對臺灣話文的重新思考時，它不僅是由臺灣文學主體出發的思考，亦是作家們對文學意識與語言實踐之間的落差的重新考量。

所以，在賴和的文學主張中，臺灣話文的使用與實驗是一項十分有意義的轉變。這代表了賴和嘗試在文學語言上與他的本土意識相結合，從而更進一步的實踐文學走向民間去的理想。目前已知的文獻中雖未見賴和明顯的臺

〔註90〕 賴和：〈讀台日紙的『新舊文學之比較』〉，《賴和全集‧雜卷》（台北市：前衛）。

〔註91〕 「描寫的優劣，在乎個人的藝術手腕，不因新舊的關係，若同一成熟完美的作品，我敢斷定新的，較有活氣、較有普遍性、較易感人、較易克完，文學的使命。」賴和：〈讀台日紙的『新舊文學之比較』〉，《賴和全集‧雜卷》（台北市：前衛）。

灣話文主張，但由《南音》上一則〈臺灣話文的新字問題〉中，賴和提出新字的創造需在「既成文字裡尋不出『音』、『意』兩可通用的時，不得已才創來用」〔註92〕，以求普遍且易於辨識的說法來看，賴和對於臺灣話文的問題亦是下了功夫在研究。而他在小說、新詩創作作中，逐漸嘗試加入臺灣話文，並且寫作了五首臺灣話文的歌謠，以實際的創作行動實踐臺灣話文的主張，這也說明了賴和在響應白話文寫作之後，有逐漸傾向於以臺灣話文寫作的趨勢。然而，在〈臺灣話文的新字問題〉短文刊於《南音》之後，賴和將近一年十個月的時間未有新作品發表，這之於他早先無間斷的創作發表，不是個尋常的現象。

　　1935 年至 1936 年間，賴和發表〈一個同志的批信〉、〈赴了春宴回來〉後，便停止了新文學的創作，專事漢詩和竹枝詞的寫作。林瑞明曾提到此一現象與賴和對臺灣話文的運用困難有關：

> 臺灣的語言，無法充分以漢字來表達，由是牽涉到創造新字的問
> 題……賴和應用臺灣話文寫作，因無法使形式與內容充分契合，自
> 覺嘗試失敗，而終止新文學的創作，反映出意識與實踐的差距對他
> 而言是巨大困擾。〔註93〕

這裡再度顯示出日治時期的語言紛亂，之於臺灣作家的創作一直是難以跨越的藩籬。〈一個同志的批信〉全文以臺灣話文寫成，在當時曾被批評為晦澀難懂，但這篇小說如今看來，在外在形式、語言、內容上都充滿了可貴的實驗性，而全文的敘事以主角的獨白和心理的掙扎矛盾為主，更呈現出臺灣話文的使用與主角的密切關係：因為主角是臺灣人，因此他用以進行意識思索的、生活中用以進行對話的語言必然也是臺灣話最為貼切自然。〈一個同志的批信〉獲得的成就是將語言與人物身份、小說的獨白式結構作了初步的結合，這在臺灣話文的寫作史上是彌足珍貴的一個開端。但〈一個同志的批信〉中語言的困窘，的確也造成了行文上的障礙，雖然在語言上實踐了「本土」與「普及化」的理念，但語言與文學表達形式的難以契合，造成小說本身的「不好懂」卻也是難以克服一大挫折。

　　1936 年 6 月和 7 月之間，賴和在《臺灣新文學》上分別發表了〈田園雜

〔註92〕 賴和：〈台灣話文的新字問題〉，刊載於《南音》第一卷第三號，1932 年 2 月
　　　　 1 日。

〔註93〕 林瑞明：《台灣文學與時代精神——賴和研究論集》（台北市：允晨），1994
　　　　 年 12 月，頁 346。

詩〉與〈新竹枝歌〉，其中批判的力道仍舊鋒利，對於農民無地可耕的悲苦向官方發出帶諷刺性的抗議。而〈新竹枝歌〉中「可憐異代春秋筆，此世無由再獲麟」一句，更是直陳作者雖有「孔子作《春秋》而亂臣賊子懼」的氣慨，但被殖民統治下的言論不能自由，使得作家往往動輒得咎累及性命安全。由此可知，賴和停止新文學的創作，並非是戰鬥力消沈的緣故，而有可能是語言上的瓶頸無法突破所導致。

三、從人道主義出發的形式思維

　　在林瑞明編訂的《賴和全集》中，新詩卷共收六十首作品，但其中包括有歌謠的創作或翻譯十首〔註 94〕，故賴和今日可見的新詩應在五十首左右，其中發表過的只有十三首〔註 95〕。泰半為寫在練習稿紙上收藏於書房中的作品。由於結構與文字表達上，嚴格來說並不十分完整，這些應該都是賴和用以琢磨新詩寫作的練習作品。這些練習作的數量多於發表篇數的三倍，可以想見賴和對於寫作的認真不懈。相較於古典詩和小說，新詩並不是賴和的創作主力，但賴和的新詩在「形式的開創、語言的鍛鍊、意象的經營」〔註 96〕上，有著不同於其他文類創作的形式思維，因而有其無可取代的地位。

　　賴和的〈祝南社十五週年〉〔註 97〕雖未正式發表，但考察其創作年代，應為目前可發現的日治時期新詩作品中最早的一首，這首詩是為南社週年祝賀而作，以新詩的形式、白話文的語言為詩社寫賀詩，可推測賴和有意在文友中推行白話文新詩的創作方式。〈祝南社十五週年〉在分行、空格標點符號的運用上稍嫌混亂，而詩的結構與內容也在詩與散文間擺盪不定，反映出賴

〔註 94〕　〈寂寞的人生〉、〈七星墜地歌〉、〈相思〉、〈相思歌〉、〈月光〉、〈呆囝仔〉、〈新樂府〉、〈農民謠〉、〈農民嘆〉、〈譯番歌二曲〉等十首，其中〈相思〉、〈相思歌〉、〈月光〉、〈呆囝仔〉曾經發表過。

〔註 95〕　分別為〈祝南社十五週年〉、〈藝者〉、〈覺悟下的犧牲〉、〈秋曉的公園〉、〈流離曲〉、〈生與死〉、〈滅亡〉、〈南國哀歌〉、〈思兒〉、〈低氣壓的山頂〉、〈是時候了〉、〈月光下的旗幟〉十二首，另有〈溪水漲〉一首，為賴和過世後發表。

〔註 96〕　陳建忠在研究中曾注意到：「生／死，強／弱，尊嚴／侮辱，殖民／被殖民，這幾乎是賴和新詩中不斷出現的對比意象，這種意象的呈現，一方面是殖民地現實給予作者的物質基礎，另一方面又是作者思想與美學的展現。」陳建忠：《書寫台灣‧台灣書寫：賴和的文學與思想研究》，清華大學中文系博士論文，2001 年 1 月，頁 214。陳建忠：《書寫台灣‧台灣書寫：賴和的文學與思想研究》，清華大學中文系博士論文，2001 年 1 月，頁 211。

〔註 97〕　林瑞明先生依據台灣南社活動年表判斷此首詩應作於 1922 年。

和從古典詩轉到新詩寫作時,遭遇到的外在形式與語言表達的問題——即新詩之於古典詩相對的用字較多,以及新詩在「繁」中尚需藉由文字與思想的鍛鍊,再度形成詩的簡約精鍊之美等等。但這首詩作於 1922 年的詩,在詩的表達形式上仍具有開創的意義,同時它也標舉了作詩的應有態度。

> 問精神的發露就在——詩——
>
> 我希望大家實地裡作詩人,生活去使這無用的有用,叫他不知者共
>
> 知。
>
> 為我們作詩的吐些兒氣,
>
> 那始不負我們
>
> 用盡心力來作詩。〔註98〕

雖然詩「寒不會禦寒,飢不會療飢」,但詩人因天生的敏感情緒,使得他們「作苦來過日子」也要寫詩,因此詩可謂是詩人「精神的發露」所在,故賴和期勉詩人不作無用之詩,並且更要使詩之無用變成有用,讓不懂詩的都知道詩的有用,而詩的無用變成有用的關鍵就在於詩人不止在紙上作詩人,在實地生活中也要作詩人,言下之意,是欲詩人們將在紙上吞吐的氣慨豪雲,也用到實際的現狀改革的推動上,並且進一步將現實的生活納入詩中,讓詩與生活兩相印證,不至於脫節而「無用」。

由此可知,賴和對於新詩的創作,一開始就有著以詩和詩人本質去創造、革新生活的使命感。在〈歡迎蔡陳王三先生筵間〉、〈送虛谷君之大陸〉、〈代諸同志贈林呈祿先生〉等詩中,更是可以看到賴和不遺餘力的呼籲有志之士團結起來,在世界的自由、人權新潮流中,為臺灣博得一席之地。在日治時期新詩中,這類慷慨激昂的詩作不在少數,賴和的作品呈現的特殊性在於不流於意識型態或口號式的吶喊,對於被殖民社會下勞苦大眾的不幸,他所發出的義憤每每是透過感同身受的體悟,與深切的人道立場的同情。而賴和的人道主義與新時代詩人的使命感,在他幾首未發表的長詩中,如〈寂寞的人生〉、〈生活〉、〈現代生活的片影〉〔註 99〕,可以見其幾乎無時不刻與他的生活和思想相聯繫。

以〈現代生活的片影〉為例,這首詩共分九段,前四段主要是記錄作者

〔註99〕 賴和:〈祝南社十五週年〉,此詩未曾正式發表,收錄於林瑞明編:《賴和全集·新詩卷》(台北市:前衛),2000 年 6 月,頁3。

〔註99〕 〈生活〉與〈現代生活的片影〉二首,在結構與內容上雷同處甚多,應是賴和根據〈生活〉一詩,重新修改潤飾為〈現代生活的片影〉。

對日常生活中盲目的忙碌的不耐與感慨，「只是一天天反覆著那飲食睡眠，／像這樣生活，我是沒有留戀，／耐此生命的巨力，／不容人有意來拒絕。」〔註100〕在這樣對生活與生命的無奈中，第三段作者兀自反思著：「在無聊的中間，／我每想到了我自己，／問所爲的是什麼事，／對世間寧無辜負？」〔註101〕，因爲有這樣的反省意識，作者便將滿懷的抑鬱與對世間勞苦的農工們的同情、與對霸權者不勞而獲的物質幸福的憤慨結合了起來，故作者的抑鬱不再只是小我的書空咄咄，它拓展成對社會的關懷與不公義的批判。詩的最後作者嘆道：「怎奈日輪的運行，／不爲我少緩一步，／賜我無須工作的片刻，／得從事於生存外的勞力。」原來作者對生活忙碌的不耐，在於無暇「從事生存外的勞力」〔註102〕，不能爲社會大我作貢獻，只能保障小我的生活無虞。〈寂寞的人生〉一詩，也有著類似的風格，在喟嘆人生寂寥、知己半零落之餘，最後仍念念不忘的還是掛於心中的「民眾事業」：「慨然幾次思憤起／跑向民眾中間去／經過幾次的籌劃／總鼓不起這勇氣／空立在十字街頭／向著行人們注視」〔註103〕，賴和的新詩與其人格和一生的民眾志業緊密結合，在形式思維上展現了人溺己溺的人道主義胸懷，以及先天下之憂而憂的使命感，就這方面來說，賴和的新詩同其古典詩一樣，頗有承繼古典詩之「詩言志」的精神氣象。

　　新詩在賴和整體的創作中並非是最重要的部分，但從新詩觀察賴和的形式思維，以及其形式所主導的新詩寫作，仍然有它特殊之處。賴和的本土主義與「詩言志」的文學使命，使得他的新詩在語言上展現了語言實驗的過程，在表達形式上則展現了欲以詩見證歷史的敘事長詩。陳虛谷曾說：「賴和生於唐朝則可留名唐詩選；生於現代中國則可媲美魯迅。」〔註104〕這句話言簡意賅的總評了賴和在古典詩、新文學中的成就與地位，從古典到現代，從小說到詩文類寫作，賴和不唯在本土精神上爲臺灣新文學豎立指標，同時也在文類與不同語言結構的寫作跨越上成就了可貴的示範。

〔註100〕賴和：〈現代生活的片影〉，收錄於林瑞明編：《賴和全集・新詩卷》（台北市：前衛），2000 年 6 月，頁 44-49。

〔註101〕同上註。

〔註102〕同註 101。

〔註103〕賴和：〈寂寞的人生〉（台北市：前衛出版），2000 年，頁 14。

〔註104〕見林瑞明：〈吟詩吟就且心寬──《賴和漢詩初編》序〉，《賴和漢詩初編》（彰化市：彰縣文化），1994 年。

第四章　日本語新詩之形式探討

前言：關於「日本語文學」

　　李郁蕙在《日本語文學與臺灣》一書中，開宗明義就談「日本語文學」這一詞的問題：它究竟是負向遺產還是臺灣文學欲建立主體之時不可迴避的「經典」（classic）？「日本語文學」是由日語直譯而來的詞彙，它指的是「日本統治下特別是一九三七年中日戰爭爆發前後、第二次世界大戰期間、戰後以及現代」〔註1〕，曾被日本殖民統治過的地區中、非日本本國作家以日語所創作的文學。「日本語文學」〔註2〕一詞在學界中雖已廣為沿用，但由於日本文學／日本語文學這樣相近卻不全然相似的弔詭，使得「日本語文學」在它被定名之初就意味著一種邊緣化性格。即使殖民地的作家曾經都是日本國籍，他們的日語寫作仍然不被歸為日本文學的正統範疇中，日本當初在殖民地鼓吹的「語言＝民族＝國籍」終究未能實現。

　　垂水千惠以為臺灣新文學運動止於 1937 年 4 月，日本殖民政府全面禁用中文之時〔註3〕；這樣的說法亦可見其在審視臺灣殖民時期文學時，是以語言

〔註1〕 李郁蕙日本語文學分為狹義與廣義二種，狹義的日本文學指的是殖民地中非日本人作家的日語書寫，或有兼談及日本本國作家與殖民地互動而產生的文學作品；廣義的日本語文學則以小森陽一的解釋為代表，他將所有以日語書寫的文學作品，都歸納入日本語文學的範疇，但目前沿用的情況，仍是以狹義的日本語文學居多，換言之，「日本語文學」的定義仍然是文學史上一個模糊而尚待釐清的問題。見李郁蕙：《日本語文學與臺灣》（臺北市：前衛出版），2002 年 7 月，頁 9-13。

〔註2〕 因為翻譯的緣故，亦也有稱其為「日文文學」或「日語文學」。

〔註3〕 見垂水千惠：《臺灣的日本語文學》（臺北市：前衛出版），1998 年 2 月，頁

和政策作爲衡量的分水嶺。但臺灣新文學運動止於 1937 年這樣的觀點，很難爲文學史所接受；因爲臺灣文學主體及其意識非常清楚這樣事實：臺灣新文學運動發軔於 1920 年之後，即使是在進入皇民化的時代，亦不曾停止過。日治時期文學的語言問題之所以敏感而複雜，主要還是就主體／他者這樣兩極的立場而發。日本文學視殖民地的寫作爲旁支，並以「日本語文學」統攝之，固然有其日本文學主體的考量，相對的，臺灣文學在欲重構文學史、欲重讀日本語文學經典時，語言是個不能迴避的問題。這些質疑都指向一個亟待疏解的癥結——臺灣文學主體及其意識不能只是權力架構下他者的「反作用力」，它必須開放多元層次的認同。

第一節　日本語新詩形式的探討

一、「日本語」的符號意義

日本在 1895 年領臺之初，即有非常明確的國語同化政策，這項在當時西方各個殖民宗主國看來既費時又耗費金錢的國語教育，之於日本的基本國體實有不得不推行的原因〔註4〕。日本自明治維新後，逐漸以「語言」凝聚國內各民族，而形成統一在國語與萬世一系的天皇制下的近代民族國家，「民族＝血緣＝國語」即日本賴以統合國內原本分裂的民族與語言的堅定信念，也是日本國體論與「教育敕語」中十分確鑿的信條。換句話說，在臺灣成爲日本版圖中的一塊時，爲了避免造成國體論的動搖，上田萬年即搶先發表了「日本語爲日本人之精神血液」的說法，意爲即使日本政權統轄下的各區域原非同一民族、文化，但只要藉由日本語的學習與內化，使日本統御內的人民全都說日語，體認日本之國體、精神，則民族之「純血化」在理論上便可達成，而不至於因爲殖民地異民族的併入而動搖「君民同祖」、「萬世一系」的國體。因此，日本語以國語的姿態向臺灣人推行時，它即挾帶著兩種矛盾的意義——既欲臺灣人在「精神血液」上同化爲日本人，但在政治經濟教育各方面的體系卻又排擠、矮化不同「血緣」的臺灣人〔註5〕。

16-17。

〔註 4〕 詳見本論文第二章第一節中談「同化政策下的國語教育及其影響」的部分。

〔註 5〕 考自陳培豐：〈重新解析殖民地臺灣的國語「同化」教育政策〉，《臺灣史研究》第 7 卷第 2 期，2000 年 12 月。

　　另一方面，日本語在臺灣推行之時，亦是個挾帶著多重現代性符號的神話，日本殖民政府以其現代化成功的成果，透過國語教育向臺灣人顯示日本在文化、在國勢甚至是在民族性上，皆遠遠優於臺灣。因此，國語同化政策普遍造成了當時臺灣人的壓抑心理，能否說一口流利的日文，亦成了文明與權力的象徵。日治時期臺灣新文學作家泰半出生於 1895 年之後，因此都是在公學校受日本語教育長大的一群。他們用以接觸現代思想、世界潮流的知識的語言多半是透過日本語的仲介，日本語在他們認識形成的過程中是個較漢語來得熟悉、也較為便利的語言。因此日本語不僅在日本的同化神話中扮演現代性的化身，在實質的認識形成過程中，日本語也是和現代知識、世界潮流銜接的表徵。從政策脅迫到知識份子提筆時不得不使用日本語表達才能貼切、流暢，使用日本語這件事已不僅是「認同意識」的抉擇。我們要問的是：日治時期臺灣作家有沒有語言抉擇的自由和可能？在追求現代文明的前提下，日本語提供了寬廣的世界視野和關於日本的想像，即使日本想像的美好在現實中曾經破滅，但日本語仍然是書寫與閱讀時主要的憑藉，它所引渡的現代性，是遭矮化的臺灣作家亟欲充實、並向臺灣讀者引薦的重要內容。

　　基於同樣的前提，垂水千惠在〈臺灣作家的認同意識和日本〉中亦認為日治時期的日本語作家其「親日情結」，必須以「在近代化過程中，一個人如何和自己的民族認同意識妥協」〔註6〕作為觀察的線索。以周金波的〈水癌〉為例，在〈水癌〉中，周金波描寫了一位年輕的臺籍牙醫，他目睹了因為某位母親的熱衷打牌和看歌仔戲，延誤了女兒就醫時機而導致死亡的事件。在他楞愕的同時又聽到助手說「臺灣還早哪」之時，他立即陷入「血緣」的矛盾糾葛：「那種女人身上流的血，也是我身上的血。不能袖手旁觀，我也該淨血了。」但他「淨血」的念頭，並不僅是獨善其身的，他還要作「同胞的心理醫生」，把臺灣「卑微」的陋習革除，向日本的文明人與現代化看齊。在稍後發表的〈志願兵〉（1941 年 9 月），主角之一的張明貴在日本學成歸臺後更是說出了：「我在日本出生，在日本教育下成長，只會說日本話，只會用日本的假名寫信。所以不做日本人，我就活不下去。」〔註7〕這說明了日本不僅是

〔註 6〕　垂水千惠：〈臺灣作家的認同意識和日本〉，收錄於垂水千惠：《臺灣的日本語文學》（臺北市：前衛出版），1998 年 2 月，頁 53。
〔註 7〕　周金波：〈志願兵〉，刊載於《文藝臺灣》第二卷第六號，1941 年 9 月。

現代性的象徵，順著現代性神話的作用而產生「日本的現代性」與「臺灣民族意識」的糾葛可說是必然的現象之一。

謝春木為王白淵的日本語詩集《荊棘的道路》寫的序中曾提到：

在臺灣，教育臺灣人的目標乃是在於促使臺灣人同化日本，崇拜日本人……畢業於公學校的我們，都曾經是徹底的日本崇拜者。但是進入社會之後，過了一陣子，不得不覺悟到此一觀念的荒唐，這是令人悲痛的事，同時也是令人痛恨的事。〔註8〕

臺灣人並非生來就是日本人，只是在被殖民的時空下，關於臺灣的一切都遭殖民者策略性的抹煞，在試圖淘空臺灣文化傳統的根基時，殖民者又以日本語作為仲介填進了大量的大和傳統與想像，這便使得日本語與日本印象深植在受過公學校教育的一代的腦海中。無論這樣的印象在後來是否有因為現實環境的遭遇而受到折扣或自覺性的修正，它已是與作家成長經驗互相密接的「回憶」〔註9〕，在可見的語言（日本語）使用，或是在不可見的作家風格中，「日本經驗」都是日本語作家書寫裡不可分割的一部份。

二、日本語新詩的形式

巴特曾提及作品的形式建基於穩定的風格與語言結構，如果風格與語言結構無法穩定，必定無法產生真正的傑作。換句話說，作者的「內部藝術規律」所產生的文學意向，它在轉化成具體形式時，必須仰賴一種穩定且健全的語言（並且是作者所熟悉的），才能豐富多元的表現出其原初的文學意向暨創作動機。比較日治時期的中國白話文、臺灣話文與日本語三種語言的新詩，日本語新詩相對的有較為成熟與洗鍊的現象，這一方面是因為日本語之於日治時期的臺灣作家，它是「合法」且較臺灣話文、中國白話文為穩定的語言，同時它也是當時知識份子學習與書寫時慣用的語言；另一方面，日本語的寫作持續的時間較另二種語言來的長，而援引的日本現代文學、世界文學的資源亦豐富許多。相對的，日本語新詩的文學性思考與技巧的使用也來

〔註 8〕 謝春木：〈序〉，寫於 1931 年 1 月 17 日，現收錄於陳才崑編譯：《王白淵・荊棘的道路》（彰化市：彰化縣立文化中心出版），1995 年 6 月。

〔註 9〕 在班雅明的詮釋中，回憶是對過去長時間的具連慣性的積累的進行回顧的思想活動，它與身體沈積的經驗（不論是感覺或是意識的）息息相關。見班雅明著、張旭東，魏文生譯：《發達資本主義時代的抒情詩人》（臺北市：臉譜），2002 年 6 月。

得成熟、多樣化。

在形式的思考上，由於日本語新詩大多產生於 1930 年之後，且歷經過 1937-1945 年的皇民時期，因此它的抗議性有逐漸移轉與深藏的現象。白話文詩與臺灣話文詩中常見的激烈的言詞，在日本語新詩中逐漸內斂成深邃的詩思與複雜多義的意象。這樣的現象當然不僅是日治時間愈久，文學中抗議的基調在政策高壓下逐漸轉型為伏流，同時也是因為臺灣新文學運動有成，在報刊譯介與本島作家作品的逐漸積累下，臺灣文學視野不但較從前開闊，書寫的層面與關注對象也愈來愈豐富，不再侷限於抗議意識或者啟蒙、個人主義意識的直陳。另者，臺灣在日本的殖民現代化建設下，都市、農村的景觀較從前亦有大幅的轉變，現代化的設備進駐了人們的日常生活中，改變了人們生活作息的方式，也改變了人們對生活空間的認知〔註 10〕，這些轉變亦逐漸反映在文學作品中的素材上。日本語作家思索的物件，從鐵路、現代化港口到繁華的都市夜生活等等，這些都是在中國白話文與臺灣話文新詩中較少見到的素材。以下便針對「社會批判性思考」、「抽象的思維」、「對自然、田園風光的感觸」此三種思考的類型進行分述。

（一）社會批判性思考

在批判性思考的關注問題點與批判形式上，仍然是鎖定在日本帝國主義資本主義下對臺灣經濟結構、農工勞動階層所造成的不公與貧困現象。鹽分地帶詩人林芳年的〈在原野上看到煙囪〉，描寫著在鄉下又多了一所新的油漆工廠的弔詭意義，原本一座工廠的興建，亦伴隨著失業者的期待，它該是失業者又能重新勞動賺到米糧的崢嶸象徵，但是詩人卻說「在鄉村增建一個工廠／又是增殖一個悲哀」〔註 11〕，原因是在於：

> 不論怎樣勞累
> 我們的口袋都是空空
> 我是魔術師
> 克琳克琳進來幾個錢
> 而這幾個錢又克琳克琳馬上消失了

〔註 10〕詳見第二章第一節談「他者缺席的空間」、「時間標準化」的部分。
〔註 11〕林芳年：〈在原野上看到煙囪〉，刊載於《臺灣新文學》第一卷第二號，1936 年 3 月。此首引自林芳年：《林芳年選集》（臺北市：中華日報出版），1983 年 12 月，頁 423，此首為陳千武譯。

我感到

一個工廠的增建不疑就是

一次高興

但每次出現了一個工廠

我就發抖

因為那是酷似我們的魔窟

絕不維護我們……〔註12〕

從「我是魔術師」幾句可看出，詩句中透顯出淡淡的諧謔意味，但仍不失嚴厲地指控工廠對勞工的剝削，以及殖民政府對臺灣人民過渡的課稅與民生物資價錢的不合理。何建勳的一首〈天高馬肥〉亦是以諧謔的、側面反諷的方式去寫民不聊生的情狀，詩中寫著秋天是收穫的季節，但是詩人卻絞盡腦汁在苦思著，原因是他要想個說服自己的理由，讓「牛肥了馬肥了／我老是一隻瘦皮猴」〔註13〕這樣的生活合理化。既然「敗在物質的手裡」，就「要贏在精神上」〔註14〕，詩文的最後還「逆向操作」的說誰說秋天一定要憂愁，秋天其實更適合於「思索」。而黃寶桃的〈故鄉〉借著賣笑婦的回憶，呈現了一個悲調的故鄉：相對於地主的生活優渥，父親顯得老態龍鍾且總是有做不完的勞動，母親則早已不知所蹤。

為高昂肥料硬性的農作物

長的亂七八糟

牙齒脫落的故鄉

年輕賣笑婦　為了忘懷

無代價跟生活脫節的美德

哼著搖籃曲〔註15〕

種植著作物的故鄉，在回憶中原本該是有著青蔥向榮的印象，但是詩中的「故鄉」的作物，用了高昂的肥料卻仍是長得亂七八糟，彷彿牙齒脫落的參差模

〔註12〕同註11。

〔註13〕何建勳：〈天高馬肥〉，刊載於《臺灣新民報》文藝欄，1935 年 10 月。現收錄於羊子喬、陳千武主編：《森林的彼方》（臺北市：遠景出版），1982 年 5 月，頁 313，此首為月中泉譯。

〔註14〕同上註。

〔註15〕黃寶桃：〈故鄉〉，刊載於《臺灣文藝》第三卷第七、八號，1936 年 8 月。現收錄於羊子喬、陳千武主編：《森林的彼方》（臺北市：遠景出版），1982 年 5 月，頁 205，此首為月中泉譯。

樣。這首詩也是以反諷的方式，呈顯出農村的悲哀遭遇。農人永遠有負擔不
起的肥料錢、交付地主的作物永遠比能養活自己的數目還要多，因此賣笑婦
的母親不知所蹤，她自己也淪落到必須到外地賣身的命運。在這樣流離的身
世下，「美德」亦成了「無代價」、「跟生活脫節」的妄談。這三首詩以諷刺手
法批判的詩作，有幾個共同特徵：一、以說此喻彼的方式，抨擊日本在臺灣
的殖民經濟政策；二、關注的層級仍是在農工階層，但思考的方式不再是鋒
利的批判，而是一種以悲哀爲基調的觀照去寫不公不義的事件。因此，這三
首詩呈顯出深沈的、深思熟慮的抗議之聲，但也平添了許多的無奈與無力轉
圜之感，這樣的特徵幾乎是同類型的詩作所共有的。

　　發表於 1936 年的《臺灣新文學》，署名青人的〈大稻埕〉，這首令人驚豔
的詩作，以精確的街景印象捕捉，表現出入夜後的都市另一種爲生存謀生計
的悲哀：

> 晚春的夕陽映紅天主教堂的時候
> 就聽得見進巷子裡休息的腳步聲
> 夜——
> 聖潔的少女把蒼白的臉擦紅
> 高塔上尊嚴的十字架
> 蒼白的新月優美的香著
> 此時　年輕人隨著琴音而啜泣
> 昏暗的街廟影子照著又閃過
> 濃脂粉的女人的手和腳
> 不久，從逐漸夜深的那邊
> 聽到老頭子叫賣的哀聲
> 杏仁茶——杏仁茶
> 隨著杏仁茶的叫賣聲夜開始亮了—— 〔註16〕

當夕陽西下的時候，似乎白天神聖的一切也隨著打烊，必須在夜生活中謀生
計的「少女」，開始濃妝豔抹成爲「女人」。而入夜時，另一種需仰賴夜行人
光顧的流動攤販，也在此時開始叫賣，就隨著這勞動者的哀聲叫賣中，開啓

〔註16〕青人：〈大稻埕〉，刊載於《臺灣新文學》第一卷第四號，1936 年 5 月 4 日。
　　　　現收錄於羊子喬、陳千武主編：《森林的彼方》（臺北市：遠景出版），1982
　　　　年 5 月，頁 385，此首爲陳千武譯。

了夜之大稻埕的另一類悲歡離合的故事。這首〈大稻埕〉和上述的〈故鄉〉，較稍早之前的詩作中屬於「查某間」強烈的悲憤與哀傷的情緒已不復見，〈故鄉〉中的賣笑婦冷漠地視「美德」為無物，而〈大稻埕〉中從聖潔少女到濃脂粉女人的轉變，也掩去當事人的情緒與聲音，只有不知名的「年輕人隨著琴音而啜泣」。就這兩首詩的形式思考來觀察，它所欲表現的悲哀與無奈，已從人倫悲劇、不道德的對待等等，這類容易泛情緒化的問題焦點的關注，轉移到對於生存這件事上──一種拉開距離的、冷淡的凝視，因而也呈現出「毀滅」的情調〔註17〕。

同樣的，李張瑞的〈虎頭埤〉〔註18〕也可觀察到類似的情狀。〈虎頭埤〉全詩共十三行，從記述「無空閒卻空閒出來的散步者」到爭水吵架的農夫、被迫陪客泛舟的煙花女子、都市／農村的女孩不同的閒暇／勞作的命運，看似細瑣無重點，但讀完全詩才覺到一股卑微又無生趣的消極正直指「虎頭埤」這個村莊，而呼應了開頭的二句：「射在雜草叢生的防波堤上的陽光／無從發洩的無聊／就是虎頭埤的夢啊」。這是一種連作夢都是無聊的毀滅基調，形成了左右詩形式生成的因素，反映在這類批判思索的新詩作品中。

（二）抽象的思維

在白話文新詩與臺灣話文詩中較少看見的思維之詩──即對存在、真理或美感進行抽象思索的詩，在日本語新詩中大量地出現，詩人在自然界、都市生活、人生經驗等等的感悟下，寫下充滿知性意味的詩句。這類的思維之詩雖都是以抽象的知性或理念作為辯證對象，但在某一部份的詩，它的形式生成中，仍然有著微妙的被殖民壓抑的移轉與抗議的成分在。但它們的面貌多半模糊且模稜兩可，究竟是悲憤的抗議意識，或是根源性的存在問題之掙扎、思索，這兩者在抽象思維的詩句中互相參融難分彼此，除非作者曾主動聲明，不然這些詩充滿多義詮釋的可能性，它既是小我的思路歷程，亦可指涉大環境、社會的荒謬與不合理。曾石火的〈低氣壓〉即是一例，詩中因為低氣壓「從現實中絕望的記憶給搖落」，因此詩人回憶起低氣壓在道路上

〔註17〕關於「毀滅情調」的觀察，可以結合詩文本多方面的形式思索作論述，而這和殖民地現代性的進程與殖民地身體的不斷遭邊緣化亦是息息相關，這是有待深入討論的問題，筆者在此只能先略微提到，日後再做專文討論。

〔註18〕李張瑞：〈虎頭埤〉，刊載於《臺灣新聞》文藝欄，1935年。現收錄於羊子喬、陳千武主編：《廣闊的海》（臺北市：遠景出版），1982年5月，頁253，此首為陳千武譯。

肆虐的情況：「強勁　凌厲／橫掃柏油路，掀起漩渦／看，被搞得七顛八倒的／街道，精神／啊，不是被摧殘／乃抖擻而挺起……唾吐口水，毅然挑戰了／無情地／被吹刮，被吹折／不用說，了無痕跡／風啦，時代啦／啊！不是被吮吸／乃被愚弄了」〔註19〕街道振奮起精神抵禦暴風雨，然而在暴風雨退去後，並不代表街道的堅毅獲得勝利，當低氣壓了無痕跡後，街道的殘破彷彿在說這是一次「風」和「時代」聯手的愚弄。詩中並沒有明顯的線索說明這是一首指控殖民者霸權的詩，但詩句中透露了一種正反辯證的思考，在正與反的激盪中，得到的終局是另一種寂寥與毀滅的景象——被愚弄的殘破街道。

　　楊雲萍的〈巷上盛夏〉，羊子喬譽之為「抒情兼具史觀」，詩的前半部描繪著夏日街弄的光景，有沿街賣膏藥的、也有賣鳳萊冰的，到了晚上則有姑娘憑欄拉著悠悠的小調。在這些親切熟悉的市井描寫後，作者將視角延伸到一位靜坐凝思的老者身上：

　　　　在亭子的黝暗的陰影裡，

　　　　那老人搖著竹葉扇，

　　　　他靜寂地搖動，寮穆地搖動，

　　　　他的思潮，誰也不能知道。

　　　　歷史不再回頭

　　　　一切過去的已經過去，

　　　　殘留下來的只是新的悲哀

　　　　啊！卡拉空，卡拉空，我的木屐在腳下呼喊。〔註20〕

詩中小販的動和老人的靜，形成現實生活／抽象思維的對比。即使是在日本的殖民統治下，人民的日常生活還是得繼續延續，但是思想中卻是有太多的不能言，於是便有了沈默地搖扇的凝思老人的形象。而當老者不思索時，他亦會是那日常生活著的百姓中的一份子，因此，雖然看似有動／靜的差別，但之於想說卻不能說的什麼，卻都是無差別的「無言」。詩人在末四行突破了

〔註19〕曾石火：〈湖心〉刊載於《臺灣文學》創刊號，1941 年 5 月 27 日。現收錄於羊子喬、陳千武主編：《望鄉》（臺北市：遠景出版），1982 年 5 月，頁 201，此首為月中泉譯。

〔註20〕楊雲萍：〈巷上盛夏〉，收錄於楊雲萍：《山河》（臺北市：清水出版），1943年。本首引用自羊子喬、陳千武主編：《亂都之戀》（臺北市：遠景出版），1982年 5 月，頁 44-46，此首為范泉譯。

動／靜的消極平衡，欲對歷史發出不平的哀鳴，但他終究也是「無言」，只有
腳下的木屐隨著詩人的前進，不斷發出敲擊著心弦的「卡拉空」。在這首詩中，
作者由歷史的高度審視今／昔的差異，從「一切過去的已經過去」、「殘留下
來的只是新的悲哀」二句，令人想及詩人也許對當時臺灣文化與文學發出了
「曾經滄海難爲水」的感慨，而隱喻地對殖民政策下的「不能言」發出抗議
之聲。

對於此種「不能言」的壓抑下，欲以詩「言志抒情」的詩思，王白淵的
〈不同存在的獨立〉是十分貼切同時亦具藝術魅力的一首：

> 從思索的岩石滑向岩石
> 從思維的波濤移向波濤
> 生命的巨門不斷叩敲
> 渾身忘我於穿越門縫的光芒
> 生命的白紙滴落鮮血的刹那我的詩興湧現了
> 徘徊在滿佈荊棘的道上
> 穿過愛的森林
> 越過生的沙漠
> 游過生命的大川
> 到達驚異的村莊
> 我的詩不可思議地呈現一片黑暗
> 棹舟不可逆流的水流
> 悲喜同化於沉默的溶爐
> 失望與勝利讓給啾啾的小鳥
> 生死托賦予大地的花草
> 不期然我莞爾微笑
> 詩卻化作泡沫無影無蹤消失了 〔註21〕

王白淵的詩思想深邃，蘊含的層次亦十分複雜，他的詩與對美的宗教情懷、
對現實的剛性批判、對真理的求索等等，皆有密切的關連。謝春木稱王白
淵的日本語詩集《荊棘的道路》爲「反射鏡」，它反射王白淵受日本教育時純
粹的美學信仰以及天真爛漫的人生觀，但《荊棘的道路》同時也是「清算

〔註21〕 王白淵：〈不同存在的獨立〉，收錄於王白淵著，陳才昆編譯：《王白淵·荊棘
的道路》（彰化縣：彰化縣立文化中心），1995 年 6 月，頁 12-13。

藥」，它是王白淵在洞悉殖民的本質之後，欲向社會、向自己質問的反省之物〔註22〕。〈不同存在的獨立〉描寫了在思維與生命互相激盪扣問後，思與詩的辯證關係。當「生命的白紙滴落鮮血的剎那」，詩人的詩興於是湧現，詩的第二段則描述了當詩興湧現而詩未誕生之時的思維狀態與「歷險」的過程，詩人在荊棘的道上徘徊，沿路穿越過森林、沙漠、大川、村莊等各具意義的意象，而最後誕生的詩卻「不可思議地呈現一片黑暗」。第三段描述的是黑暗的詩誕生後，詩人激盪洶湧的心境再度平和下來，他將悲喜、失望與勝利都歸於沈默，超脫生與死的二元對立後，詩人竟莞爾微笑，誕生的黑暗之詩亦消失無蹤。

「荊棘的道路」在王白淵的詩脈中是具有特殊含意的，它意指著王白淵在透徹瞭解帝國主義下殖民體制的本質後，漸漸遠離耽美的藝術世界〔註23〕，而走上一條充滿荊棘的與強權抗爭的難行之道，並且終其一生都走在這條「荊棘的道路」上。在這首詩中出現的「徘徊在滿佈荊棘的道上」，使得這一首詩從單純的藝術層面的詩與思，和對殖民現實的指控與反思結合了起來，「生命的白紙滴落鮮血的剎那」也因而得以詮釋爲詩人以生命驗證了現實之殘酷。而他的詩興與詩都是誕生在洞悉這個殘酷現實的基礎上，也因而產生了荊棘的道／愛的森林、砂漠／大川、生／死等等二元對立的極端情緒。詩人的思維在兩極之中不斷迴盪，甚而導致產生「一片黑暗」的詩。然而，在詩與思激烈的辯證後，詩人到達了「合」與「沈默」的境界，走過荊棘之道的黑暗之詩，在詩人了悟的微笑中化爲無形。詩篇名爲「不同存在的獨立」正也說明了「荊棘的道路」與「了悟的沈默」是性質不同的存在，但它們可以互不衝突的獨立在詩人的思維之中。統合這二者的正是詩人的人格氣象，以沈默了悟的姿態毫不妥協地走在荊棘的道路上。

不同於上述的對現實與生存的思維之詩，另一類對詩情與美的深刻思索也出現在日本語新詩中。翁鬧〈詩人的情人〉一首，即爲以象徵的方式描寫詩人對美的求索。這首詩分爲四段，詩的第一段即寫著「她在他出生前死了／而他是死裡逃生的／Coamopolitan（流浪者）」〔註24〕，「詩人的情人」在詩

〔註22〕謝春木：〈序〉，寫於 1931 年 1 月 17 日，現收錄於陳才崑編譯：《王白淵‧荊棘的道路》（彰化市：彰化縣立文化中心出版），1995 年 6 月。
〔註23〕王白淵本是美術科系的學生，但他對美術的憧憬與熱愛，在踏入社會時遭遇被殖民現實的衝擊後，便與美術漸行漸遠，而轉移到文化與文學的活動。
〔註24〕翁鬧：〈詩人的情人〉，刊載於《臺灣文藝》二卷六號，1935 年 6 月 10 日。此

人誕生前就死了，意味著詩人誕生於詩寫成之時，但「美」卻只活在詩未成形之時。詩一但成形，隨著它被寫成文字、被人傳閱又詮釋，原創之初的美其實早已不在可見的詩作品之中，詩人也為了要追尋下一個「美」而開始流浪。詩的結尾兩段亦十分有意思：

> 世界已死，他坐在岩角上招手。天幕下垂了。他把沿路捧來的光，
> 向它擲了過去
> 世界甦醒了，人們發出驚駭之嘆聲，但，知道星由來的
> 只有他而已〔註25〕

美在詩成形之時死去，而詩人將由美那兒捧來的光賦予詩、也賦予這個世界，當人們閱讀到詩作並發出驚嘆時，只有詩人知道詩的光是從哪裡來。翁鬧這首詩明顯地受到西洋詩與藝術理論的影響，但這執著於美的追求以及因而遭受的無邊放逐、流浪的悲劇，並不只是停留在詩作的空想，翁鬧亦是以他的生命實踐了他對美的理念。翁鬧的作品形式在日治時期中較特殊的一點是，它是純粹的對於美的思索，亦是忠於作者內心因為對美的熱望與執念，而表現出的掙扎、矛盾與分裂，較少與被殖民現實有直接的關連。龍瑛宗的一首〈杜甫之夜〉，雖然亦是在談藝術與美的境界的沈溺，但相較之下，〈杜甫之夜〉卻是呈顯出了逃避現實苦難的苦澀：「我是悲哀的浪漫主義者／在此　靜靜地相對著……我的詩神是／被扼殺了母雞的／夏爾爾‧波特萊爾矣／今宵　十六夜／在窗邊　薔薇與月／貧窮的詩巢　微搖著花燈／哀哉　我／耽溺於新的東洋美／流涕著」作者在詩中自我標榜為浪漫主義者，又推舉波特萊爾為他的詩神，但相較於翁鬧，著實少了對美的思索，作者要的是「耽溺」，並且為此種耽溺而感動落淚，使得詩中有了藉此以脫離彼的「逃亡」意味，雖然不是對被殖民的苦難所做的積極的思索，但亦是一種反向的作用力，這一類耽美的消極思維，迴避了被殖民與戰爭的苦難，美的思維成了這類型的詩形式的一種「避難」象徵〔註26〕。

首引自翁鬧著，陳藻香、許俊雅編譯：《翁鬧作品選集》（彰化縣：彰化縣立文化中心），頁 15-17。

〔註25〕同上註。

〔註26〕在此要另外說明的是，〈杜甫之夜〉不只是在精神上表現出逃避的色彩，同時它的唯美意象經營，亦是追求文學現代性的一種表徵，在這個意義上，〈杜甫之夜〉之殖民地現實雖有消極的逃避色彩，但相對的，在美感的探索上，它具有活潑積極的意味。

（三）對自然、田園風光的感觸

日本語新詩另一個較為突出的形式，即是透過對市井風情、田園風光的捕捉與描寫，表現出對大都市小城鎮、自然風光與季候變化的感觸。這一類的詩更細瑣的紀錄了人們生活的情感波動與生活步調，但也往往有流於個人抒情的傾向，成為景物或文字堆砌的遊戲。筆者在這裡欲討論的對象是除卻抒情的成分外，仍可解讀出形式特徵的詩作。由於建築與自然景物的觀察與思考，較諸事件的或美學、哲理的，更需訴諸詩人身體與情境空間的密切對話與敏銳捕捉，因而這類詩作中的傑出者，在閱讀其形式時，往往可以察覺到形式企圖透明以呈顯「形象」（image），這形象包含了外在實際的景物與作家身體感觸而做出反應的形象。作品的形式是作者意識形態、倫理價值、思維方式等等的產物，而這類型的詩顯然隱沒了這點，目的在突顯景物的描寫和詩人從中得來的感動、或因之引發的豐富幻想，因此，較常見到的情況是停留在借景抒情的層次。但諸如詹冰的〈五月〉，其意義就不僅是如此，在這首詩中形式雖看似透明，但它仍然起著作用，它召喚讀者捨棄意識層面的過度作用，由身體的層次、形象的感知去解讀它。

上述的兩點觀察，並非僅是日治時期中這一類的日本語新詩才有的特質，它是這類「寫生」詩作的共同特性，因此若欲對日本語新詩中這類型的詩做出特殊的時代觀察，仍然需要回到殖民地現實的脈絡去尋找線索。除了現實環境愈來愈不容許直接的、露骨的抗議批判時政的作品發表外，西川滿在臺灣掀起的一股「華麗島」熱潮，亦是臺灣風光在新詩中重新被大量書寫的原因之一。西川滿曾組織「臺灣詩人協會」發行《華麗島》詩刊，隨後亦主持《文藝臺灣》並設有專門的詩欄，這兩本雜誌雖都以日人的作品為主，但對於當時的臺灣文學也有影響的作用。西川滿的作品大都取材於臺灣的人文、山川景物、歷史、民情風俗，這與他在臺灣成長、生活長達三十餘年有關。唯西川滿的作品風格傾向華麗與浪漫主義，臺灣的山水、民情，在他眼裡看來全是富於異地情調的南國風光，這樣「充滿著南方的光輝與幻想」〔註27〕的詩文，在浪漫與華麗情調上影響了某些日本語詩人的創作，同時在

〔註27〕龍瑛宗曾這樣評論：「在他的文學中看不到形成日本文學主流的，灰暗而樸素的日本式寫實主義。他的文學中充滿著南方的光輝與幻想。」龍瑛宗：〈《文藝臺灣》作家論〉，刊載於《文藝臺灣》第六號，1940 年 10 月 1 日。此處引自中島利郎著，涂翠花譯：〈「西川滿」備忘錄──西川滿研究之現狀〉，《臺灣文藝》創新第 18 號，1993 年 8 月 15 日，頁 14。

臺灣山景水文、特殊民風及信仰等，這些素材的關注上也有提倡的作用。此外，現實環境太過苦悶，使的詩人嚮往自然田野、或者將關注集中在生活中周遭的景物、民俗民風，這也是原因之一。以下便試舉二首詩，分析詩中形式與景物的互動互涉的關係。

> 舉起浮上青靜脈的手
> 呼喚彼方的藍峰
> 昨日的暴風已消失
> 遠海的響音喲
> 還未凋落的紫楊花
> 我沒看清楚，白鷺在藍天
> 劃過鮮豔的線條——
> 山鳩鳴叫在龍眼樹的靜寂裡
> 靜心聽著南風吹聲的我心中
> 少年時代的紫夢甦醒過來
> 山鳩啊　山鳩
> 昨日還有的，你們的
> 愛巢在哪兒？
> 趕快去找啊，於日暮之前……〔註28〕

這一首是林修二的〈龍眼樹〉，詩中除了景物的描寫外，詩中的景物接連地的與詩人的感官和回憶相連結，諸如「舉起浮上青靜脈的手／呼喚彼方的藍峰」、「我沒看清楚，白鷺在藍天／劃過鮮豔的線條」，還有在龍眼樹中鳴叫的山鳩與南風喚醒了「少年時代的紫夢」。而末尾山鳩四句，詩人在少年的紫夢甦醒後，忽地對山鳩急切的呼籲，在日落之前快去找尋昨日還在的愛巢。這四句與前半部互不協調的急切節奏，使得原本停留在抒情層次的詩變得多義起來。紫色在詩句中一向具有曖昧的、慾動的、理想化的意義，因為少年紫夢的甦醒，詩人身體與自然的互動竟成了一種隱隱騷動的前奏，原本平靜無波的景致在最後則轉為一種廣幅的渺茫的象徵。原因在於詩人憶起了少年，並且將一些未完成的遺憾寄託在山鳩身上，並且呼籲著要日暮之前尋回昨日的愛巢。於是一種時不我待的急迫感，和對逝去的年少的夢的眷戀就在這末

〔註28〕　林修二：〈龍眼樹〉，收錄於陳千武譯，呂興昌編：《林修二集》（臺南縣：臺南縣立文化局），2000 年 12 月，頁 50。

尾四句中，曲折的表現出來。這是一首需以身體感覺跟著詩句前進的詩，如此才能感受到詩人在和諧的自然景致中，如何會產生突發的回憶與急切而感性的呼籲。

另一首詹冰的〈五月〉，他則以抽象的、象徵的方式去表達捉摸不出形狀的季候：

> 五月
> 透明的血管中
> 綠血球在游泳著——
> 五月就是這樣的生物
> 五月是以裸體走路
> 在丘陵，以金毛呼吸
> 在曠野，以銀光歌唱
> 然而，五月不眠地走路〔註29〕

詩人在春夏之交的五月，感受到空氣中生命的能量，使得詩人稱五月為一種「生物」，並且在五月中不斷生長茁壯的綠意，就是五月的血脈中流動著的成分「綠血球」。詩的第二段中，詩人用「以裸體走路」、「以金毛呼吸」、「以銀光歌唱」，再次形容五月這個「生物」的特質，裸體有原始、奔放的意味，金毛、銀光二句，則譬喻著五月在白晝與月夜中展現的不同的生命情調，最後，五月還是個不需睡眠的生物，因此，「牠」強大的生命能源亦可見一斑。

〈龍眼樹〉和〈五月〉，前者以風景喚醒又寄託詩人的年少夢想，以遲暮的時間壓迫感，扣回作品的形式；而後者則以象徵手法描繪五月，形塑出五月強大的生命能量後，這股能量亦形成一種立志向上的動力，回注到作品的形式之中。從這二首詩的解讀，可以發現相較於社會批判性與哲理、美學思維形式的詩，這二首詩相對的乍看之下形式（意圖、問題焦點）是無個性而模糊的。然而，不同於一般山水抒情的詩作，它們的特殊性在於這種看似透明的形式，其實是一種隱藏的、需訴諸身體經驗共鳴的召喚。這類型的詩作，它們在傳達人與自然、主體與他者的對話契機與關係中，透顯出一種視野寬闊的感性，而這也正是它們形式倫理的發散點，一種超越現實的、知性的「愛」。

〔註29〕詹冰：〈五月〉，原載於《緣草》，1944 年出版。

三、小結：從「新詩」到「現代詩」

總觀日本語新詩的集體形式特徵，它具有「內斂」、「沈默」與「思維」的特質，這些特質的發生與殖民統治固然息息相關，但是日本語新詩在 1935 年之後走向成熟與完備，亦是「內斂思維」特質發生的主因。陳遜仁在《臺灣文學》創刊號中發表的〈望鄉〉，亦是令人印象深刻的一首詩，他從榕樹的盆栽、蝴蝶的標本、與電爐／常夏的辯證，慢慢建構出臺灣印象，最後他更肯定的說：「我這個擁有／麥色的臉兒／是從那個小島／前來的」〔註30〕詩中循序漸進的穩定結構，由風景、生態而地景依序介紹臺灣，並肯認自己是來自美麗島的人，〈望鄉〉呈顯出來的條理、認清現實的冷靜、不失詼諧的思維，正是日本語新詩中的典範之一。

羊子喬與陳千武主編的「光復前臺灣文學全集」中，新詩佔了四本，有意思的是這一套四本的新詩集〔註31〕，收錄的第一首是追風的〈詩的模仿〉（1924 年 10 月發表於《臺灣》五年一號），最末一首則是蕭翔文的〈鳳凰木的花〉（作於 1945 年 7 月）。這二首詩前後相距二十年，然而都是以日本語寫作，這其中頗有點耐人尋味的意義。日治時期的新詩運動，以日本語詩開始，也以日本語詩暫時落幕，顯示出日治時期新詩欲在語言上和政策抗衡的艱鉅性，這其中的困難不僅是「跨語言結構」的問題——從漢文到日文，從古典語言結構到語體文結構，同時也是民族情感／現代性、大眾化／文學性之間的拔河與糾葛。然而，從一開始的「詩的模仿」到二十年後的「詩的獨立創作」，日本語新詩這一部分，無論是在量或質方面，其進展是快速而且成就斐然的。在本節考察的三種形式思索中，可以發現「現代詩」在日本語新詩中已漸趨完備。從直陳的批判到旁敲側擊的諷刺，從大聲疾呼的口號到深邃寂默的思索，從「現實」的反映到「超越現實」的視野，從單純的抒寫到文學性、藝術性的進境等等；這些跡象都顯示出，當日治時期新詩活動因戰爭而漸趨消沈，最後維繫在銀鈴會的一群愛詩青年的寫詩、自行發行詩刊時，他們所承繼的新詩傳統已不是新文學草創時期的「新詩」，而是匯聚了日治時期二十年的新詩運動的總成果——「現代詩」。

這樣的成果本應在戰後由銀鈴會的青年詩人們繼續傳承發揚，但跨語言

〔註30〕 陳遜仁：〈望鄉〉，刊載於《臺灣文學》創刊號，此處引自羊子喬、陳千武主編：《望鄉》（臺北市：遠景出版），1982 年 5 月，頁 224，此首為月中泉譯。
〔註31〕 分別為《亂都之戀》、《廣闊的海》、《森林的彼方》、《望鄉》四本。

的問題又成了一大門檻，致使這些日本語詩人不得不暫時停止創作，回頭研究現代漢語的表達方式。臺灣新文學運動不斷在語言的惡夢中輪迴，這是時代與政策下的悲劇，而今在檢視這塊臺灣現代詩史中的失土時，除了要還給日治時期詩人典範的地位外，語言亦是個不應迴避的問題。日治時期新詩大規模的運動，起始於白話文新詩與古典詩的論戰，中間經過臺灣話文詩、民間歌曲的潤飾，最終完備於日本語新詩——現代詩。「日本語」的臺灣現代詩典範，而非「中譯的」臺灣現代詩典範，這樣冠以異民族語言的典範，雖是現代詩史書寫中一個棘手定義問題，然而去釐清日本語新詩——現代詩的語言與時代意義，應是有志書寫現代詩史的研究人，一種基本認知與對歷史的負責的態度。

第二節　論王白淵與《荊棘的道路》

一、前言：王白淵與文學流派的定位問題

在目前的文學研究中，王白淵的日本語詩被定位在哪一個位置？同樣的問題當然也可以對每一位日治時期新詩作家發問，但王白淵其人與其詩在日治時期的特殊性——左傾的社會思想與行動，抽象、辯證又重視審美意識的新詩，使得王白淵的詩不論被歸為哪一種分類（現實主義文學、左翼文學或者看似與之相對的都市文學、現代主義文學），都突顯出此種文學流派分類法的問題：即作家的社會活動、思想傾向與作品文學流派的歸屬，此三者在看似相互關連卻又各自有獨特性的情況之下，該如何取得合理安排的可能〔註32〕。而這個文學流派分類的問題，又再度引伸出一個日治時期新文學的議題：日治時期臺灣文壇的「現實主義」是何種現實主義？其對於語言藝術的平易與隱晦有無特定標準？又，王白淵適不適於定位在這支主流文學的脈絡之中？要處理這個問題之前，得先釐清臺灣新文學的現實主義精神其主張與批評的層次。

日治時期臺灣新文學的抗議精神往往和現實主義被劃上等號，這在當時

〔註32〕在《左翼臺灣》中，陳芳明曾指出王白淵的詩善用「暗喻」和「高度迂迴手法」、「沒有像楊華或同時代的詩人那樣透明」，因此，陳芳明雖然認為王白淵是臺灣左翼文學的重要創始者之一，卻不得不指出「企圖從現有譯成漢文的王白淵新詩，來窺探他的左翼思想，確實是相當困難的」。參考自陳芳明：《左翼臺灣》（臺北市：麥田），2000年。

的文學主張和文學評論中時常可見。臺灣新文學的「現實主義」是和由現代性啓蒙的批判意識、民族意識，結合崇尚平易的、易於推廣的語言與文學內容、關注並爲農工階層代言等等主張的產物。它不完全具備西方文學發展過程中，總和了社會、經濟、人文要素而產生的現實主義特質。臺灣新文學中的「現實主義」是概念的移植，用以指涉某種特定的思維形式與社會倫理價值觀，以及文學作品的表達手法。這樣片面的概念移植，有其在指稱某個文學集團或某種文學表達手法的便利性，但現實主義在西方文學生態中具有分雜的支派，並各個都代表了不同的寫作政治立場，因此當「現實主義」被片面的、概念性的挪用至臺灣文壇時，就導致兩種情況的衍生：一是挪用者各取所需的概念用以做爲評論或文學主張的依據，產生同是主張現實主義寫作但卻有著理念上的差異；二是挪用者淘空現實主義在西方文學中的文化脈絡與審美層次的意義，代之以臺灣文壇的現實與政治訴求，現實主義於是從西方文學中紛繁多義的概念，而遭改造成爲「本土化的現實主義」。在日治時期的臺灣文學中，顯然以後者的情況居多，「現實主義」等同於文學大眾化、平易化並具批判、被殖民抵抗意識、抵制帝國主義資本主義經濟等等形式思維，而成爲臺灣新文學中任重道遠的主流。

然而，現實主義文學成爲本土化的意義並且蔚爲主流，這其中並非沒有矛盾存在。新文學發軔之初，因爲抵抗與批判意識的需要，作家們採用了直陳其事的方式，快速且準確的宣洩了對殖民者暴行的憤怒與哀傷，這樣直陳其事、痛快批評的寫作，使得「現實主義」此一名詞得以和臺灣新文學精神聯繫起來，並從而建構臺灣文學的發聲主體。「直陳其事、痛快批評」的寫作手法與臺灣當時的政治現實相關，具有其發聲的社會文化脈絡，但是當「現實主義」以部分概念挪用的形式冠在臺灣新文學上時，一種屬於意識型態形式上的限制（表達方式必須是平易的語言和言語、內容必須是大眾的、社會的、放眼世界的、形式倫理著眼於普羅大眾、殖民社會經濟制度帶來的困阨）便使得這一類的文學作品普遍地流於樣板，並充滿悲憤的灰暗色彩。這亦是郭秋生在三〇年代初提出文學本格建設論的主因之一，僵硬的現實主義寫實文學需要心理與感覺世界的觀察與參與，需要積極、樂觀的向上精神取代灰暗的悲憤。郭秋生的呼籲看似僅對文學表達手法提出修正，但由他文末以托爾斯泰等現實主義文學大師的文本作爲舉例示範來看，他顯然也意識到「現實主義文學」究竟該怎麼寫這樣的問題。而同樣是在三〇年代初，葉榮鐘提

出了第三文學論，欲以臺灣人的全集團特性（風俗民情、山川地裡、民間文學等等）作為寫作的依歸與目的，他在「現實主義文學」的遭遇瓶頸之時提出的問題是：現階段的臺灣文學該怎麼寫？

　　不論是郭秋生的「現實主義文學」文學本格建設，或是葉榮鐘的「臺灣文學」臺灣本位建設主張，這都反映出一個寫作形式生成與具體實踐的問題：即寫作形式與文學流派的關連在臺灣的特殊狀況。依照寫作理論的詮釋，寫作形式會影響文學流派，但文學流派無法反過來決定寫作形式；寫作形式應先於文學流派的問題，先於文學流派而存在。寫作形式的生成與作家身體風格養成的內部藝術規律，以及他所使用的語言有關，而形式本身是作家對社會所承擔、所思考的生成物，其中帶有一時代之語言和作家風格的因素，而文學流派是形式付諸文字，形成文本之時的問題，雖然關於文學流派的問題會回扣到寫作形式的探討，但就「文本」的意義來說，文學流派的確是文學自身的問題，並且在寫作形式之後。換言之，「現階段的臺灣文學該怎麼寫」這是一個寫作形式的問題，它訴諸作家對生長環境的觀察、對傳統文化的思考；而「現實主義文學該怎麼寫」，這是一個流派的問題，位置應在寫作形式生成之後。因此，一位具有臺灣主體意識的作家，不見得會選擇「現實主義文學」作為表達的方式，而反過來說，寫作「現實主義文學」的作家，其寫作形式亦不一定是扣準臺灣主體意識而發，而這其中又有作家各自的政治立場在作用，所以，臺灣主體意識、現實主義文學，此二者在寫作過程、在文學表達方式上，有其先後而各自獨立的層次關係，不宜貿然混為一談。

　　釐清寫作形式思維與文學流派的問題層面，對於以日本語寫作的新詩尤其具有意義。第一，日治時期文壇中，有現實主義批判現代主義的情況，其批判的基點往往以「文學表達方式」去推測、質疑作家的形式思維是否脫離現實關懷，有倒果為因的缺乏客觀性之嫌。第二、日本語新詩由於通過的是日本現代語言，其接軌的文學資源、脈絡，泰半與日本現代文學、藝術相關，日本語新詩相較於中文新詩，更不適宜置於「現實主義」的脈絡中去研究。在語言、形式層面的變因作用之下，日本語、日本經驗和日本現代文學表現手法，成了日本語新詩中無法割除的重要成分，因此，研究日本語新詩時，其寫作形式與文學表達方式的分離討論，有助於客觀地閱讀這一塊領域的經典並重建其典範的價值與定位。王白淵《荊棘的道路》正是寫作形式與

文學表達手法宜分離討論的最佳例子之一。在一些評論或文學史的論述中，王白淵往往被置於具抵抗的、左傾的、現實主義精神的一支，並冠有「民族鬥士」封號；因著這樣的定位，連帶的對於其作品的詮釋亦傾向作現實主義文學的、具政治社會意識的詮釋，而抽離了詩中審美意境與優美修辭的部分。在這一點上，寫作理論提出的修正是：寫作形式問題與修辭技藝的問題不應分開來研究。現代主義的、關注於美學層次的文學表達手法，無礙於作者對社會做出承擔、反思、批判的意識思維，他可以在文學技巧上傾心於琢磨結構、詞藻與意象的營造，並且，同時在其中表達出作者的社會批判與價值思考。

二、荊棘的道路：理想與現實的辯證

> 俄國有一種傳說、説「俄國有一個地方的山野，至秋深青葉落盡的時候、不知從何處漂來一種難説的花香，但是這『妖魔之花』的本體。是不容易看到的、但是不幸一見到、那人就要發狂了！」……文豪杜斯杜要扶斯基亦有一篇小説叫做「著魔的人們」、描寫莎皇專制下的俄國青年、好像發狂一樣向著革命前進。我想這股青年都是不幸看著這「妖魔之花」的人。〔註33〕
>
> ——王白淵·〈我的回憶錄〉

《荊棘的道路》出版於1931年，根據陳才崑〈王白淵生平·著作簡表〉〔註34〕的考證，早在1925年之時，王白淵已在構思《荊棘的道路》，並以此書一旦付梓恐將連累家人為由，向原配陳草女士提出離婚的請求。因此，《荊棘的道路》的形式思維醞釀期，應在王白淵自師範學校畢業進入社會之後，一直到1931年詩集問世為止的這段期間。謝春木在《荊棘的道路》的〈序〉中，也提到此書為王白淵在進入而立之年時，一面對日本教育的忠實「反射鏡」，而同時也是觀照臺灣社會現實的「正射鏡」。在這一反一正之間，代表著王白淵從單純的擁戴日本教育的知識份子，到出社會後「了解日本帝國主義的本質和它死滅的原理」，這段在身心都遭遇到重大震盪，並由美術轉向文學轉向社會文化運動的關鍵時間。王白淵在〈我的回憶錄〉中，記述著這段時間的境遇和心路歷程，這關鍵的十年大約可分幾個階段來瞭解：一、1921至

〔註33〕王白淵：〈我的回憶錄（一）〉，刊載於《政經報》，1945年11月10日。
〔註34〕陳才崑：〈王白淵生平·著作簡表〉《王白淵·荊棘的道路（下）》（彰化市：彰縣文化），1995年，頁418。

1923 年間，甫自臺北師範學校畢業，前後至員林及家鄉二水的公學校任教，漸漸嚐到臺日人不平等的壓迫與苦悶，並萌生留學東京美術學校的意念。二、1923 至 1925 年間至東京美術學校師範科就讀，初期仍報守著坐居藝術的「象牙塔的美夢」，但受到中國革命與印度獨立的民族思潮衝擊，心裡的矛盾漸起。三、1925 年決意構思《荊棘的道路》，此一決定是王白淵由美術轉向文學的重大指標，在《荊棘的道路》出版之前，陸續發表〈詩聖泰戈爾〉、〈吾們青年的覺悟〉、〈甘地與印度的獨立運動〉等，表明其民族主義思想與不惜參與政治運動的決心。四、1931 年，《荊棘的道路》在日本出版，亦象徵著王白淵在「純文學」領域階段性的完成，自此便投入民族與文化運動之中。

　　觀察這幾個階段的變化，不難發現王白淵不斷在二極之中擺盪、困頓與思索的特質，他自己亦強調在閱讀了《人間文化的出發》之後，始真正明白藝術與理性、精神與物質的二元對立概念。

> 原始人的夢──這理性以前的世界，混沌底生命感，未分歧的人生，使我了解藝術的秘密，更叫醒我未發的藝術意欲。杜斯杜要扶斯基的人間苦一篇，使我了解人生二元世界的存在，精神和物質，永生和死滅，基督教思想和希臘思想的對立。因此我的內心亦顯然地，感觸到這樣人生二元的相剋。〔註35〕

藝術與理性、精神與物質的二元架構，使得王白淵開始得以將內心的鬱悶情感，具體化為理想與現實不能兩全的體認，並從這矛盾衝突中發展成《荊棘的道路》裡隨處可見的辯證思維。《荊棘的道路》的確令人很難在確切的文字上，尋到關於王白淵左傾思想的驗證，然而，從作家形式思維的生成過程來看，《荊棘的道路》中由正而反又趨合的特殊結構，卻是再明白也不過的紀錄著王白淵從美術到文學到頭也不回的投入社會運動的心路歷程。〈不同存在的獨立〉〔註36〕可謂是《荊棘的道路》辯證思維的類型中很典型的一首，由二

〔註35〕 王白淵：〈我的回憶錄（三）〉，刊載於《政經報》，1945 年 12 月 10 日。

〔註36〕 「（第一段）從思索的岩石滑向岩石／從思維的波濤移向波濤／生命的巨門不斷叩敲／渾身忘我於穿越門縫的光芒／生命的白紙滴落鮮血的刹那我的詩興湧現了（第二段）徘徊在滿佈荊棘的道上／穿過愛的森林／越過生的沙漠／游過生命的大川／到達驚異的村莊／我的詩不可思議地呈現一片黑暗（第三段）棹舟不可逆流的水流／悲喜同化於沉默的溶爐／失望與勝利讓給啾啾的小鳥／生死托賦予大地的花草／不期然我莞爾微笑／詩卻化作泡沫無影無蹤消失了」。王白淵：〈不同存在的獨立〉，原收於《荊棘的道路》一書中，此處

元對立的衝突和死滅，到抵達「棹舟不可逆流的水流／悲喜同化於沈默的熔爐」的境界，說明被動的、消極的內在衝突，在了悟之後化爲無言的、但訴諸主動、積極的行動。

〈不同存在的獨立〉一詩，除了在思維層次呈現了王白淵習於以辯證的模式，到達他所欲的思想氛圍外，它亦指出需要形諸文字的詩，之於他的寫作過程的起始與終結的狀態。首先「詩興」起始於生命的自然純眞受創之時，而具體的詩出現於「徘徊在佈滿荊棘的道上」之時，最後詩人抵達自我思維的「合」的境界時，「詩卻化作泡沫無影無蹤消失了」，在這裡詩是生命和諧狀態破裂時，及二元對立消長時的產物，一旦到達「合」的境界，詩便化作了無言。在《荊棘的道路》出版前，王白淵遊走於文學、藝術與現實之間，身心處於閉守象牙塔與走向民族、民眾運動的極度拉扯中，《荊棘的道路》在某種程度上，可視爲這種拉扯的產物。

而另一方面，在〈未完成的畫像〉中，則呈現了作者無法滿足於任何表達形式的創作的心聲：「我欲暢懷高歌／語言是不聽令於我的語言／拗不過創作的衝動／我欲提筆抒發／顏料是使我失望的顏料／文字是概念的繭／顏料祇是一種形式／祇能表達不完整的意念」〔註37〕，最想畫的那幅畫始終無法眞正完成，只能永遠置於詩人心靈的深處。從這兩首詩的解讀中，似乎隱隱可以看出出王白淵走上實際的社會運動的預告，詩與繪畫都不能盡訴他心中的「志」，或者眞理，或者一種至善至美的原型，而現實生活又逼迫著他不得不正視被殖民社會的悲哀〔註38〕，因此他在回憶錄的最後語重心長的寫著：「理想與現實——這難兩立的名詞，常常使一個人或是一個民族，陷於無間地獄。」〔註39〕理想與現實的對立，是整個日治時期知識份子的憂鬱根源之一，文學能實現的個人與民族救贖，其力量雖不可小覷，但在被殖民情境中，

引自陳才崑：《王白淵・荊棘的道路（上）》（彰化市：彰縣文化），1995年，頁12-13。

〔註37〕 王白淵：〈未完成的畫像〉，原收於《荊棘的道路》一書中，此處引自陳才崑：《王白淵・荊棘的道路（上）》（彰化市：彰縣文化），1995年，頁58-59。

〔註38〕 王白淵在回憶錄中說到：「我常常嘆氣，嘆著環境不能使我作一個純粹美術家，現在還是如此。殖民地——在被征服民族與帝國主義者的殘暴，不斷地對立的社會，一切事業盡是操在日人之手。臺灣同胞根本沒有出路，智識階級都是一個一個變成高等遊民……」王白淵：〈我的回憶錄三〉，刊載於《政經報》，1945年12月10日。

〔註39〕 王白淵：〈我的回憶錄（四）〉，刊載於《政經報》，1945年12月10日。

處處被檢查箝制的文學，本身就是一個壓抑的符號，能提供的救贖感往往不如直接踏入社運的反抗與鬥爭之中。

柳書琴在論文中曾指出，《荊棘的道路》出版之前，王白淵處於「出走→對立的二元世界→隱遁→自我救贖」的思考模式之中，這是他當時的「價值觀與生存之道」，且「這個二元觀，正蘊含了王白淵現實（個人、社會、民族）、藝術、生命、宗教、文明等觀念之基型」〔註40〕。王白淵的自我救贖在《荊棘的道路》之後，邁向了遠離文學的民族、社會運動，他將自我救贖與整個民族的救贖重疊起來，並以此做為一生的志業。王白淵曾經敘述了帝俄時期關於妖魔之花的神話，他也彷彿像是遇見妖魔之花的知識青年，在理想／現實二端拉扯的辯證之中，義無反顧的投入抵抗殖民與帝國主義的民族運動。

三、《荊棘的道路》之形式思維

《荊棘的道路》的形式與風格受到泰戈爾詩歌的浸染甚深〔註41〕，對生命、真理的凝思與趨向靜寂境界的追求、對自然美的感動與謳歌等等，這些都是美感與對真理的宗教情操交織之下衍生的特質。陳才崑將《荊棘的道路》中的詩作分為四大類：藝術理念類、心思剖懷類、田園抒情類、政治意識類，並各自歸類了詩篇的名目於下〔註42〕。這樣的分類研究，雖然有助於掌握獨立詩篇的特質並進行解讀分析，但如前所述，《荊棘的道路》的醞釀時期，是王白淵一生中由象牙塔的知識份子轉向投入民族主義運動的關鍵時期，他所思索的、關注的雖然有題材上的不同，但卻都是緊相關連的。「藝術理念類」何嘗不是「心思剖懷類」的同形式（辯證的、追求真善美的）思索？而「田園抒情類」不正是前二類思索趨至極致時，一種逃遁隱避、另作豁然開朗的

〔註40〕 柳書琴：《荊棘之道：旅日青年的文學活動與文化抗爭》，國立清華大學中國文學系博士論文，2001 年，頁 41。

〔註41〕 王白淵的思想淵源與文藝影響，目前論者都會注意到他受到中國老莊學，印度宗教與哲學，來自西方的美術、文藝思潮如米勒、羅曼羅蘭、拜倫、杜斯妥也夫斯基等，及社會主義理論辯證哲學等等駁雜的影響。巫永福也曾指出，王白淵的詩雖有泰戈爾的影響痕跡，但亦與日本田園詩人石川啄木的詩風相近，故推測其中也有影響的關係。參考自柳書琴：《荊棘之道：旅日青年的文學活動與文化抗爭》，國立清華大學中國文學系博士論文，2001 年，頁 64。

〔註42〕 陳才崑：〈『王白淵‧荊棘的道路』導讀〉，《王白淵‧荊棘的道路（上）》（彰化市：彰縣文化），1995 年。

舒緩？又「政治意識類」更是詩人對前三類創作徹底實踐並明瞭其有限性時，所表現出的亟欲自文字、顏料的象牙塔中出走，以實踐大我的救贖提升自我救贖的覺悟與吶喊。因此可見，由文本的表達形式去區分其類別，在文本的形式思維整體上有切割與斷裂的缺憾。以下筆者擬由「詩心與思想的辯證」這個形式思維的類型，依循「出走→對立的二元世界→隱遁→自我救贖」的脈絡，嘗試解讀《荊棘的道路》中的詩篇。

（一）「出走」到「對立的二元世界」

「荊棘的道路」顧名思義是難行之道，難行卻偏要行，這其中必然有情感／理智的對立掙扎，而放棄平坦的路，偏行難行之道，則代表著自覺的自原來的狀態出走。因為在思想上有所覺悟，於是便步上了荊棘之道。在〈真理之鄉〉之中，作者用譬喻的方式陳述追求真理之路的險惡與困阻：「船一入真理的家鄉／船夫叫──／天空看不見星星／狂風夜四面烏黑／……不要在乎逆捲怒濤／客人呀！／才能抵達真理的家鄉」〔註43〕。同樣的，在〈生命之谷〉一詩中，也看得到如此即將面臨生命風暴的狂亂與興奮：「大膽地踏入生命之谷吧！……噢！奇異的生命之谷／你的荊棘固然可懼／但流貫黑暗的你的靈泉令人無限著迷」〔註44〕。

在〈生命之道〉中，這種走在荊棘之道邁向真理的生命樣態，被安置在二元辯證的思想架構之中：

> 右邊聳立如劍般的愛之森林
> 左邊一片廣袤的荒漠
> 中間一條無盡的小路
> 雲端如劍般的冰山
> 射出永劫的銀色光芒
> 你想像過這場面嗎？
> 我正處在生命的十字路
> 向右通往快樂的山谷
> 向左通往悲哀的原野

〔註43〕 王白淵：〈真理之鄉〉，原收於《荊棘的道路》一書中，此處引自陳才崑：《王白淵‧荊棘的道路（上）》（彰化市：彰縣文化），1995年，頁100-101。

〔註44〕 王白淵：〈生命之谷〉，原收於《荊棘的道路》一書中，此處引自陳才崑：《王白淵‧荊棘的道路（上）》（彰化市：彰縣文化），1995年，頁6-7。

　　　放眼前方慢慢可達永恆之鄉

　　　我正靜靜地在凝視

　　　人生巡禮的自我容姿〔註45〕

這首詩包含了兩個層次的辯證思索，第一層是詩中具體形容的「愛之森林／快樂的山谷」、「廣袤的荒漠／悲哀的原野」，以及超越這快樂與悲傷的「中間」，即通往永恆之鄉的無盡小徑。第二層是詩人超越自己躑躅於三叉路前的徘徊，以三叉路的抉擇和自我的猶豫，作爲二極的激盪，並產生出「我正靜靜地在凝視／人生巡禮的自我容姿」這樣超越自我的觀照。「現實／理想的衝突→產生內心中兩極抉擇的分裂與拉扯→導生暫時超越衝突，另闢一觀照性的視野」，這種正反合的模式，幾乎是《荊棘的道路》所有詩篇的形式思維的基調，《荊棘的道路》中有二元對立的痛苦與輾轉掙扎，但最終都沒有導向徹底決裂的極端。這令人再一次注意到《荊棘的道路》它的思維與審美層次是深邃的，所有現實中激烈的抵抗意識，進入這辯證的架構之中時，都會趨於和緩而呈顯出沈思的風貌。

（二）隱遁

　　《荊棘的道路》的詩思維有其前後階段性的痕跡，二元辯證的思考所導出的觀照的、「合」的境界，在前一階段表現出寂靜、趨向無始無終的消解的特質；在後一階段則產生積極的自我救贖的思維。因此，前一階段相對之下顯得消極的思維，就與「隱遁」、「消解」、「嚮往自然」的意象或主題有關。在〈時光的浪人〉中寫著：「我是時光的浪人／是一位深閨爲生命喜樂的純潔少女／拒絕生命的教誨／逃避人生的廉價妥協／這些我都不看它一眼／高高地擁抱生命之神」〔註46〕，顯示出不和世俗價值觀妥協，只爲跟隨真理，嚮往「魂的故鄉」的出世態度。而〈南國之春〉則將真理的求索歸於自然界的體悟與觀察：「一望無際山碧綠／盛開之花花豔紅／草木吹芽魂甦醒／知神之心當此時／且問小鳥永恆的真理／花草叢間找尋無限之自我」〔註47〕，在〈給春天〉中，這種主體我對客體真理的追尋，終於變成《莊子》

〔註45〕 王白淵：〈生命之道〉，原收於《荊棘的道路》一書中，此處引自陳才崑：《王白淵・荊棘的道路（上）》（彰化市：彰縣文化），1995年，頁14-15。

〔註46〕 王白淵：〈時光的浪人〉，原收於《荊棘的道路》一書中，此處引自陳才崑：《王白淵・荊棘的道路（上）》（彰化市：彰縣文化），1995年，頁92-93。

〔註47〕 王白淵：〈南國之春〉，原收於《荊棘的道路》一書中，此處引自陳才崑：《王白淵・荊棘的道路（上）》（彰化市：彰縣文化），1995年，頁118-119。

中物我兩忘、主客解消的體認:「花落在微風中／無我——無汝／只有亙古自然起伏的聲音高亢」〔註48〕。

由二元對立的「無間地獄」，走向「無我」、「無汝」的寂靜境界，〈二灣流水〉中，甚至有「二元歸於一元／靈魂與肉體奉事同一個神」的詩句，顯示詩人此時將所有的對立與黑暗衝突，全都化於自然之中、合而爲一。然而，這種合而爲一的喜悅，在〈無表現的歸路〉中復又遭到質疑:

> 雨絲靜靜地下——夜漆黑
> 冷風悄然入窗來
> 無光燈下兀坐闔眼遐思
> 思入往昔數千年
> 抑或徘徊漫步至永劫未來之鄉
> 變作花草田野繚亂
> 化作小鳥之上啼轉
> 今宵回歸魂的故鄉
> 無喜無悲無生無死
> 到達無表現的歸路
> 啊！——
> 我是甦醒還是將要入眠？
> 抑或——因爲外面漆黑
> 雨依稀靜靜地下〔註49〕

最後的「我是甦醒還是將要入眠？／抑或——因爲外面漆黑」二句頗有深意，詩人因到達無表現的歸路，反而開始質疑這種寂靜的心情，是一種自性將覺醒的前兆，還是相反的，是對現實的逃避？如前所提，在《荊棘的道路》中，每一種階段性的思維都不曾走向極致，它在到達一個顛峰之後，便會產生反向省思的作用。消極的隱避走到一個極限時，詩人便開始自問:我是甦醒還是睡著？因爲有這樣重新思索的動機與動力出現，《荊棘的道路》才得以邁向下一個積極思維的階段:救贖之道。

〔註48〕 王白淵:〈給春天〉，原收於《荊棘的道路》一書中，此處引自陳才崑:《王白淵・荊棘的道路（上）》（彰化市:彰縣文化），1995 年，頁 68-69。

〔註49〕 王白淵:〈無表現的歸路〉，原收於《荊棘的道路》一書中，此處引自陳才崑:《王白淵・荊棘的道路（上）》（彰化市:彰縣文化），1995 年，頁 106-107。

（三）救贖之道

　　蝴蝶飛回

　　淋濕五月雨

　　摺疊羽翼休憩

　　於黑暗的樹陰

　　打破沈默

　　鐘聲響起

　　我的靈魂甦醒

　　從象牙之塔

　　回歸現實之際

　　我心熱鬧無比

　　再度回首

　　永無盡頭的彼方〔註50〕

論者大多會注意到這首〈打破沈默〉，並以此作爲王白淵從美術、文字的象牙塔中，蛻變成積極活動的民族主義者的應證之一。首先「蝴蝶」在《荊棘的道路》有等同於莊周夢蝶中那只蝴蝶的意味，有著主客合一、貼近自然與寂靜之境的象徵。而詩的一開頭，蝴蝶飛回來了，且棲止於黑暗之中。「黑暗」在王白淵的隱喻中，代表著現實、世界與矛盾人生，因此。蝴蝶棲止於黑暗中，意味著詩人欲將追索抽象眞理的心思放回曾令他萌生出走意念的現實之中。而之於在〈無表現的歸路〉中，質疑的是甦醒還是行將入睡，作者在〈打破沈默〉中作者予以肯定，「我」的確是意欲甦醒的，但不是甦醒在象牙塔中，他要甦醒在「現實」裡。至此，《荊棘的道路》中二元辯證的旅程，已來到尾聲，在歷經「出走→對立的二元世界→隱遁」之後，詩人完成整體性的辯證循環，以重新面對其出走的原點，以知其不可而偏要爲之的實際行動，去消弭現實／理想之間看似不可橫越的鴻溝。之於之前的隱遁思維，這個階段的救贖之道是以小我去實踐大我的幸福，詩人在行動中獲得昇華以及小我的救贖之道。

〔註50〕　王白淵：〈打破沉默〉，原收於《荊棘的道路》一書中，此處引自陳才崑：《王
　　　　白淵・荊棘的道路（上）》（彰化市：彰縣文化），1995 年，頁 60。

四、結語

在嘗試分析王白淵的寫作形式思維與文本形式之後，再來回頭看本節一開始時提出的文學流派定位問題。陳芳明在《左翼臺灣》中將王白淵視為啟蒙左翼思想的代表人物之一，然而他的《荊棘的道路》卻難以歸入「左翼文學」。這樣在作者思想、社會行為與文學表達方式、流派，難以接合的情況：左翼文人寫的不是左翼文學，亦不是「本土化現實主義文學」，說明了寫作形式與文本形式、文本自身有其應分開討論的需要。王白淵的思想是駁雜多元的，反映在《荊棘的道路》中，其文本形式思維是由辯證走向救贖的，而文本本身則有著現代田園詩、抒情詩的特色，並且善於捕捉抽象的美學意象與應用隱喻。從文本本身的特徵來看，《荊棘的道路》的詩篇應屬於現代文學中現代主義的一支，且其承接的現代文學淵源是比較接近日本現代文學的。

在〈我的詩沒有意思〉中，王白淵寫著：「我的詩沒有意思／一直啃噬智慧的果實／於人們受苦的深淵的偶然／回歸凡事皆感好奇的嬰兒的剎那／袛不過是我心靈的渣滓」〔註51〕。詩或者文學之於王白淵一生的思想與志業而言，它是階段性的成就，擔負著宣洩辯證思維過程中產生的鬱悶與疑惑，因此才有這「詩是心靈的渣滓」的說法。《荊棘的道路》雖是心靈的渣滓，但也是具具開創性與影響力的「渣滓」，這本早在 1931 年就集結成書的日文詩，在日文詩集的出版上具有示範作用，而其「現代主義」的表現手法則成了臺灣日本語詩現代主義一脈的先驅。

第三節 「主知」與「超現實」：論楊熾昌詩作的形式思維

一、前言：吹送清新風氣的《風車》

風車詩社成立於 1933 年，先後加入的成員有李張瑞、林修二、張良典、戶田房子、岸麗子與島元鐵平等七人，並發同名詩刊《風車》，其發行宗旨是「主張主知的『現代詩』敘情，以及詩必須超越時間、空間，思想是大地的

〔註51〕王白淵：〈我的詩沒有意思〉，原收於《荊棘的道路》一書中，此處引自陳才崑：《王白淵・荊棘的道路（上）》（彰化市：彰縣文化），1995 年，頁 2-3。

飛躍」〔註52〕，向臺灣詩壇推行「超現實主義」的詩理念與創作。在訪談中，楊熾昌曾回憶及風車詩社命名的來由，因爲他曾在臺南七股、北門一帶看見鹽田上一架架的風車，內心十分神往，於是在結友立社時自然地就想命名爲「風車」，也是藉此表達想對當時的臺灣詩壇吹送一股清新之風的意圖〔註53〕。

　　但遺憾的是，這股清新的風只吹送了四期，標榜著超現實路線的《風車》就在出版四期（1933年10月～1934年12月）後即宣告停刊。風車詩社停刊並解散原因，和當時臺灣新文學運動的主流無法接受前衛的實驗性的詩有關，楊熾昌在〈回溯〉一文中便慨然地說：「受不了不理解的人士惡意圍攻，產生了一段論戰，對於抱殘守缺之輩展開攻擊，深對這輩不知時流之人，感到其視界之毛病，並不能啓發引導出任何新氣象，於是只好收兵，追求自己的發展。」〔註54〕觀察李張瑞在《臺灣新聞》上幾次的筆仗，和楊熾昌〈意大利花飾彩陶的花瓶——給佐藤君的信〉〔註55〕回敬左藤〈感想片段〉中批判風車爲「重視隱喻的超現實主義者」一文，不難發現這些評論都從現實主義的、功用的、實際的角度去批判風車詩刊「過於耽美的薔薇色彩」，從文學的社會性效用去責難這批「超現實主義者」的虛幻與爲「藝術而罔顧人生」，然而，這些尖銳的言詞之於它們批判的對象是否眞的有對焦，這是很值得一問的問題。

　　根據楊熾昌不斷聲明的「我把超現實主義從日本移植到臺灣」〔註56〕、「如若你叫我爲達達主義者，超現實主義者，那麼你實在只不過以無知者自居而已」〔註57〕，以及他幾篇撰文談西脇順三郎與日本《詩與詩論》詩人群

〔註52〕楊佩芬：〈永不停息的風車〉，原刊載於《文訊》第九期，1984年3月。現收錄於呂興昌編：《水蔭萍作品集》（臺南：臺南市立文化中心，1995年4月），頁279。

〔註53〕呂興昌：〈楊熾昌生平著作年表初稿〉，《水蔭萍作品集》（臺南：臺南市立文化中心，1995年4月），頁383-384。

〔註54〕羊子喬：〈訪楊熾昌文學之旅〉，原載於《笠》145期（1988年6月），後收錄於《水蔭萍作品集》（臺南：臺南縣立文化中心，1995年4月），頁283-284。

〔註55〕楊熾昌：〈意大利花飾彩陶的花瓶——給佐藤君的信〉原發表於《臺南新報》，1934年5月21日，後收錄於《水蔭萍作品集》（臺南：臺南縣立文化中心，1995年4月），頁147。

〔註56〕楊熾昌：〈《紙魚》後記〉，收錄於《水蔭萍作品集》（臺南：臺南縣立文化中心，1995年4月），頁146。

〔註57〕楊熾昌：〈意大利花飾彩陶的花瓶——給佐藤君的信〉原發表於《臺南新

的文章可知，楊熾昌所移植的是西脇順三郎所主張的「超現實主義」，而西脇順三郎自始至終都否認自己是「超現實主義者」，楊熾昌也是採取同樣的「似是實非」的姿態，因此楊熾昌的「超現實主義」和左藤對他的批判實有很大的出入；另外，楊熾昌追隨西脇所提出的主知的詩思，以詩的思考與聯想力發現「現實」的新關係和趣味，秉持這樣的理念所創作的詩，則遭受到「荒誕不實」與「過度隱喻」的批判，這亦是在詩的創作理念層次上的不理解所造成。因此，在重讀文學史與重構典範的今日，再次回頭去釐清楊熾昌主張的「超現實主義」與其時代意義是很有必要。本節以下擬從西脇順三郎的「超現實主義」與楊熾昌移植的「超現實主義」作一粗略的比較，以期能突顯風車詩社的超現實主義主張之「本土性」，並就楊熾昌當時的詩作與他的詩論作一理念與實踐的觀察。

二、需要加上引號的超現實主義

　　西脇順三郎為日本現代詩的奠基者之一，曾留學於英國的牛津大學，並將西式的文學理論與詩觀念引進日本文壇，西脇順三郎以其獨樹一幟的超現實詩論與詩創作獨步日本文壇，並對日本的現代詩產生根源性的影響。在西脇順三郎的詩論中，一以貫之的「超現實」與「超自然」主張，可說是他詩論的核心，在〈超現實主義與我〉一文中，他明白的表示了他的超現實主義立場：

> 詩的重要的因素是就是超自然、超現實的，戈爾和勃勒東的超現實主義的東西，不過是這種精神之一的表現而已。我的「超現實主義」論，既不是特定的戈爾學說，也不是勃勒東的學說，毋寧說它只不過是試圖闡釋近代詩的一般原則而已。〔註58〕

而西脇順三郎的「近代詩的一般原則」即是重視思考與想像，從現實的單調性中去發掘更多驚異的連結，並從這超離現實的結合中去感受到屬於詩的神秘性與奇異性。在〈我的詩論〉中西脇順三郎亦直接表明：

> 我的實際上的技巧（technic）是使自然和超自然，現實和超現實混

報》，1934 年 5 月 21 日，後收錄於《水陰萍作品集》（臺南：臺南縣立文化中心，1995 年 4 月），頁 146。

〔註58〕 西脇順三郎：〈超現實主義與我〉，刊載於《讀書筆記》第 4 期，1961 年 4 月。此處轉引自千葉宣一著，葉渭渠編：《日本現代主義的比較文學研究》（北京：中國社會科學出版社），1997 年 12 月，頁 160。

　　　　論亂而將它們移入一個詩作的世界。〔註59〕

自然／超自然、現實／超現實在他的解釋中並非是對立的概念，相反的，它
們是互相依存的關係。超自然、超現實必須以自然、現實爲「實體」，超自
然、超現實欲破壞的是自然、現實原本的關係，而非自然、現實其實體本
身。他舉了一例子來說明：「牛在理髮店的正中央反芻」，這是一個超現實的
「關係」，但如果沒有原本「牛在草地上」、「理髮廳用來美容頭髮」這樣的現
實「關係」，超現實的關係就無法成立，換句話說，「超現實」是一種相對差
異的存在，它不能憑空而生，與現實毫無聯繫，在這一點上，西脇順三郎的
超現實就與勃勒東的超現實主張大異其趣。

　　除了講求「新關係」的發掘外，西脇順三郎亦強調「詩的思考」。所謂詩
的思考就是「想像」，關於超現實關係的想像，因而它是不合理的思考。例如
「雞中的我」，「雞」和「我」的關係是隱晦而神秘的，兩者作爲同是存在但
又互不相干的物種，被不合理的思考擺在一起，因而創造出一種新的關係，
這新的關係包含了隱喻和象徵的意義，因此「雞中的我」這樣的句子，既是
產生於思考亦是迫使看到它的人產生類似的思考。所以，「只要是有關詩，所
謂想像就是發現新的關係。那樣所謂詩的想像形態即是『相反而且遙遠地
懸隔著的兩個現實和自然被連結』的事」，基於這樣理念，西脇順三郎於是得
以說「詩是現實的同時又不是現實」、「我既不是現實主義，又不是超現實主
義」〔註60〕。

　　楊熾昌的詩論中，有著與西脇順三郎相似的主張。他亦強調詩的思考與
想像力之於一首出色的詩的重要性：

　　　　我有時夢見煙斗裡結了深藍的豆實，夢見雲雀把巢築在貝殼裡。這
　　　　可說是理智的波希米亞人式的放浪吧。我叼著煙斗走到野地。雲雀
　　　　的巢不是貝殼。文學的理智不是在這個自然之中。……然而我們知

〔註59〕　西脇順三郎：〈我的詩論〉，收錄於西脇順三郎：《西詩探源》（臺北：臺灣商
　　　　務），1975 年，頁 169-186。

〔註60〕　「西脇、春山、瀧口、北園、上田等人的詩確實顯現著超現實主義的詩的風
　　　　格，只是他們大多數人自始至終僅僅把超現實主義認爲是別出心裁的新美
　　　　學、缺少歐洲誕生的超現實主義根本精神的內在因素。例如西脇順三郎雖然
　　　　出版《超現實主義文學論》、《超現實主義詩論》，但是卻從來未曾說過自己
　　　　是個超現主義者。」參考自葉笛：〈日據時代臺灣詩壇的超現實主義運動——
　　　　風車詩社的詩運動〉，《臺灣現代詩史論》（臺北：文訊），1996 年 3 月，頁 21-
　　　　34。

道：這種想像力是理智卓越的一種形態。我們只得動手挖掘隱藏於
思考過的思考的世界之中的理智。〔註61〕

「煙斗裡結了深藍的豆實」、「雲雀把巢築在貝殼裡」這都是超現實的關係，
是詩人想像力運作下的產物，屬於「文學的理智」，這和西脇順三郎談現實與
超現實時的方式可以說是如出一轍。然而，正如同西脇順三郎的「超現實主
義」不等同於西方的超現實主義，楊熾昌自日本移植過來的超現實主義，自
然也不能與西方的等同其觀，在「理智的波西米亞人式的放浪」的前提下，
它與其說是「超現實主義」，毋寧是一種關於「現代詩」〔註62〕的自由、反叛
與浪漫的思考，藉由想像的飛躍，將兩種現實連結成為超現實的關係，並藉
由感性的、直覺的語言捕捉，將它們呈現出來。

但正如同西脇順三郎的超現實主義為經過他自己修改、詮釋的超現實主
義，楊熾昌將這種與日本同步的文學潮流帶進風車詩社時，亦是加上了他自
己的詮釋與企圖。在詩的思想與臺灣風土的連結，以及以「超現實」暗渡現
實批判，這兩點上可以看出，楊熾昌的超現實主義主張除了要求詩在現代美
學上的進境外，亦具有被殖民者文學的性格——亟欲突破現實的壓制，以文
字抗訴被殖民的悲憤與不公允。

在詩的思想與臺灣風土的連結上，楊熾昌將詩的思考性界定在「保持在
土人的世界」上：

一首詩與其強調在使其產生詩的過程的意象之美，不如發揮以感覺
的手法和明徹的知性（或感性）為儀式所構成的意象之美。詩在思
考性上常願保持土人的世界這件事，終究就是獲得這些意欲的方
向。〔註63〕

從這段話可以看出，楊熾昌認為詩的意象之美產生於一種意欲性，即以「以
感覺的手法和明徹的知性（或感性）為儀式」，而獲得這種意欲性方向的方
法，就是讓詩的思考保持在「土人的世界」。楊熾昌在詩文中多次提到「土人
世界」的意象，它與原始的、永遠新鮮蓬勃的、不斷有新的驚異出現等等的
象徵有關，保持在土人世界的詩的思考，是一種不斷創新的鍛鍊、彷彿「讓

〔註61〕 楊熾昌：〈檳榔子的音樂〉，收錄於呂興昌編：《水蔭萍作品集》（臺南：臺南
市立文化中心，1995 年 4 月），頁 124。
〔註62〕 這裡的「現代詩」為西方文學以波特萊爾作為指標的現代詩意涵。
〔註63〕 楊熾昌：〈檳榔子的音樂〉，收錄於呂興昌編：《水蔭萍作品集》（臺南：臺南
市立文化中心，1995 年 4 月），頁 122。

頭腦燃燒」般的詩的祭儀:「新的思考世界總是對美的高度要求和詩的更美好的祭禮。我非常喜歡在燃燒的頭腦中,跑向詩的祭禮,摸索野蠻人似的嗅覺和感覺。」〔註64〕又,「因此,土人世界的意向性,和一首詩是否具有「出色的美」〔註65〕相關,因為土人象徵著新新不息的思考與發現超現實的驚異美的可能性。

　　由此可見,楊熾昌承繼自西脇順三郎的超現實詩論,有他自己思考的出發點與立足點,他由土人的生之蓬勃去想像與追尋詩的美感。而在〈燃燒的頭髮〉中,「土人世界的詩思」則和臺灣的風土氣候連結了起來:

> 詩人總是在這種火災中讓優秀的詩誕生。……我們所住的臺灣尤其
> 得天獨厚於這種詩的思考。我們產生的文學是香蕉的色彩、水牛的
> 音樂,也是蕃女的戀歌。……現代二十世紀的文學恆常要求強烈的
> 色彩和角度。這一點,臺灣是文學的溫床……

楊熾昌將臺灣風土特有的熱帶的色彩與南方土地蘊含的原始生命力,和他的「土人世界的思考」結合了起來,而臺灣風土的南國色彩則成為詩人飛躍的想像力最好的素材。

　　另者,在以「超現實」暗渡現實批判這方面,從楊熾昌戰前的幾篇文章中,無法很明確的看出來,這和當時嚴峻的檢查制度導致作家無法暢欲所言很有關係。唯一措辭最為強烈的,應屬〈臺灣的文學喲・要拋棄政治的立場〉一文,此文的性質是批評河崎寬康在〈有關臺灣文藝運動的兩三個問題〉文中言臺灣新文學運動應思索自己的「政治立場」和「政治意義」,楊熾昌認為殖民地文學如何能夠有「政治立場」,唯一的立場只能是:「如說有立場,其立場就是再分裂和被迫清算和調整的立場。」〔註66〕言下之意,似是認為臺灣新文學若是以政治為寫作前提,以抗議批判為立場,那不斷遭受殖民者的干預與破壞的命運終究是不可避免的。而臺灣新文學正值建設與塑立發聲主體之時,如何能禁得起政治意外的一再干擾?在〈土人的嘴唇〉中,楊熾昌重申對當前「殖民地文學」的失望,他隱晦的質疑臺灣新文學運動的「明確目標」及「殖民地文學的建設」的意義,並且認為提倡「新文學」的同仁

〔註64〕楊熾昌:〈檳榔子的音樂〉,收錄於呂興昌編:《水蔭萍作品集》(臺南:臺南市立文化中心,1995年4月),頁122。

〔註65〕西脇順三郎曾將「令人驚嘆」的超現實的連結關係,稱為出色的美。

〔註66〕楊熾昌:〈臺灣的文學喲・要拋棄政治的立場〉,收錄於呂興昌編《水蔭萍作品集》(臺南:臺南縣立文化中心,1995年4月),頁117-119。

應該好好思索其文學的「新」意何在,「該停止敲鑼打鼓的作法吧,而對只是要小花招和小口惠的新文學運動,稍有思想的人是無法贊同,也不敢領教的。」〔註67〕

　　大致來看,楊熾昌與「主流陣營」最大的認知差異還是在文學主張和思考方式上,他思考「臺灣文學主體」的方式,是以「土人的意向性」結合臺灣風土與現實,並且以「超現實」的手法表現,他自己亦曾說:「詩的祭典之中有所謂超現實主義。我們在超現實之中透視現實。」〔註68〕而今看來這是很普遍的現代詩寫作手法,但是在當時的詩壇,因為臺灣被殖民的特殊情境,導致這樣的現代詩寫作被理解為耽美而虛幻。

　　在戰後的回憶文章〈回溯〉中,楊熾昌始能明白的解釋他的「超現實」意圖:

> 以文字來正面表達抗日情緒,雖是民族意識的發揚,可是在日帝強大的魔力下,這樣的作法只會出現反效果,使得臺灣的新文學受到更強力的壓制;文學技巧的表現方法很多,與日人硬碰硬的對抗,只有引發日人殘酷的摧殘而已,不如以隱蔽意識的側面烘托,推敲文學的表現技巧,以其他角度的描寫方法,來透視現實社會,剖析其病態,分析人生,將殖民文學以一種「隱喻」方式寫出,才能開花結果,在中國文學史上據一席之地。〔註69〕

因此,楊熾昌的超現實主義除了在刺激詩的思考上以臺灣的熱帶色彩作為燃媒與素材,批判意識也是他關注的重點,浪漫的詩情與對政治現實的思索,結合於他超現實式的「主知」的形式思考之中,並且以承繼自西脇順三郎等日本詩人的超現實主義作為表現手法。從飛躍的思考方式去捕捉現實、諧謔現實,他思索但不以既定的現實、現實世界的邏輯和關係,他依循的是「自己的藝術」、和「信仰美與直覺的眼睛」〔註70〕。

〔註67〕 楊熾昌:〈土人的嘴唇〉,收錄於呂興昌編《水蔭萍作品集》(臺南:臺南縣立文化中心,1995年4月)。

〔註68〕 楊熾昌:〈燃燒的頭髮〉,原載《風車》第三集,1934年3月,現收錄於呂興昌編:《水蔭萍作品集》(臺南:臺南縣立文化中心,1995年4月),頁127-133。

〔註69〕 楊熾昌:〈回溯〉,收錄於呂興昌編:《水蔭萍作品集》(臺南:臺南縣立文化中心,1995年4月),頁223。

〔註70〕 見楊熾昌:〈新精神和詩精神〉,收錄於呂興昌編:《水蔭萍作品集》(臺南:臺南縣立文化中心,1995年4月)。

三、詩作的形式分析

　　當時年輕的霸氣是在企圖前衛的藝術性中，得以舒緩地伸展率直的
抒情的。從散文詩中故事的幻影重疊的形象和暗喻，帶著愉悅的音
響，煞像披靡於什麼涼風的夢似地搖曳著。我一閉上眼就在眼瞼底
下感到明亮的水在搖蕩，從無意識裡初醒，本能的衝動先被變成鮮
麗的圖型，又回歸無意識。我的內部永遠殘留著爲透明的火燄所燒
成的傷痕，年輕的皮膚被太陽炙焦，於是乎沉入健康的睡眠。

——〈《燃燒的臉頰》後記〉〔註71〕

楊熾昌這段文字，比他的任何一篇詩論都更來得能貼切地詮釋他的詩的風
格，以及他的「超現實」主張。從源自身體的無意識的欲動，到內部視野與
感覺交錯形成鮮麗形象，而後又復歸無意識，或者就此直率地抒發成具詩思
烙痕的詩，這種屬於詩的燃燒的循環特質，說明了楊熾昌爲何不斷在詩論中
宣告「詩在思考性上常願保持土人的世界」、「詩人在詩的祭典裡飄揚著燃燒
的頭髮」、「詩人在火災中誕生優秀的詩」，這些極具象徵意義的句子，都指向
楊熾昌的詩寫作形式與表達方式──「主知」的形式，「超現實」的表現。「主
知」指的是楊熾昌繼承自日本超現實主義詩人的詩必要思考的理念，而並且
加近了他自己的理解：詩的思考是與原始欲力相結合的一種「燃燒」，它亦賦
予詩人超離現實的觀察能力，除了在現實的重新組合中發現新的趣味，也是
在不合理的組合與邏輯中，攻擊現實的荒謬與罪惡。

　　楊熾昌的詩作並非一開始就能接軌上他的詩論，最先發表的幾首詩如〈青
白色鐘樓〉、〈幻影〉、〈福爾摩沙島影〉等，雖有「超現實」的雛形，但抒情
和重視隱喻的成分仍然濃厚，以〈幻影〉一詩爲例：「A／擊破被密封的我的
窗戶／侵入的灰色的靡菲斯特／哄笑的節奏在我的頭腦裡塗抹音符／B／臥
在床上的女人／病了的他妻子蓋著紅亞麻布在唱／說是舞蹈著的青色天使的
音樂──／C／墜落下來的可怕的夜的氣息／被忽視的殖民地的天空下暴風
雪何時會起……／是消失於冷笑中兇惡的幻像……」〔註72〕詩中除了「哄笑
的節奏在我的頭腦裡塗抹音符」一句，以節奏不衍生音符，反而塗抹音符，

〔註71〕　楊熾昌：〈《燃燒的臉頰》後記〉，收錄於呂興昌：〈楊熾昌生平著作年表初稿〉，
　　　　　《水蔭萍作品集》（臺南：臺南市立文化中心），1995 年 4 月，頁 219。

〔註72〕　楊熾昌：〈幻影〉，原發表於《臺南新報》，1933 年 2 月 8 日，現收錄於呂興昌
　　　　　編：《水蔭萍作品集》（臺南：臺南市立文化中心），1995 年 4 月，頁 76-77，
　　　　　此首爲葉笛翻譯。

引發幻影侵入腦海時以戲謔的姿態洗刷詩人的秩序與文字的想像，具有超現實的組合意味外，其餘各句仍是以誇大的形容和晦澀的隱喻居多。

楊熾昌較穩定的超現實詩表現，應該是在 1934 年〈月光和貝殼〉以後的作品，此篇作品包含〈海風〉、〈海的歌〉、〈月光〉、〈貝殼〉、〈夜〉、〈印象〉等六首小詩，每首都細緻而巧妙的實踐了詩論中超現實的主張，如最後一首〈印象〉：

> 投射在你背上的影子就像布農族的瞑想。
>
> 而你還把長統襪遺忘在鄉下車站。

影子／瞑想，長統襪／鄉下車站，是現實物件的不合理組合，這兩句詩本身亦是奇異的連結，而這樣的超現實組合成功的引出了無邊的詩的想像與趣味，詩中被描述的「你」也許是來自高山族或者是其他具有相似特徵的人，身上帶有高山族人的氣息，因此連投射在他背上的影子，都像是他們「布農族」的剪影，又因為影子的變幻與灰黑色調，看來又像帶點冥思的深邃感。第二句則有戲謔的味道，瞑想與粗心的遺忘襪子，是相對的意象，也許「你」是個在思想上活潑且令人激賞的人，但是在生活上卻是個不折不扣的粗線條，這兩句超現實的詩組合起來正好構成一個奇異但也許不失真實的「印象」。發表於 1934 年 3 月風車第三輯的〈demi rever〉〔註73〕（半夢，不完整的夢），以夢的破碎和詩句中刻意營造的支離感，則令人聯想到這一首在楊熾昌的「超現實」意義下，實驗「自動寫作」的詩。

楊熾昌詩中不乏有「蝴蝶」、「海」、「貝殼」、「蕃女」、「南風」等等，帶有南國風味的意象出現，這與他認為臺灣的熱帶風光與色彩正是「文學的溫床」相合，但這些意象拼組，有些時候比較像南國異地的情調，令人難以和臺灣印象接合起來。而〈比卡兒的族群〉是其中最為出色的一首之一：

> 紅花陶然
>
> 痲醉的祭歌之貪婪
>
> 這單純的眼瞼裡映照遙遠的海峽
>
> 亞麻的花在碎裂的春天皮膚上
>
> 燃成野性的狂熱
>
> 昨天的花

〔註73〕 楊熾昌：〈demi rever〉，《水蔭萍作品集》（臺南：臺南市立文化中心），1995 年 4 月，頁 97-99，此首為葉笛翻譯。

　　杳渺的夢

　　今天的花

　　粗獷的愛

　　祭典的聲響像太古一樣流動

　　敗北的徽章是可愛的

　　蕃女喲！

　　蝴蝶的風裡有黎明的芳香

　　卑屈的成長孕育蕃山之夢〔註74〕

詩的第一段，以「紅花」、「祭歌」、「單純的眼瞼」描繪出蕃女的青春爛漫的形象，而「海峽」則說明了蕃女的所屬地，不是別的地方正是可以遠眺臺灣海峽的高山。第二段「亞麻」二句，以花的碎裂，表現出祭典舞動的狂野，而蕃女的野性美不僅燃燒了祭典的熱度，也燃燒起詩人的詩思。因為青春舞動散發了強烈的存在宣示，所以有了第三段昨日之花如夢，而今日之花在祭儀中，散發著原始而粗獷的光芒，熱情洋溢彷彿示愛。因此詩人在祭典中「降服」於蕃女們的青春之美，但這樣的「敗北」是另令人心悅誠服的。最末二句「蝴蝶的風裡有黎明的芳香／卑屈的成長孕育蕃山之夢」，可以見到詩人的「超現實」功力，有著蝴蝶的風當春風莫屬，而黎明／芳香是令人無限想像的組合，與下句結合起來看，也許是意指著：蕃女雖屬邊緣的族群，但是她們的年輕與熱情，身繫著偏僻的蕃山中未來的夢，就像一陣芳香的春風，透露著黎明般的美好遠景和希望。

　　在中村義一的〈再論臺灣的超現實主義〉〔註75〕中，曾提到楊熾昌〈悲調的月夜〉發表於《臺灣日日新報》時，同日的報紙上刊登了一則是「小早川篤四郎從軍作品展」的報導，文旁還附有在海中雄偉的航行地軍艦的圖畫，因為版面很大，所以與〈悲調的月夜〉竟形成一種「超現實」趣味的聯繫：

　　在空間測量重量的詩人

　　悲調的月夜吶

　　停止生理的排洩那種熾烈的虛偽吧

〔註74〕楊熾昌：〈比卡兒的族群〉，發表於《臺灣日日新報》，1938 年 4 月 26 日，現收錄於呂興昌編：《水蔭萍作品集》（臺南：臺南市立文化中心），1995 年 4月，頁 76-77，此首為葉笛翻譯。

〔註75〕中村義一著，陳千武譯：〈再論臺灣的超現實主義〉，《笠》145 期，1988 年 6月。

　　什麼宇宙的神祕就把它擊破吧

　　無為地囁嚅的女人的語言像紅焰一樣燃燒

　　一顆槍彈早鑽進肉體裡

　　滔滔流漓的血彩

　　啊！又是悲調的月夜

　　零落如花

　　礁湖之中

　　透明的熱帶海氣

　　愛戀的貝殼折騰

　　水之花開

　　黑色的夢妖笑而墜落下去〔註76〕

　　這是一個很意思的觀察，楊熾昌曾極力主張從「純文學」中去洞悉、揭露現實的殘酷與血腥，以超現實去掌握現實，這樣一來能避免日帝文藝檢查制度的騷擾，二來亦可提升臺灣文學的藝術水準，而與中國、世界文壇並駕齊驅，〈悲調的月夜〉無論有沒有「小早川篤四郎從軍作品展」的「超現實」聯繫，它應該是一首具現實批判意識的詩作。詩的前七句以詩人只能「在空間測量重量」、「無為地囁嚅的女人的語言」，嘲諷虛偽文字的遊戲彷彿「生理的排洩」，根本無法與實際上的槍砲相抗衡。而詩的後七句，一連串的熱帶風景產物的意象。如「礁湖」、「熱帶海氣」、「貝殼」，讀來與前段頗有不搭調的感覺，但「悲調的月夜」似是統合了這兩者的不協調，詩人的虛偽、文字的無力，營造了一種悲傷而逃避的氣氛，於是便有了最後「黑色的夢妖笑而墜落下去」一句，以妖魔的意象收攝了現實對詩人造成的創傷、以及所有想逃避於南國明媚風光的墮落。

　　另一首〈毀壞的城市——Tainan Qui Dort〉亦是可以作現實批判詮釋的作品。此篇包含〈黎明〉、〈生活的表態〉、〈祭歌〉、〈毀壞的城市〉四首詩，前三首似是詩人對自己的思維狀態與理想抱負的隱晦伸張，第四首同名的小詩則頗有批判殖民地社會現狀的意味：

　　簽名在敗北的地表上的人們

〔註76〕　楊熾昌：〈悲調的月夜——給霓虹之女　T・T〉，原刊載於《臺灣日日新報》，
　　　　1938 年 12 月 10 日，現收錄於呂興昌編：《水蔭萍作品集》（臺南：臺南市立
　　　　文化中心），1995 年 4 月，頁 106，此首為葉笛翻譯。

　　吹著口哨，空洞的貝殼

　　唱著古老的歷史、土地、住家和

　　樹木，都愛馨香的瞑想

　　秋蝶飛揚的夕暮喲！

　　對於唱船歌的芝姬

　　故鄉的哀嘆是蒼白的〔註77〕

「敗北的地表」、「空洞的貝殼」都有隱喻臺灣被殖民現狀的意思，「蝴蝶」同
「貝殼」在楊熾昌的詩作中，有等同於南國風光，及等同於臺灣的意思，而
今一個遭淘空，一個則被冠以「秋」的意象，且飛舞在「夕暮」之中，具有
被殖民臺灣的命運如同日暮西山的影射。最後二句令人聯想起漢詩中的「商
女不知亡國恨，隔江猶唱後庭花」，福爾摩沙的嘆息在唱著歡樂船歌的妓女的
眼裡看來，蒼白得彷彿不復存在一般。

　　綜合以上的初步分析可知，楊熾昌的詩與詩論大致是不相違背的，在最
大的限度上，他以自己的方式和堅持，完成了現代詩的實驗與對「超現實」
的美的探索，也實踐了他欲以超現實去隱喻、批判現實的理論。但是，楊熾
昌的超現實主義在當時是處於單打獨鬥的狀況，陳明臺曾經質疑即使是風車
詩社的同仁，似乎也僅有楊熾昌是超現實主義論，並以此為創作核心，其他
人仍是「以象徵主義為依歸」。他舉了遺留的創作量亦頗為豐富的林修二為
例，認為他可能是日本四季詩派的影響接受者，好以一種「精神氣氛」、「寄
物思情」象徵方式，去捕捉微妙的情緒與美感的純粹〔註78〕。雖然如此，看
似「打出去，卻沒有發響的超現實主義」〔註79〕，也並非沒有得到迴響，它
所引領的詩美學與藝術性，形成了日治時期新詩的一個現代詩標竿，在爾後
的銀鈴會年輕詩人的創作中，承繼了這樣的現代詩美學，並發揚了另一種形
式的「超現實主義」。

〔註77〕楊熾昌：〈毀壞的城市——Tainan Qui Dort〉，作於 1936 年 5 月，收錄於呂興
　　　　昌編：《水蔭萍作品集》（臺南：臺南市立文化中心），1995 年 4 月，頁 50-52，
　　　　此首為葉笛翻譯。又參照葉笛的譯註，「Tainan Qui Dort」意即臺南這個城市
　　　　睡著了。

〔註78〕陳明臺：〈楊熾昌‧風車詩社‧日本詩潮——戰前臺灣新詩現代主義的考察〉，
　　　　收錄於陳明臺：《臺灣文學研究論集》（臺北：文史哲出版），1987 年 4 月，頁
　　　　39-64。

〔註79〕參見中村義一著，陳千武譯：〈再論臺灣的超現實主義〉，《笠》145 期，1988
　　　　年 6 月。

第五章 結 論

　　本論文始自這樣的問題意識：日治時期新詩的「新」是否是源自現代性的追求？而其現代性依據又該從哪方面去探尋？另外，新詩運動在發展了二十餘年之後，儼然已具有「現代詩」的形式和內容；如此做為「詩二個球根」之一的日治時期新詩，它具有的典範性意義是什麼？為了能有效掌握現代性與作品的互動關係，從語言、作家、環境這樣不可分的連結中，去探索集體、個體呈顯出來的共相與殊相。本文援用了巴特的寫作理論，以語言和形式做為觀察的架構依據，分層處理現代性之於身體、語言轉變和形式的影響。

　　日治時期的現代性是「殖民地現代性」。日本對臺「兩義」的同化政策造成了矛盾的氛圍，使得臺灣人必須面對民族歧視、被邊緣化的窘境。在建築與現代化設備、衛生、標準時間的推行上，炫耀日帝強盛國力與為方便經濟、政策快速推展的訴求勝過其他因素，臺灣在短時間內被建設成令西方世界稱為奇蹟的現代化殖民地。但與此同時，臺灣主體在帝國霸權的宰制下，無論在現代性意義下，亦是在被殖民的意義下，皆淪為席的他者。這種蓄意邊緣化的政策，直接影響日治時期臺籍作家的創作；反映在寫作形式上，則產生抵抗或扭曲的集體效應：一種遭施壓而產生反作用力的形式思維，幾乎是日治時期新詩的共同特徵，時代與民族的苦悶時時顯露於字裡行間。

　　因此，當臺灣的文化運動與新文學運動極力推展之初，提倡者往往就是從「現代化訴求」出發，為得是教育大眾，讓臺灣人不再愚昧、任日本殖民者貶低與輕視。在新文學運動中，追尋現代性的特質尤其明顯。當張我軍以新文學之「新」去對抗傳統文學之「舊」時，他所秉持的雖然是中國五四運

動的「翻版」理論，欲以新文化、個人主義以及新語言，去革命臺灣遲滯不前的文學生態的企圖十分明顯。然而，在殖民現代性兩義的矛盾下——既是受迫於殖民者的現代化成果，殖民者的文明亦是被羨慕與渴望躋身其中的對象——新文學運動並非只是以中國白話文書寫，並跟上中國文學的現代化水平就能滿足；在多義的現代性與民族意識的糾葛下，新文學走上充滿挑戰的「荊棘之路」。

從文學觀念的發展來看，1920 年時，新文學運動欲以文學為武器的戰鬥性格，至 1930 年時已有大幅變化。從為大眾而寫到書寫大眾，從直敘的寫實到要求趣味性，或要求對心理、感覺進行描寫等屬於文學藝術性的鑑賞標準；這些都反映出臺灣新文學在世界思潮與日本現代文學的影響下，逐漸發展為具時代特徵與新技巧的「現代文學」。另一方面，自鄉土文學論戰與民間文學的提倡之後，臺灣本位自模糊的認知中逐漸清晰，日治時期作家在被殖民的情境下逐漸摸索出臺灣文學的發聲位置與訴求。「文學本格」與「臺灣本位」，自外塑而內化，臺灣新文學的精神「回歸土地，回歸人民與人性，回歸生活與歷史」，儼然成為臺灣作家的共同意識或基本態度（成為作家寫作的「形式倫理」），並影響著日治時期不同寫作方式的形式生成。這種寫作形式的集體特徵，在殖民政策的壓迫下，時有隱藏、變形或轉化的現象。

就寫作語言的變化來看，新文學在語言上的發展，由中國白話文、臺灣話文到日本語的使用，除了展現出臺灣文學脫離從屬地位，建立現代臺灣文學的主體與基調之外，亦可以觀察出別於五四文學的另一種現代性追求——帶著殖民地特徵的文學現代性。日本將國語（日本語）和文化強制延長至新附島上，臺灣頓時面臨民族語言被消滅的危機。知識份子為救亡圖存，使教育和知識快速的普及大眾，於是中國白話文和臺灣話文，便基於這樣的前提被提出，並鼓勵新文學作家以平易的語言創作平易的文學。及至日治中後期，日本的國語政策和普及的基礎教育收到初步的成效，新一代的青年都是讀日本書講日本話長大，因此日本語成了主要的表達與書寫工具，但是日本語及其所代表的殖民者符號意義，仍舊困擾著部分有自覺的作家。日本語並非僅是代表殖民者的語言，它亦是日治時期知識份子與日本、世界現代化潮流、思想接軌的主要仲介。因此日本語帶來的現代性內涵，使得日本語文學在語言的問題上，仍然有殖民現代性與民族意識的心理糾葛。

總體來說，以中國白話文寫作的新詩，一方面因為發表的時間集中於二

○年代及三○年代初期，此時正是新文學運動最具戰鬥性格的時期，因此作家形式思考的重點，都放在批判被殖民下臺灣社會遭遇的不幸和動盪。另一方面，由於知識水準提升帶來個人主義高漲，加以知識青年急欲揮別舊社會不合理的習俗的羈絆，戀愛自由與人生自主成了所有知識青年追求的目標。社會事件的批判、壓迫的苦悶與追求戀愛的描寫，是白話文新詩的形式思考中爲數最多的類型。而日治時期的臺灣話文詩發展，在形式思考上具有回歸臺灣主體意識的特質；由於臺灣話文受到重視，也使得民間歌曲、俗諺的價值被重新發現。然而，臺灣話文的提倡面臨了二個困境：一，臺灣話文在日治時期承受著來自內與外的壓力——外有殖民政府的打壓與檢查，內則有臺灣作家對語言使用產生意識形態上的爭論與分歧；二，臺灣話文是正在摸索與建設的語言，它雖然是最有希望實踐「我手寫我口」的語言，且古典漢文與民間歌曲等等亦能提供豐富的後援；但實際上寫作時，臺灣話文新詩仍然在多種「橫的移植」的典範中，備受壓力且不斷思索自身主體意義與發聲位置。

　　相較於中國白話文與臺灣話文新詩，日本語新詩在質與量上都有較爲豐富、成熟與洗鍊的現象。這一方面是因爲日本語是較臺灣話文、中國白話文爲穩定的語言，同時它也是當時知識份子學習與書寫時慣用的語言；另一方面，日本語的寫作持續的時間較另二種語言來得長，而能援引的日本現代文學、世界文學的資源亦豐富得多。因此文學性思考與技巧的使用也來得成熟、多樣化。各種「現代文學」的技巧如象徵、隱喻、超現實等等，即使非確切主張某一流派的詩人，或多或少都會自然地運用於詩文本中。因此，當日治時期進入尾聲、結束時，銀鈴會的年輕人所寫作的與所承繼的「新詩」傳統，已不是最初樸拙直敘的「新詩」，而是匯聚了日治時期二十年的新詩運動的總成果——「現代詩」。這「現代詩」包含了形式思維上多義的現代性傾向，以及文學表達手法的現代主義傾向兩種意義，是銀鈴會自日治時期新詩傳統中雙向繼承來的成果。當銀鈴會詩人跨越語言障礙，能以現代漢語流暢表達後，便在以其詩作表現再度銜接曾因語言、政治問題而中斷的臺灣現代詩詩脈。

　　總結正文中關於日治時期新詩的語言與形式所呈現的「現代性」矛盾與思維，可知這個現象在被殖民的時空中的確有其值得探究之處。日治時期新詩中的現代性，具有被殖民的特徵，它是一種遭外族統治後而產生的領悟與

覺醒。因此，新詩中的現代性作為一種多義符號，它既藏身於與時俱進的語言與觀念中，也與知識份子欲超越殖民／被殖民的渴望相連——作家以此說服自己，也說服其他人，追求進境、解放，並與世界潮流保持同步。在這個意義下，日治時期新詩，不只是「新」而已，它已具有「現代詩」的特徵。

參考書目

一、相關專書與論著

1. Damian Grant 著、蔡娜娜譯：《寫實主義》（台北：黎明文化公司），1973年。

2. 千葉宣一著，葉渭渠編：《日本現代主義的比較文學研究》（北京：中國社會科學出版社），1997年12月。

3. 中島利郎編：《日據時期台灣文學雜誌總目》（台北：前衛出版），1995年。

4. 文訊月刊社：《現代詩學研究討論會論文集》（台北：文訊月刊社），1984年。

5. 文訊雜誌社主編：《台灣現代詩史論》（台北：文訊），1996年3月。

6. 王白淵著，陳才昆編譯：《王白淵・荊棘的道路》（彰化縣：彰化縣立文化中心），1995年6月。

7. 王施琅譯註：《臺灣社會運動史》（台北縣：稻鄉出版），1988年5月。

8. 王鍾陵主編：《二十世紀中國文學史論文精粹──文學史方法論卷》（河北：河北教育），2001年1月。

9. 卡勒爾著，方謙譯：《羅蘭巴特》（台北市：桂冠出版），1994年。

10. 古繼堂著：《台灣新文學理論批評史》（遼寧：春風文藝出版社），1993年。

11. 古繼堂著：《台灣新詩發展史》（台北：文史哲出版社），1989年。

12. 布勞岱爾著，施康強、顧良譯：《15至18世紀的物質文明，經濟和資本主義》（台北市：貓頭鷹出版），1999年。

13. 白萩策畫、張信吉記錄：《詩與台灣現實》（笠詩刊社），1991年。

14. 矢內原忠雄著、周憲文譯：《日本帝國主義下的台灣台灣》（台北：帕米爾書店），1987 年。

15. 仲公、汪義生著：《台灣新文學史初編》（大陸：江西人民出版社），1989 年。

16. 吉野秀公編：《台灣教育史》（台北市：南天）。

17. 朱壽桐主編，《中國現代主義文學史》共二卷（江蘇：江蘇教育），1998 年 5 月。

18. 江寶釵，施懿琳著：《臺灣的文學與環境》（高雄市：麗文文化），1996 年。

19. 米歇爾・福柯著，莫偉民譯：《詞與物》（上海市：上海三聯書店），2001 年 12 月。

20. 羊子喬，陳千武主編：《望鄉》（台北：遠景出版），1982 年。

21. 羊子喬，陳千武主編：《森林的彼方》（台北：遠景出版），1982 年。

22. 羊子喬，陳千武主編：《亂都之戀》（台北：遠景出版），1982 年。

23. 羊子喬，陳千武主編：《廣闊的海》（台北：遠景出版），1982 年。

24. 羊子喬著：《蓬萊文章台灣詩》（台北：遠景出版社），1983 年。

25. 西脇順三郎：《西詩探源》（台北：台灣商務），1975 年。

26. 西裏爾・E・布萊克編，楊豫、陳祖洲譯，《比較現代化》（上海：上海藝文），1996 年 10 月。

27. 呂正惠著：《抒情傳統與政治現實》（台北：大安出版社），1989 年。

28. 呂紹理：《水螺響起——日治時期臺灣的生活作息》（台北市：遠流），1998 年 3 月。

29. 呂興昌：《林亨泰研究資料彙編》（彰化市：彰縣文化中心），1998 年。

30. 呂興昌著：《台灣詩人論文集》（台南市立文化中心），1995 年。

31. 呂興昌編：《林亨泰資料彙編（上、下)》（彰化縣立文化中心），1994 年。

32. 巫永福、沈萌華：《巫永福全集》（台北市：傳神福音），1995 年。

33. 李南衡編：《日據下台灣新文學、明集 1-5》（台北：明潭出版社），1979 年。

34. 李魁賢著：《台灣詩人作品集》（台北：名流出版社），1987 年。

35. 李魁賢著：《詩的反抗》（台北：新地文學出版社），1992 年。

36. 李歐梵：《現代性的追求》（台北：麥田），1996 年。

37. 東方文化書局：《新文學雜誌叢刊複刻本》（台北：東方文化出版）。

38. 林亨泰：《找尋現代詩的原點》（彰化市：彰縣文化中心），83 年。

39. 林亨泰：《跨不過的歷史》（台北市：尚書文化），1880 年。

40. 林亨泰著，呂興昌編：《林亨泰全集》（彰化市：彰縣文化中心），1998 年。

41. 林亨泰著：《找尋現代詩的原點》（彰化縣立文化中心），1994 年。

42. 林亨泰著：《見者之言》（彰化縣立文化中心），1993 年。

43. 林芳年：《林芳年選集》（台北市：中華日報出版），1983 年 12 月。

44. 林瑞明：《賴和與新文學運動》（台北：允晨），1994 年 12 月。

45. 垂水千惠：《台灣的日本語文學》（台北市：前衛出版），1998 年 2 月。

46. 施懿琳：《從沈光文到賴和：台灣古典文學的發展與特色》（高雄市：春暉），2000 年。

47. 施懿琳：《跨語、漂泊、釘根：台灣新文學研究論集》（高雄市：春暉），2000 年。

48. 洪銘水：《臺灣文學散論：傳統與現代》（台北：文津出版社），1999 年。

49. 胡民祥編：《先人之血·土地之花》（台北：前衛出版社），1989 年。

50. 胡萬川編：《台灣民間文學學術研討會論文集》（南投縣：台灣省政府文化處出版），1998 年 6 月。

51. 馬·布雷德伯里，詹·麥克法蘭編：《現代主義》（上海：上海外語教育），1992 年 6 月

52. 張光直編：《張我軍詩文集》（台北市：純文學出版），1989 年 9 月

53. 張恆豪主編：《翁鬧、巫永福、王昶雄合集》（台北：前衛出版社），1991 年。

54. 張博宇著：《台灣地區國語運動史料》（台北：台灣商務印書館），1974 年。

55. 張漢良、蕭蕭編：《現代詩導讀——理論篇、史料篇》（台北：故鄉出版社），1979 年。

56. 莫渝編：《認識詹冰、羅浪》（苗栗縣立文化中心），1993 年。

57. 莊淑芝著：《台灣新文學觀念的萌芽與實踐》（台北：麥田出版公司），1994 年。

58. 郭水潭著，羊子喬編：《郭水潭集》（台南縣：台南縣立文化中心），1994 年 12 月。

59. 陳千武：《台灣新詩論集》（高雄市：春暉），1997 年。

60. 陳千武：《詩文學散論》（台中市：台中市立文化中心），1997 年。

61. 陳千武譯，呂興昌編：《林修二集》（台南縣：台南縣立文化局），2000 年 12 月。

62. 陳才崑譯:《王白淵·荊棘的道路(上、下)》(彰化縣立文化中心),1995年。

63. 陳少廷編撰:《台灣新文學運動史》(台北:聯經出版公司),1981年。

64. 陳明台著:《心境與風景》(台北:台中縣立文化中心出版),1990年。

65. 陳明台著:《前衛之貌》(台中縣立文化中心),1994年。

66. 陳明台著:《異質的風采:日本近現代文學研究論集》(台中市立文化中心),1994年。

67. 陳明台編譯:《戰後日本現代詩選》(台北:熱點文化公司),1984年。

68. 陳芳明著:《典範的追求》(台北:聯合文學出版社),1994年。

69. 陳藻香、許俊雅編譯:《翁鬧作品選集》(彰化縣:彰化縣立文化中心),1995年9月。

70. 彭瑞金著:《台灣新文學四十年》(台北:自立晚報社文化出版部),1991年。

71. 黃光國著:《台灣意識與中國意識:兩結下的沈思》(台北:桂冠圖書公司),1987年。

72. 黃英哲編、涂翠花譯:《台灣文學研究在日本》(台北:前衛出版社),1994年。

73. 黃重添等著:《台灣新文學概觀》(台北:稻禾出版社),1992年。

74. 傳文文化事業覆刻:《台灣舊雜誌覆刻——台灣文化》(台北:聯經出版公司)。

75. 傳文文化事業覆刻:《台灣舊雜誌覆刻——新新》(台北:聯經出版公司)。

76. 楊威理著,陳映真譯:《雙鄉記——葉盛吉傳·一個臺灣知識份子的悲劇》(臺北市:人間出版社),1995年。

77. 楊熾昌著,呂興昌主編:《水蔭萍作品集》,台南縣立文化中心,1995年4月。

78. 葉石濤:《台灣文學史綱》(台北:文學界雜誌社),1987年。

79. 詹冰:《科學少年》(台中市:台中市立文化中心),1999年。

80. 詹冰:《銀髮與童心》(台中市:台中市立文化中心),1998年。

81. 廖雪蘭:《台灣詩史》(台北:武陵出版社),1989年。

82. 劉登翰等著:《台灣文學史》(福建:海峽文藝出版社),1993年。

83. 鄭炯明編:《台灣精神的崛起——笠詩論選集》(台北:文學界雜誌社),1989年。

84. 駒达武:《殖民地帝國の文化統合》(東京:岩波書店),1996年。

85. 賴和著，林瑞明編：《賴和手稿集》（彰化市：賴和文教基金會），2000年。

86. 瞿海源、章英華主編：《台灣社會與文化變遷》，中央研究院民族學研究所專刊，1986年。

87. 羅蘭·巴特：《戀人絮語》（台北市：桂冠），1991年。

88. 羅蘭·巴特著，王東亮等譯：《符號學原理》（北京市：三聯書店），1999年。

89. 羅蘭·巴特著，李幼蒸譯：《寫作的零度》（台北市：桂冠），1991年。

二、期刊論文

（一）雜誌期刊

1. 〈唱設白話文研究會〉，刊載於《台灣民報》第一號，1923年4月15日。

2. 〈新式標點符號的種類和用法〉，刊載於《台灣民報》學藝欄第二卷第二十五號，1924年12月1日。

3. 王順隆：〈日治時期臺灣「漢文教育」的時代意義〉，《臺灣風物》第49卷第4期，頁116。

4. 石川欽一郎：〈臺灣地區的風景鑑賞〉，《風景心境：臺灣近代美術文獻導讀》（台北市：時報）。

5. 何義麟：〈皇民化期間之學校教育〉，《臺灣風物》第36卷第4期，1986年12月，頁47-88。

6. 何義麟：〈駒込武：《殖民地帝國の文化統合》〉，《新史學》第11卷第4期，2000年12月，頁131-137。

7. 吳海燕、王晉民：〈試評葉石濤《台灣文學史綱》：在台灣的中國文學〉，《當代》42期，1989年10月。

8. 吳新榮：〈鹽分地帶回顧〉，《台北文物》第三卷第二期，1954年8月。

9. 巫永福：〈台灣文學的回顧與前瞻〉，收錄於《風雨中的長青樹》（台中市：中央書局），1986年12月，頁106。

10. 李牧：〈新文學運動歷程中的關鍵時代——試探五〇年代自由中國文學創作的思路及其作家所產生的影響〉，《文訊》9期，1984年3月。

11. 李獻章著、林若嘉譯：〈台灣鄉土話文運動〉，《台灣文藝》102期，1986年9月。

12. 李騰嶽：〈連雅堂先生的台灣語研究〉，《台灣風物》第一卷第一期，1951年12月1日。

13. 阮美慧：〈跨越語言一代詩人的形成及其時代的氛圍〉，《笠》215期，

2000 年 2 月。

14. 林弘勳：〈日治時期台灣煙花史話〉，刊載於《思與言》第 33 卷第 3 期，1995 年 9 月，頁 77。

15. 林亨泰：〈「現代詩」季刊與現代主義現代詩〉22 期，1994 年 8 月。

16. 林亨泰：〈台灣詩史上的一次大融合（前期）——一九五〇年代後半期的台灣詩壇〉，收錄於《台灣現代詩史論》（台北：文訊）1996 年 3 月。

17. 林亨泰：〈停滯與革新——從我的角度來看戰後的現代詩意識〉，《笠》222 期，2001 年 4 月。

18. 林亨泰：〈從八〇年代回顧台灣詩潮的演變〉，《世紀末偏航——八〇年代台灣文學論》（台北：時報），1990 年 12 月 15 日。

19. 林佩芬：〈永不停息的風車〉，原載於《台灣文藝》102 期，1986 年 6 月，後收錄於呂興昌編：《水蔭萍作品集》，台南縣立文化中心，1995 年 4 月。

20. 林佩芬：〈永不停息的風車——訪楊熾昌先生〉，刊載於《文訊》第九期，1984 年 3 月，頁 275。

21. 施文杞：〈對於台灣人做的白話文的我見〉（台北市：明潭出版），1979 年 3 月，頁 52。原刊載於《台灣民報》第二卷第四號，1924 年 3 月 11 日。

22. 洪惟仁：〈日據時代的台語教育〉，《台灣風物》第 42 卷第 3 期，1992 年 9 月。

23. 若林正丈著，葉石濤譯：〈台灣抗日運動中的「中國座標」與「台灣座標」〉，《當代》17 期，1987 年 9 月。

24. 夏鑄九：〈殖民地的現代性營造——重寫日本殖民時期臺灣建築與城市的歷史〉，《臺灣社會研究季刊》第四十期，2000 年 12 月，頁 60。

25. 孫小玉：〈解鈴？繫鈴？——羅蘭巴特〉，《文學的後設思考》，頁 98。

26. 桓夫：〈詩的回顧〉，《龍族》9 號，1973 年 7 月。

27. 翁聖峰：〈論日據時期臺灣新舊文學之研究不宜偏廢〉，《臺灣文學觀察雜誌》8 期，1993 年 9 月。

28. 張弘毅：〈臺北大稻埕的「市街風格」變遷：1853～1945〉，《輔仁學誌——文學院之部》25 期，1996 年 7 月。

29. 許俊雅：〈日治時期台灣白話詩的起步〉，收錄於《台灣現代詩史論》（台北：文訊雜誌出版），1996 年。

30. 許雪姬：〈台灣光復初期的語言問題〉，《思與言》第 29 卷第 4 期，1991 年 12 月。

31. 郭秋生：〈解消發生期的觀念——行動的本格化建設〉，《先發部隊》第一

期，1933 年 7 月 15 日。

32. 陳千武：〈臺灣的新詩精神（Esprit Nouveau）〉，《臺灣文學評論》第 1 卷第 1 期，2001 年 7 月。

33. 陳明台：〈硬質而清澈的抒情——純粹的詩人錦連論〉，《笠》193 期，1996 年 6 月。

34. 陳明台：〈楊熾昌・風車詩社・日本詩潮——戰前臺灣新詩現代主義的考察〉，收錄於呂興昌編：《水蔭萍作品集》，台南縣立文化中心，1995 年 4 月。

35. 陳明台：〈綿延不絕的詩脈——笠詩人的精神與風貌〉，《笠》170 期，1992 年 8 月。

36. 陳政彥：〈日據時期新詩中臺灣人民形象初探〉，《國立中央大學中國文學研究所論文集刊》6 期，1990 年 6 月。

37. 陳映真：〈台灣現代文學思潮之演變〉，《中華雜誌季刊》第 31 卷第 1 期，1992 年 12 月。

38. 陳培豐：〈重新解析殖民地台灣的國語「同化」教育政策〉，《台灣史研究》第 7 卷第 2 期，2000 年 12 月，頁 9。

39. 陳逸雄譯解：〈福澤諭吉台灣論說〉，《台灣風物》第 41 卷第 1 期，1991 年 3 月，頁 87-103。

40. 陳瑞文：〈超越主客觀的藝術哲學：梅洛龐蒂與藝術現象學〉，《藝術觀點》，2000 年 4 月，頁 68。

41. 陳端明：〈日用文鼓吹論〉（台北市：明潭出版），1979 年 3 月，頁 3。原刊載於《台灣青年》第四卷第一號，1922 年 1 月 20 日。

42. 程曉嵐：〈超現實主義述評〉，收錄於柳鳴九主編：《未來主義、超現實主義、魔幻現實主義》（台北：淑馨），1999 年 5 月。

43. 隅本繁吉：〈本島人の同化に就て〉，《臺灣教育》154 期，1915 年。

44. 黃呈聰：〈論普及白話文的新使命〉（台北市：明潭出版），1979 年 3 月，頁 6。原刊載於《台灣》第四卷第一號，1923 年 1 月 1 日。

45. 黃得時：〈科學上的真與藝術上的真〉，《先發部隊》第一期，1933 年 7 月 15 日。

46. 楊澤主持、胡惠紀錄：〈現代主義：國際與本土——現代詩運的回顧與前瞻〉，《現代詩》22 期，1994 年 8 月。

47. 葉笛：〈臺灣新詩的萌芽和發展——日據時代二〇年代詩壇的鳥瞰〉，《台南市立文化中心季刊》10 期，1995 年 10 月。

48. 葉榮鍾：〈「大眾文藝」待望〉，《南音》第一卷第二號卷頭言，1932 年 1 月 17 日。

49. 葉榮鍾：〈再論「第三文學」〉，《南音》第一卷第九、十號合刊卷頭言，1932 年 7 月 12 日。

50. 葉榮鍾：〈第三文學提倡〉，《南音》第一卷第八號卷頭言，1932 年 6 月 3 日。

51. 趙天儀：〈水仙花的禮讚與呼聲——論巫永福的詩〉，《台灣詩季刊》4 號，1984 年 3 月。

52. 趙天儀：〈孤城的存在——懷念並論吳瀛濤的詩〉，《台灣詩季刊》2 號，1983 年 9 月。

53. 趙天儀：〈陳千武的詩與詩論——現實經驗的藝術導向〉，《笠》209 期，1999 年 2 月。

54. 趙天儀：〈鄉愁的呼喚——論錦連的詩〉，《台灣詩季刊》3 號，1983 年 12 月。

55. 劉乃慈：〈論日據時期「風車」詩社的「政治潛意識」〉，《笠》221 期，2001 年 2 月。

56. 蔡秀菊：〈論陳千武詩集不眠的眼中殖民地經驗的系譜〉，《臺灣文藝（新生版）》175 期，2001 年 4 月。

（二）學位論文

1. 吳慧婷：《記實與虛構——陳千武自傳性小說「台灣特別志願兵的回憶」系列作品研究》，清華大學文學研究所，1994 年 6 月。

2. 李泰德：《文化變遷下的臺灣傳統文人——黃得時評傳》，台灣師範大學國文研究所，1998 年 6 月。

3. 李麗玲：《五〇年代國家文藝體制下台籍作家的處境及其創作初探》，清華大學文學研究所，1995 年 7 月。

4. 許惠玟：《巫永福生平及其新詩研究》，中正大學中文所，1999 年 6 月。

5. 陳明柔：《日據時代臺灣知識分子的思想風格及其文學表現之研究（1920～1937）》，淡江大學中文研究所，1993 年。

6. 陳淑娟：《賴和漢詩的主題思想研究》，靜宜大學中文所，1999 年 6 月。

7. 陳淑容：《一九三〇年代鄉土文學‧臺灣話文論爭及其餘波》，台南師範學院鄉土文化研究所，2000 年 6 月。

8. 游勝冠：《台灣文學本土論的興起與發展》，東吳大學中文研究所，1991 年 6 月。

9. 顏忠賢：《日據時期大稻埕店屋空間的文化形式分析》，台灣大學建築與城鄉研究所，1990 年。

10. 顏娟英：《街道上的寫生者——日治時期的台北圖像與城市空間》，台灣大學藝術史研究所，2000 年。

11. 龔卓軍:《身體與想像的辯證:尼采,胡塞爾,梅洛龐蒂》,86 學年度, 台大哲學所博士論文。

12. 陳連武:《風水——空間意識形態實踐:台北個案》,81 學年度,淡江大 學建築工程學系碩士學位論文。

13. 臧汀生:《臺灣民間歌謠研究》,國立政治大學中文研究所碩士論文, 1979 年。

14. 黃文車:《黃石輝研究》,中正大學中國文學系碩士論文,2001 年 6 月。

15. 柳書琴:《荊棘之道:旅日青年的文學活動與文化抗爭》,清華大學中國 文學研究所博士論文,2001 年 7 月。